Grünert
Wertorientierte Steuerung betrieblicher Immobilien

GABLER EDITION WISSENSCHAFT

Lars Grünert

Wertorientierte Steuerung betrieblicher Immobilien

Mit einem Geleitwort
von Prof. Dr. Péter Horváth

Springer Fachmedien Wiesbaden GmbH

Die Deutsche Bibliothek - CIP-Einheitsaufnahme

Grünert, Lars:
Wertorientierte Steuerung betrieblicher Immobilien
/ Lars Grünert. Mit einem Geleitw. von Péter Horváth.
(Gabler Edition Wissenschaft)
Zugl.: Stuttgart,Univ., Diss., 1999
ISBN 978-3-8244-7005-1   ISBN 978-3-663-11839-8 (eBook)
DOI 10.1007/978-3-663-11839-8

D 93

© Springer Fachmedien Wiesbaden 1999
Ursprünglich erschienen bei Betriebswirtschaftlicher Verlag Dr. Th. Gabler GmbH, Wiesbaden, und
Deutscher Universitäts-Verlag, Wiesbaden GmbH, 1999

Lektorat: Ute Wrasmann / Sabine Schöller

http://www.gabler-online.de
http://www.duv.de

Höchste inhaltliche und technische Qualität unserer Werke ist unser Ziel. Bei der Produktion und
Verbreitung unserer Werke wollen wir die Umwelt schonen. Dieses Buch ist deshalb auf säure-
freiem und chlorfrei gebleichtem Papier gedruckt. Die Einschweißfolie besteht aus Polyäthylen
und damit aus organischen Grundstoffen, die weder bei der Herstellung noch bei der Verbren-
nung Schadstoffe freisetzen.

Die Wiedergabe von Gebrauchsnamen, Handelsnamen, Warenbezeichnungen usw. in diesem
Werk berechtigt auch ohne besondere Kennzeichnung nicht zu der Annahme, dass solche Na-
men im Sinne der Warenzeichen- und Markenschutz-Gesetzgebung als frei zu betrachten wären
und daher von jedermann benutzt werden dürften.

Geleitwort

Zur Stärkung der Wettbewerbsfähigkeit deutscher Unternehmen sind in den vergangenen Jahren vielfach Anstrengungen unternommen worden, die Relation zwischen Ertrag und gebundenem Kapital zu verbessern. Zur Reduzierung der Kapitalbindung bezogen sich diese Anstrengungen in erster Linie auf die Höhe der Forderungs- und Lagerbestände. Hier knüpft Grünert an und stellt die betrieblichen Immobilien als eine der größten Vermögenspositionen deutscher Unternehmen in den Mittelpunkt seiner Arbeit.

Die Rolle betrieblicher Immobilien im Wertschöpfungsprozeß wird sich in den nächsten Jahren grundlegend wandeln. Neue Informations- und Kommunikationstechniken, Globalisierung der Wirtschaft, neue Formen der Arbeitsorganisation u.a.m. führen zu einem erheblichen Anpassungsbedarf der heutigen Nutzung betrieblicher Immobilien. Es darf daher prognostiziert werden, daß sich Wissenschaft und Praxis zukünftig stärker betrieblichen Immobilien zuwenden werden. Die Arbeit von Grünert gibt hierzu erste Impulse, indem sie sich innerhalb des breiten Themenkreises „Betriebliche Immobilien" mit dem Beitrag betrieblicher Immobilien zur Wertsteigerung von Unternehmen befaßt.

Darüber hinaus leistet die Arbeit auch einen Beitrag zur Stärkung der in deutschen Unternehmen noch entwicklungsfähigen Shareholder Value-Orientierung. Sie zeigt die Notwendigkeit auf, die Shareholder Value-Analyse an die speziellen Anforderungen betrieblicher Immobilien anzupassen und beschreibt konkret die hierzu erforderlichen Korrekturen. Durch Operationalisierung des Shareholder Value am Beispiel betrieblicher Immobilien wird exemplarisch deutlich, wie das Shareholder Value-Konzept in das System der Unternehmenssteuerung implementiert werden kann.

Die Arbeit wendet sich an einen breiten Leserkreis. Sie gibt Immobilienverantwortlichen in Unternehmen praktische Hinweise, wie ihre betrieblichen Immobilien zur Unternehmenswertsteigerung beitragen können. Führungskräfte aus den Bereichen Finanzen und Controlling finden Hinweise zur Umsetzung des Shareholder Value-Konzepts am Beispiel betrieblicher Immobilien. Unternehmensberater und Wirtschaftsprüfer, die im Rahmen von Fusionen an Fragen der Unternehmensbewertung interessiert sind, können der Arbeit Lösungsvorschläge zur Abbildung stiller Reserven und deren Steuereffekte in der Shareholder Value-Analyse entnehmen. Das Buch kann darüber hinaus dem Wissenschaftler, der sich kritisch mit der Übertragung des Shareholder Value-Konzepts auf deutsche Verhältnisse auseinandersetzt, empfohlen werden.

Prof. Dr. Péter Horváth

Vorwort

Die in den vergangenen Jahrzehnten zu verzeichnende Wertsteigerung von Immobilien hat allgemein die Einstellung Immobilien gegenüber entscheidend geprägt. Immobilien verkörpern Vermögen, Stabilität und Wertsteigerung. Darüber hinaus sind sie in zahlreichen Branchen Prestigeobjekte. Deutsche Unternehmen scheuen, sich von Immobilienvermögen zu trennen und tun dies vornehmlich in wirtschaftlich schwierigen Situationen. Sie sind daher in der Welt führend, was die Eigentumsquote betrieblicher Immobilien anbetrifft. Ich glaube, daß sich unsere Einstellung betrieblichen Immobilien gegenüber nachhaltig verändern wird. Die Immobilienwertsteigerung der letzten Jahre wird nicht mehr generell für alle Immobilien an allen Standorten fortgeschrieben werden können. Immobilien werden hinsichtlich ihrer Rolle, Wertschätzung und Beurteilung anderen Gütern des Anlagevermögens gleichgestellt. Ursache ist der zunehmende Globalisierungs- und Wettbewerbsdruck.

Diese Ausgangsüberlegungen führten zu dem Konzept des „Integrierten Immobilienmanagements", das einen rationalen Einsatz betrieblicher Immobilien im Unternehmen zum Ziel hat. Da „Integriertes Immobilienmanagement" die Synthese aus Shareholder Value-Analyse und betrieblichem Immobilienmanagement ist, werden mit dem Konzept Möglichkeiten und Wege des Beitrags betrieblicher Immobilien zur Steigerung des Unternehmenswerts aufgezeigt.

„Integriertes Immobilienmanagement" besteht daher aus folgenden Elementen:

- Da die bekannten Shareholder Value-Methoden nicht die spezifischen Aspekte betrieblicher Immobilien berücksichtigen, enthält das Konzept die erforderlichen Anpassungen.

- Dem Konzept liegt eine immobilienspezifische Operationalisierung der Shareholder Value-Analyse zugrunde. Es wurden Immobilienwerteinflußgrößen identifiziert, die die Verbindung zwischen Shareholder Value und Immobilien-Kennzahlen herstellt.

- Die Möglichkeiten der Unternehmenswertsteigerung durch betriebliches Immobilienmanagement werden in Form von konkreten Maßnahmen beschrieben und bezüglich ihrer Shareholder Value-Effekte bewertet.

- Schließlich ist ein Vorgehenskonzept entwickelt worden, das die wesentlichen Schritte zur Implementierung des „Integrierten Immobilienmanagements" in Unternehmen beschreibt.

Ein inhaltlicher Schwerpunkt lag auf der Abbildung stiller Reserven, einem speziell für deutsche Verhältnisse wesentlichem Problem in dem Themenzusammenhang. Die Praxistauglichkeit des „Integrierten Immobilienmanagements" konte durch eine Fallstudie gezeigt werden.

VIII

Mein besonderer Dank gilt meinem Doktorvater Prof. Dr. Péter Horváth, der die Beschäftigung mit dem Thema gefördert und mich auf thematisch neuen Wegen geleitet hat.

Zahlreiche Unterstützung während der Erstellung der Arbeit habe ich von Freunden und Kollegen erfahren. Vor allem Dr. Lutz Kaufmann und Dr. Uwe Michel haben mit inhaltlichen Vorschlägen und Ermutigungen zum Gelingen der Arbeit beigetragen. Herrn Mag. Günther Linke danke ich für die Ermöglichung der Fallstudie.

Danken möchte ich auch meiner Familie, die mich in der Schlußphase entlastet und durch mühsames Korrekturlesen unterstützt hat.

Lars Grünert

Inhaltsübersicht

Inhaltsverzeichnis XI

Abbildungsverzeichnis XIII

1. Einleitung.. 1

2. Begriffliche Klärung: Betriebliche Immobilien und Betriebliches
   Immobilienmanagement 11

3. Theorie und Praxis der Steuerung betrieblicher Immobilien.............. 31

4. Abbildung betrieblicher Immobilien im Shareholder Value-Konzept.................. 45

5. Steigerung des Shareholder Value mit Integriertem Immobilienmanagement.. 111

6. Fallstudie "Steigerung des Shareholder Value mit Integriertem
   Immobilienmanagement" an Hand der *Beispiel AG*.......................... 153

7. Zusammenfassung.. 169

Literaturverzeichnis.. 173

Inhaltsverzeichnis

Inhaltsverzeichnis XI

Abbildungsverzeichnis XIII

1. Einleitung 1
   1.1. Problemstellung 1
   1.2. Zielsetzung 5
   1.3. Forschungsansatz 7

2. Begriffliche Klärung: Betriebliche Immobilien und Betriebliches
   Immobilienmanagement 11
   2.1. Betriebliche Immobilien 11
       2.1.1. Steuerungsrelevante Besonderheiten betrieblicher Immobilien 13
       2.1.2. Klassifizierung betrieblicher Immobilien 15
       2.1.3. Dem Betriebszweck zuzuordnende Immobilien 17
       2.1.4. Liegenschaften 18
   2.2. Betriebliches Immobilienmanagement 20
       2.2.1. Ziele des betrieblichen Immobilienmanagements 22
       2.2.2. Verantwortlichkeiten des betrieblichen Immobilienmanagements ... 23
       2.2.3. Tätigkeiten des betrieblichen Immobilienmanagements 27
       2.2.4. Erfolgsfaktoren des betrieblichen Immobilienmanagements 29
       2.2.5. Definition des betrieblichen Immobilienmanagements 30

3. Theorie und Praxis der Steuerung betrieblicher Immobilien 31

4. Abbildung betrieblicher Immobilien im Shareholder Value-Konzept 45
   4.1. Anwendungsfelder der Shareholder Value-Analyse 45
   4.2. Abbildung des Anlagevermögens im Shareholder Value 46
   4.3. Methoden der Shareholder Value-Analyse 48
   4.4. Bewertungsobjekte 54
   4.5. Shareholder Value-Effekte betrieblicher Immobilien 58
       4.5.1. Cash Flow-Effekte 58
       4.5.2. Abbildung stiller Reserven 71
       4.5.3. Steuereffekte 80
       4.5.4. Kapitalkosteneffekte 88
       4.5.5. Festlegung des Planungshorizonts und des Endwerts 98
   4.6. Werteinflußgrößen betrieblicher Immobilien 104
   4.7. Ermittlung des Shareholder Value 107

5. Steigerung des Shareholder Value mit Integriertem Immobilienmanagement.. 111

   5.1. Dem Betriebszweck zuzuordnende Immobilien und Shareholder Value.. 111

      5.1.1. Verankerung in der Unternehmensstrategie 111

      5.1.2. Sensitivitäts- und Potentialanalyse der Werteinflußgrößen 112

      5.1.3. Wertsteigerungsmaßnahmen 117

      5.1.4. Immobilienwertmatrix 136

      5.1.5. Shareholder Value-Bewertung 137

   5.2. Liegenschaften und Shareholder Value 138

   5.3. Permanenter Einsatz des Shareholder Value 140

   5.4. Integriertes Immobilienmanagement (IIM) 143

   5.5. Erforderliche Immobilien-Daten zur Shareholder Value-Bewertung 145

6. Fallstudie "Steigerung des Shareholder Value mit Integriertem
Immobilienmanagement" an Hand der *Beispiel AG* 153

   6.1. Das Fallstudienunternehmen 153

   6.2. Bedeutung der Immobilien für die Beispiel AG 154

   6.3. Methodik zur Messung der Wertsteigerung 156

   6.4. Shareholder Value der Beispiel AG ohne Integriertes
Immobilienmanagement 158

   6.5. Exkurs: Shareholder Value für einzelne Liegenschaften 160

   6.6. Sensitivitäts- und Potentialanalyse 161

   6.7. Wertsteigerungsmaßnahmen und Messung der Effekte 163

   6.8. Behandlung der stillen Reserven 165

   6.9. Shareholder Value der Beispiel AG mit Integriertem
Immobilienmanagement 167

7. Zusammenfassung 169

Literaturverzeichnis 173

Abbildungsverzeichnis

Abbildung 1: Ausgangsposition und Problemstellung der Arbeit 1

Abbildung 2: Zielsetzung der Arbeit 6

Abbildung 3: Vorgehensweise im Forschungsprojekt 10

Abbildung 4: Steuerungsrelevante Besonderheiten betrieblicher Immobilien 14

Abbildung 5: Klassifikation betrieblicher Immobilien 16

Abbildung 6: Ziele sowie Aufgaben des betrieblichen Immobilienmanagements 24

Abbildung 7: Tätigkeiten des betrieblichen Immobilienmanagements 27

Abbildung 8: Kontextfaktoren des Integrierten Immobilienmanagements 29

Abbildung 9: Entwicklungsstufen der Steuerung betrieblicher Immobilien 31

Abbildung 10: Value Center „Zentrales Immobilienmanagement" 57

Abbildung 11: Im Free Cash Flow enthaltene und nicht enthaltene Größen 60

Abbildung 12: Einordnung der immobilienspezifischen Cash Flows 66

Abbildung 13: Die Erfolgsspaltung im Shareholder Value 69

Abbildung 14: Cash Flow-Orientierung des Shareholder Value 72

Abbildung 15: Wertentwicklung und Cash Flows für dem Betriebszweck
zuzuordnende Immobilien und für Liegenschaften 77

Abbildung 16: Verbindung von Immobilienwerteinflußgrößen, Stillen Reserven
und Shareholder Value 106

Abbildung 17: Elemente des Shareholder Value 108

Abbildung 18: Gesamtkosten, Shareholder Value und Elastizität 113

Abbildung 19: Umsatz, Shareholder Value und Elastizität 114

Abbildung 20: Beispiel für Angriffspunkte des Integrierten
Immobilienmanagements 119

Abbildung 21: Organisationsformen des betrieblichen Immobilienmanagements .. 120

Abbildung 22: Miete, Leasing und Eigentum – Vorteile und Nachteile 123

Abbildung 23: Werteinflußgrößen auf betriebliche Immobilien 133

Abbildung 24: Immobilienwertmatrix 137

Abbildung 25: Vorgehensweise des Integrierten Immobilienmanagements 143

Abbildung 26: Wertansätze für Immobilien 147

Abbildung 27: Marktwert-Buchwert-Verhältnisse der Immobilien der Beispiel AG.. 156

Abbildung 28: Berechnung des Shareholder Value-Basismodells......................... 160

Abbildung 29: Shareholder Value-Berechnung für eine Liegenschaft 161

Abbildung 30: Höhe des Shareholder Value in Abhängigkeit von der betrieblich
genutzten Fläche 162

Abbildung 31: Berechnung des Shareholder Value für das
Wertsteigerungsmodell 168

1. Einleitung

Die vorliegende Arbeit hat sich ein betriebswirtschaftliches Problem zum Gegenstand gewählt, das in der bisherigen betriebswirtschaftlichen Literatur vernachlässigt ist, aber wegen seiner Bedeutung für die Praxis in den Unternehmen zunehmend als solches erkannt wird. Die vorliegende Arbeit stellt sich die Aufgabe, in einem umgrenzten Rahmen einen Beitrag zur Beschreibung dieses Problems zu leisten und die Entwicklung eines Lösungsansatzes zu versuchen.

1.1. Problemstellung

Eine große Zahl an Unternehmen hat in den letzten Jahren die Herausforderungen der **Internationalisierung** und **Globalisierung** annehmen und ihre Wettbewerbsfähigkeit stärken müssen. Programme zur **Konzentration auf Kernkompetenzen, Outsourcing von Unternehmensleistungen** und **Reengineering** der unternehmensinternen Prozesse wurden durchgeführt, systematisch wurden die Unternehmen auf Rationalisierungspotentiale untersucht, wobei schließlich der Blick auch auf betriebliche Immobilien fallen mußte.

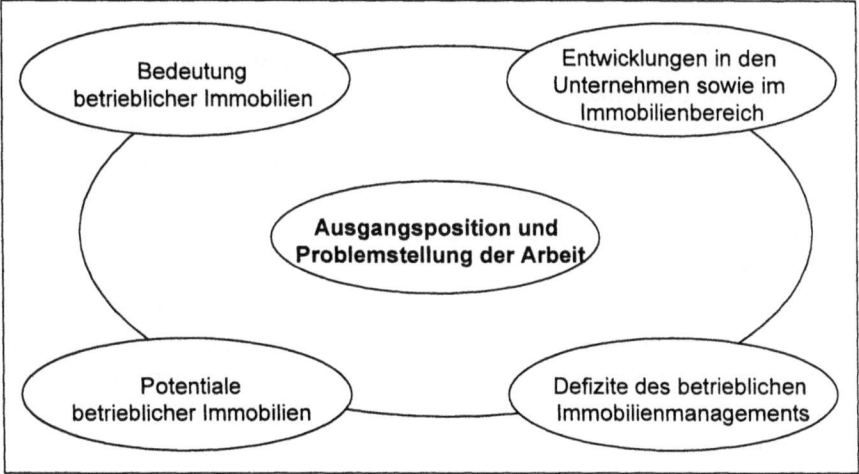

Abbildung 1: Ausgangsposition und Problemstellung der Arbeit

Die Betriebswirtschaftslehre selbst hat zur Beschäftigung mit Gütern des Anlagevermögens wie betrieblichen Immobilien durch Entwicklung eines **neuen Instruments zur Unternehmensbewertung und Unternehmenssteuerung** angeregt: dem **Shareholder Value.** Mit ihm können Einflußfaktoren auf den Unternehmenswert identifiziert und bewertet und schließlich der Unternehmenswert selbst ermittelt werden. Einer dieser Einflußfaktoren sind die Investitionen in das Anlagevermögen, zu denen auch die **betrieblichen Immobilien** zählen. Unter Asset Management werden alle Maßnahmen zusammengefaßt, die zur Optimierung des im Unternehmen vorhandenen Vermögens beitragen und damit den Shareholder Value erhöhen (vgl. *Herter,* 1993, S. 351ff., zu Immobilien s. insbesondere S. 357). Somit führt der Shareholder Value quasi zwangsläufig zur Beschäftigung mit betrieblichen Immobilien.

Unabhängig von diesen Herausforderungen ist die Beschäftigung mit betrieblichen Immobilien auch aus anderen Gründen für Unternehmen bedeutsam:

- Betriebliche Immobilien haben als **Produktionsfaktor strategische Bedeutung** für das Unternehmen, da sie zur Leistungserstellung benötigt werden. Die Filialen einer Bank z.B. sind notwendig, um Bankleistungen in der Nähe des Kunden anbieten zu können.

- Weil sich der Wert betrieblicher Immobilien nicht im Shareholder Value ausdrückte, zielten **feindliche Unternehmensübernahmen** häufig auf die Verwertung betrieblicher Immobilien ab, mit der die Käufer einen Teil des Kaufpreises finanzierten (vgl. *Joseph* 1991, *Jinnett* 1990, *Bingham* 1989).

- Die Immobilienkosten haben in vielen Unternehmen einen relativ hohen Anteil an den Gesamtkosten. Das gilt vor allem für Branchen mit einem hohen Anteil an Verwaltungstätigkeiten. Untersuchungen haben einen **Anteil der Immobilienkosten an den Gesamtkosten von bis zu 30 Prozent** ergeben. (vgl. *Eversmann,* 1995, S. 50ff., *Schäfers,* 1997, S. 13ff.). Nach *A.T. Kearney* erreicht der Anteil gebäudebezogener Kosten bei vielen Unternehmen eine Größenordnung von 10 Prozent von deren Wertschöpfung. Der Aufwand für Gebäudenutzung und damit verbundene Serviceleistungen beträgt bis zu 20.000 DM pro Jahr und Arbeitsplatz (vgl. *o.V.,* 1995b, S. 14).

- Das **Immobilienvermögen** hat einen relativ hohen Anteil am Gesamtvermögen von Unternehmen. Eine Recherche von *Schäfers* hat ergeben, daß die Buchwerte des Immobilienvermögens im Jahr 1990 10,5 Prozent der gesamten Bilanzsumme deutscher Unternehmen betragen (vgl. *Schäfers,* 1997, S.13ff., *o.V.,* 1995d).

- In jüngerer Zeit haben betriebliche Immobilien auch deshalb an Bedeutung gewonnen, weil die positive Wertentwicklung der Immobilien in den letzten Jahrzehnten zur Bildung **stiller Reserven** (=Differenz zwischen Buchwert und Verkehrswert von Immobilien) geführt hat. Die Unternehmen sind unsicher, wie mit diesen stillen Reserven zukünftig zu verfahren ist. In diesem Zusammenhang ist auch die Beurteilung des ökonomischen Werts stiller Reserven für viele Unternehmen nicht beantwortet.

- Im Eigentum befindliche Immobilien bedeuten wegen ihres hohen Wertes eine **hohe Kapitalbindung**. Die Bewertung dieser Kapitalkosten zu Opportunitätskosten durch Einbeziehung der stillen Reserven führt zu ganz anderen Renditen als Unternehmen derzeit für sich annehmen. Hierzu ein vereinfachtes Beispiel: Ein international tätiger deutscher Konzern hat Immobilienvermögen in Höhe von 8 Mrd. DM und ein Gesamtvermögen von 200 Mrd. DM nach Buchwerten bei einem Umsatz von 100 Mrd. DM und einem Gewinn vor Steuern von 12 Mrd. DM. Nach vorsichtiger Schätzung beträgt die Höhe der stillen Reserven in den Immobilien 40 Mrd. DM. Wird der ROI des Unternehmens nach Buchwerten berechnet, so beträgt er 6 Prozent. Werden für die betrieblichen Immobilien anstelle der Buchwerte Verkehrswerte angesetzt, beträgt der ROI nur noch 5 Prozent. Aus betriebswirtschaftlicher Sicht bindet somit Immobilienvermögen mit stillen Reserven Kapital, das für andere (evtl. wirtschaftlichere) Investitionen nicht zur Verfügung steht. Man kann in diesem Fall auch von Opportunitätskosten durch Kapitalbindung sprechen.

Zu diesen Fakten, die die Bedeutung betrieblicher Immobilien zeigen, tritt noch ein psychologisches Moment hinzu. Immobilien verkörpern insbesondere in Deutschland eine **sichere Wertanlage, wirtschaftliche Potenz und gute Vermögenssituation**. Diese nicht unbedingt rationale Sicht betrieblicher Immobilien der deutschen Wirtschaft ist insbesondere bei einem Vergleich der angelsächsischen Wirtschaft im Umgang mit deren Immobilien zu beachten.

Die hohe Bedeutung betrieblicher Immobilien allein ist sicherlich kein ausreichender Grund für die nähere Beschäftigung mit betrieblichen Immobilien. Darüber hinaus wird die Notwendigkeit der Beschäftigung mit betrieblichen Immobilien durch die Potentiale deutlich, die zur Steigerung der Wettbewerbsfähigkeit genutzt werden können (vgl. *Haverkamp/Salton*, 1985, *Andersen Consulting*, 1995). Andererseits wirken sich die zu beobachtenden Unternehmensentwicklungen auf betriebliche Immobilien vielfältig aus. Auf einige dieser Auswirkungen sei hingewiesen:

- Die Strategie von Unternehmen, sich auf ihre **Kernkompetenzen** und Kerngeschäftsfelder zu konzentrieren, führt dazu, daß bisher erbrachte Leistungsbereiche oder ganze Geschäftsfelder aufgegeben werden. In folgedessen ist der Flächenbedarf von Unternehmen rückläufig. Die Verwertung dieser freiwerdenden Flächen stellt ein Potential zur Steigerung der Wettbewerbsfähigkeit dar.

- Ein weiterer Grund für zukünftig geringeren Flächenbedarf in Unternehmen ist die verstärkte Nutzung von **Outsourcingmöglichkeiten**. Auch dies führt dazu, daß bisher intern erbrachte Leistungen externe Anbieter wahrnehmen und die mit der Leistungserbringung zusammenhängenden Flächen frei werden.

- Im Rahmen von **Reengineering**-Programmen sind sowohl in den Produktionsbereichen als auch in den Verwaltungsbereichen Maßnahmen zur Produktivitätssteigerung durchgeführt worden. Diese haben z.B. in Verwaltungsbereichen einhergehend mit der Reduzierung von Arbeitsplätzen zu geringerem Flächenbedarf geführt.

- **Neue Formen der Büroorganisation** wie Heimarbeit, Mobile Büros u.a. haben neue Anforderungen an Immobilien und bewirken in der Regel einen geringeren Flächenbedarf. Diese Innovationen bei der Büroorganisation werden begleitet von technischen Innovationen der Informations- und Kommunikationstechnik, die z.B. Heimarbeit ermöglichen.

- Technische Innovationen in der Bewirtschaftung von Gebäuden **(Energiemanagement, Facility Management)** werden dazu beitragen, daß sich die Bewirtschaftungskosten von Immobilien positiv entwickeln.

Aus den genannten Entwicklungen ergeben sich auch Konsequenzen für den Immobilienmarkt selbst. Ein höheres Angebot in Kombination mit langsam wachsendem Bruttosozialprodukt und deshalb eher stagnierender Nachfrage am Immobilienmarkt führt zu **tendenziell sinkenden Immobilienpreisen**.

Unternehmen müssen daher diese Entwicklungen antizipieren und das Management der betrieblichen Immobilien daran ausrichten, damit dieses seinen Beitrag zur Erhöhung der Wettbewerbsfähigkeit leisten kann.

Das Potential betrieblicher Immobilien zur Erhöhung der Wettbewerbsfähigkeit und die zukünftigen Anforderungen an betriebliche Immobilien sind von Wissenschaft und Praxis zum Teil bereits erkannt worden. Der aus Amerika stammende Ansatz zu diesem Thema lautet **„Management of Corporate Real Estate"** (vgl. *Brown/Soens*, 1993), zu deutsch **„Betriebliches Immobilienmanagement"**. Einige Unternehmen haben die Gedanken dieses Ansatzes bereits aufgegriffen und Abteilungen bzw. Stellen eingerichtet, die zentral für die betrieblichen Immobilien verantwortlich sind. Allerdings befindet sich betriebliches Immobilienmanagement in Deutschland in Wissenschaft und Praxis noch am Anfang (vgl. die Ergebnisse der empirischen Studie von *Schäfers*, 1997, S. 237ff.).

Für das betriebliche Immobilienmanagement werden aus Sicht des Controlling folgende, **in dieser Arbeit zu thematisierende Defizite** gesehen (vgl. *Schäfers*, 1997, S. 336):

- Es fehlt eine ganzheitliche und zusammenfassende Darstellung der verschiedenen Ansätze des betrieblichen Immobilienmanagements.

- Es fehlt ein integrierender Ansatz, der ökonomische Aspekte des Einsatzes betrieblicher Immobilien mit den Möglichkeiten des betrieblichen Immobilienmanagements vereint.

- Es fehlt eine Methode, mit der betriebliche Immobilien bewertet und deren Beitrag zur Erhöhung der Wettbewerbsfähigkeit des Unternehmens gemessen werden können.

- Es fehlt ein Instrument, mit dem die mit betrieblichen Immobilien zusammenhängenden Probleme wie die Verwendung stiller Reserven und deren Lösungsmöglichkeiten zur Steigerung des Unternehmenswertes bewertet werden können.

1.2. Zielsetzung

Ziel der Arbeit ist einerseits die Entwicklung einer Methode, mit der betriebliche Immobilien und deren Möglichkeiten zur Steigerung der Wettbewerbsfähigkeit des Unternehmens bewertet werden können, und andererseits die Beschreibung eines Vorgehenskonzepts, wie die betrieblichen Immobilien zur Steigerung der Wettbewerbsfähigkeit des Unternehmens eingesetzt werden können. Basis dieser Bewertungsmethode ist die Shareholder Value-Analyse. **Insofern werden in dieser Arbeit auch betriebliches Immobilienmanagement und Shareholder Value-Analyse vereint.** Die Verbindung der beiden Elemente wird im folgenden als „**Integriertes Immobilienmanagement" (IIM)** bezeichnet (vgl. Abbildung 2).

Die Shareholder Value-Analyse wird aus folgenden Gründen als Basis der Bewertungsmethode vorgeschlagen:

- Viele Unternehmen verwenden unterschiedliche Ansätze der Shareholder Value-Analyse als betriebswirtschaftliche Steuerungsgröße (vgl. *Schäfers*, 1998b, S. 71). Sie müssen an einer Integration von Immobilienmanagement und Shareholder Value-Analyse interessiert sein.

- Da betriebliche Immobilien in den Unternehmenskontext eingebunden sind, ist eine isolierte Bewertungsmethode für betriebliche Immobilien nicht sinnvoll, sondern der Rückgriff auf eine Methode zweckmäßig, die für das gesamte Unternehmen verwendet wird.

- Der Shareholder Value ist unbeeinflußt von den im Rechnungswesen gewählten **Bewertungsverfahren** (z.B. unterschiedliche Abschreibungsverfahren), die insbesondere bei Immobilien gravierende Auswirkungen haben.

- Der Shareholder Value berücksichtigt das unterschiedliche **Risiko** verschiedener Unternehmensaktivitäten. Insbesondere wenn betriebliche Immobilien einen eigenständigen Beitrag zum Unternehmensergebnis leisten müssen, kommen die unterschiedlichen Risikostrukturen zum Tragen.

- Der Shareholder Value berücksichtigt die für die Bereitstellung und Werterhaltung notwendigen Investitionen.

- Im Shareholder Value wird der Zeitwert des Geldes berücksichtigt. Da Geld zwischenzeitlich gewinnbringend angelegt werden kann, ist eine Zahlung zum heutigen Zeitpunkt mehr wert als die gleiche Zahlung zu einem späteren Zeitpunkt.

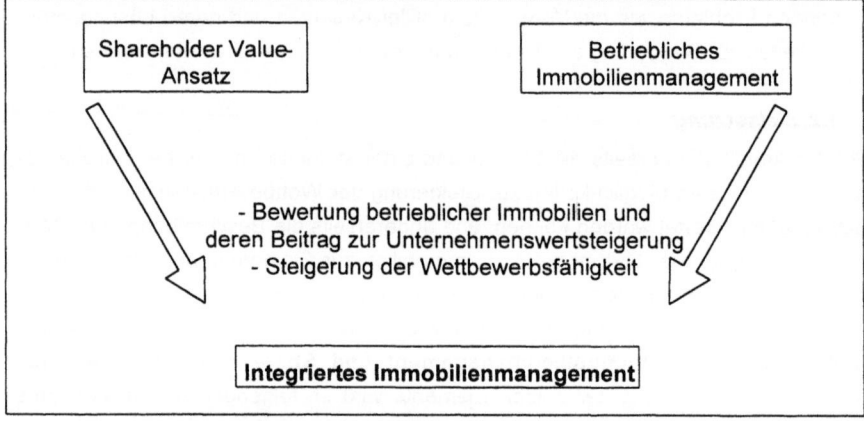

Abbildung 2: Zielsetzung der Arbeit

Für den Shareholder Value zur Steuerung betrieblicher Immobilien spricht auch die relativ einfache Anwendung, da ein Teil der an der Shareholder Value-Analyse allgemein geübten **Kritik** bei Immobilien nicht gilt:

- Von Kritikern des Shareholder Value wird angeführt, er berge die Gefahr in sich, durch den Zwang zur monetären Abbildung werden Innovation und Kreativität von Strategien erstickt (vgl. *Günther*, 1997, S. 399). Entscheidungen im Immobilienbereich lassen sich aber relativ gut quantifizieren, da ihnen relativ **stabile Prognosedaten** zugrundeliegen.

- Der Kritikpunkt der **Prognostizierbarkeit** der für die Bewertung benötigten Daten (vgl. *Bühner*, 1994, S. 35ff., *Brune*, 1995, S. 179ff.) trifft auf die für die Shareholder Value-Bewertung von Immobilien benötigten Daten in dem Ausmaß nicht zu, da relativ **stabile Verhältnisse** anzutreffen sind. Außerdem kann ein Teil der für die Shareholder Value-Bewertung benötigten Daten **langfristig abgeschlossenen Verträgen** entnommen werden.

Die Behandlung des Themas in der Literatur ist derzeit unbefriedigend. Es gibt lediglich Ansätze zur Shareholder Value-Bewertung einzelner Immobilienstrategien. Die Autoren selbst betonen, daß einige Aspekte nur unzureichend behandelt sind (s. *Jürgensonn/Schäfers*, 1998, S. 820).

Aus dem oben skizzierten Ziel, ein Integriertes Immobilienmanagement zu entwikkeln, leiten sich folgende Fragen und Aufgaben ab, die mit dieser Arbeit beantwortet und erfüllt werden sollen:

- Lassen sich die verschiedenen Ansätze des betrieblichen Immobilienmanagements nach Überprüfung auf Unterschiede und Gemeinsamkeiten zu einem Ansatz integrieren?

- Läßt sich die Shareholder Value-Analyse so modifizieren, daß sie die spezifischen Anforderungen betrieblicher Immobilien erfüllt?

- Die Methode soll dann so gestaltet werden, daß der Shareholder Value neben seiner Bewertungsfunktion gleichzeitig eine Steuerungsfunktion für betriebliche Immobilien wahrnimmt.

1.3. Forschungsansatz

Diese Arbeit will einen Beitrag zur anwendungsorientierten betriebswirtschaftlichen Forschung leisten. Die Ergebnisse werden weniger von allgemeingültigen und exakt hergeleiteten Gesetzmäßigkeiten geprägt sein, sondern vielmehr Gestaltungsempfehlungen für ein Integriertes Immobilienmanagement enthalten.

Entscheidungstheorie

Die Entscheidungstheorie befaßt sich mit logischen und empirischen Analysen des rationalen Entscheidungsverhaltens. Die moderne Sichtweise der Betriebswirtschaftslehre als angewandte Wissenschaft geht davon aus, daß es nicht ihre Aufgabe ist, Empfehlungen über von Unternehmen zu verfolgende Ziele zu geben. Sie trifft vielmehr Aussagen, wie das Entscheidungsverhalten sein soll, damit die vom Unternehmen selbst gesteckten Ziele bestmöglich erreicht werden können. Es werden daher rationale Problemlösungen für praktische Entscheidungssituationen vorgeschlagen. Diese sollen das Unternehmen in die Lage versetzen, auf Basis der getroffenen Entscheidungen einen größtmöglichen Grad der gesetzten Ziele zu erreihen.

Die Entscheidungstheorie unterscheidet darüber hinaus noch zwischen normativen und deskriptiven Aussagen. Konzepte der normativen Entscheidungstheorie enthalten allgemeingültige Aussagen zu Handlungsanweisungen, wie die vorgegebenen Ziele bestmöglich erreicht werden können. Dagegen wird in der deskriptiven Entscheidungstheorie die Beschreibung und Erklärung des tatsächlichen Entscheidungsverhaltens in den Vordergrund gestellt.

Wird folglich ein Modell aus den Grundsätzen der Entscheidungstheorie heraus konzipiert, so muß dieses in der Lage sein, Entscheidungsempfehlungen für konkrete Situationen zu liefern, mit denen das Unternehmen seine gesteckten Ziele optimal erreichen kann. Es geht daher nicht um die Beschreibung eines zu erreichenden betrieblichen Idealzustands.

In dieser Arbeit **werden normative Aussagen um deskriptive Aussagen ergänzt**. Normative Aussagen werden durch Entwicklung des Modells zum Integrierten Immobilienmanagement getroffen, das einen Vorschlag zur Anpassung der Shareholder Value-Analyse an immobilienspezifische Anforderungen liefert. Deskriptive Aussagen enthält die Fallstudie, in der an einem Praxisbeispiel die Anwendung des in dieser Arbeit entwickelten Modells des Integrierten Immobilienmanagements beschrieben und die Wirkung von Maßnahmen des Immobilienmanagements an einem Unternehmensbeispiel beurteilt werden.

(Zur Entscheidungstheorie s. *Bamberg/Coenenberg*, 1991, S. 1ff.)

Situationstheorie

Die Verallgemeinerung partiell gültiger Aussagen zu generellen Theorien oder Prinzipien der Organisations- oder Managementlehre ist aus wissenschaftstheoretischer Sicht unbefriedigend. Die Situationstheorie geht daher von einer Analyse konkreter Situationen aus, die durch die Konstellation bestimmter Variablen definiert werden, um zu einer differenzierteren Betrachtung des Problems zu gelangen und ohne den Anspruch auf Allgemeingültigkeit aufgeben zu müssen. Aussagen werden situativ relativiert und gelten situationsabhängig.

Auch in der vorliegenden Arbeit ist die Situationstheorie relevant, da die Aussagen nur situativ gelten. Die Bedeutung des entwickelten Modells des Integrierten Immobilienmanagements hängt von verschiedenen **Kontextvariablen** ab, die im folgenden aufgeführt, in der Arbeit aber nicht empirisch getestet worden sind:

- Unternehmensgröße

- Umfang des Immobilienvermögens

- Anzahl der Standorte

- Ort der Immobilien (national, international)

Im Verlauf und am Ende der Arbeit wird gezeigt werden, bei welchen Ausprägungen dieser Kontextvariablen das vorgeschlagene Modell des Integrierten Immobilienmanagements relevant sein kann.

(Zur Situationstheorie vgl. *Staehle*, 1973)

Strukturierung

Diese Arbeit wurde nach Vorgehen und Ergebnissen folgendermaßen strukturiert (vgl. Abbildung 3):

Das erste Kapitel enthält Problemstellung, Zielsetzung und Vorgehensweise des Forschungsprojekts.

Im zweiten Kapitel wird das betriebliche Immobilienmanagement in seinen Grundzügen skizziert. Hierzu wird zunächst definiert, was in dieser Arbeit unter betrieblichen Immobilien verstanden wird. Anschließend erfolgt eine Beschreibung und ein Wägen der Stärken und Schwächen der **verschiedenen Ansätze zum betrieblichen Immobilienmanagement** mit dem Ziel, diese in einem Ansatz zusammenzufassen, der Grundlage für das Integrierte Immobilienmanagement sein kann.

Das dritte Kapitel enthält die **Entwicklungsstufen erfolgsorientierter Steuerung betrieblicher Immobilien**. Es werden die Konzepte erfolgsorientierter Steuerung und die ihnen zugrundeliegenden Erfolgsgrößen beschrieben. Schließlich wird dargestellt, wie das Integrierte Immobilienmanagement auf diesen Konzepten aufbaut und warum es eine neue Entwicklungsstufe erfolgsorientierter Steuerung betrieblicher Immobilien bedeutet.

Die wegen der Abbildung betrieblicher Immobilien erforderlichen **Modifikationen der Shareholder Value-Analyse** sind im vierten Kapitel enthalten. Ausgangspunkt ist eine kurze **Beschreibung der verschiedenen Shareholder Value-Ansätze**, der sich eine kritische Würdigung derjenigen Ansätze anschließt, welche sich für das Integrierte Immobilienmanagement eignen.

Das fünfte Kapitel enthält eine **Beschreibung der Vorgehensweise** und einen Überblick über die Maßnahmen zur Steigerung des Shareholder Value durch das Immobilienmanagement.

Mit der **Fallstudie** im sechsten Kapitel werden auf theoretischem Weg gewonnene Erkenntnisse auf ihre Praxisrelevanz geprüft. Zum einen wird die Tauglichkeit der modifizierten Shareholder Value-Analyse an diesem Fall getestet, zum anderen wird die Eignung der vorgeschlagenen Vorgehensweise zur Steigerung des Shareholder Value geprüft. Dies erfolgt durch Berechnung des Shareholder Value des Unternehmens der Fallstudie vor und nach Integriertem Immobilienmanagement.

Das siebente Kapitel enthält die **Zusammenfassung der Forschungsergebnisse** und einen **Ausblick auf weiteren Forschungsbedarf**.

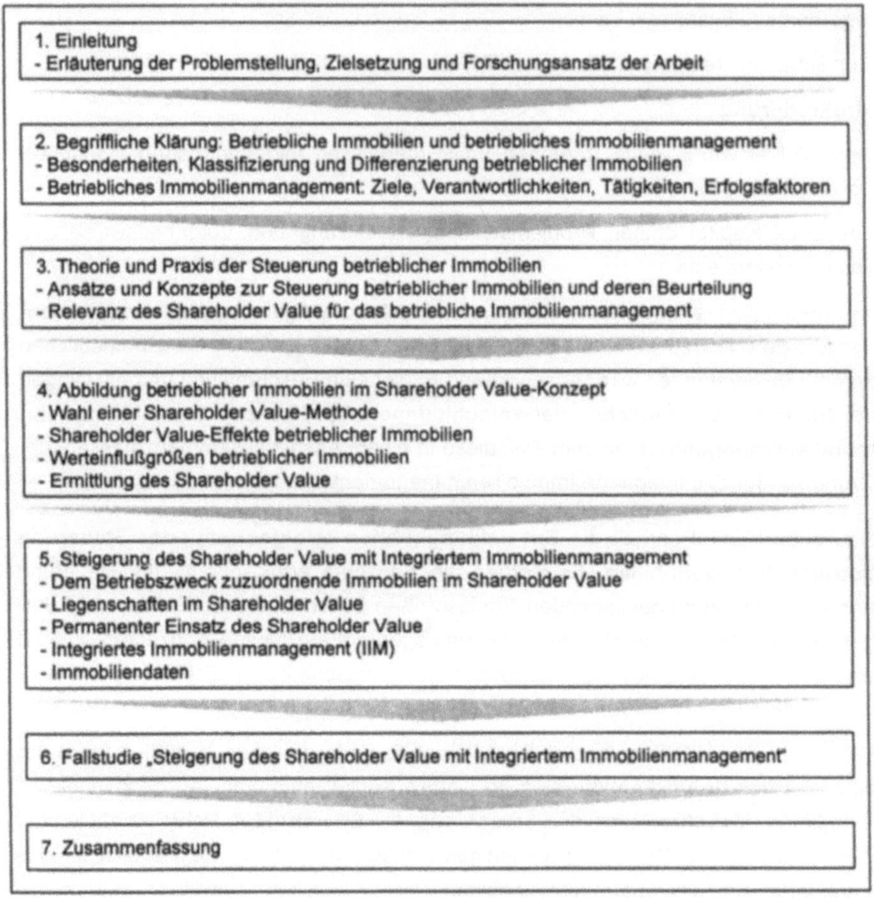

---

1. Einleitung
- Erläuterung der Problemstellung, Zielsetzung und Forschungsansatz der Arbeit

---

2. Begriffliche Klärung: Betriebliche Immobilien und betriebliches Immobilienmanagement
- Besonderheiten, Klassifizierung und Differenzierung betrieblicher Immobilien
- Betriebliches Immobilienmanagement: Ziele, Verantwortlichkeiten, Tätigkeiten, Erfolgsfaktoren

---

3. Theorie und Praxis der Steuerung betrieblicher Immobilien
- Ansätze und Konzepte zur Steuerung betrieblicher Immobilien und deren Beurteilung
- Relevanz des Shareholder Value für das betriebliche Immobilienmanagement

---

4. Abbildung betrieblicher Immobilien im Shareholder Value-Konzept
- Wahl einer Shareholder Value-Methode
- Shareholder Value-Effekte betrieblicher Immobilien
- Werteinflußgrößen betrieblicher Immobilien
- Ermittlung des Shareholder Value

---

5. Steigerung des Shareholder Value mit Integriertem Immobilienmanagement
- Dem Betriebszweck zuzuordnende Immobilien im Shareholder Value
- Liegenschaften im Shareholder Value
- Permanenter Einsatz des Shareholder Value
- Integriertes Immobilienmanagement (IIM)
- Immobiliendaten

---

6. Fallstudie „Steigerung des Shareholder Value mit Integriertem Immobilienmanagement"

---

7. Zusammenfassung

Abbildung 3: Vorgehensweise im Forschungsprojekt

2. Begriffliche Klärung: Betriebliche Immobilien und Betriebliches Immobilienmanagement

2.1. Betriebliche Immobilien

Die wenigen bislang veröffentlichten Forschungsergebnisse zu diesem Thema sind strukturiert worden über Entwicklungsstufen des Managements betrieblicher Immobilien (Gebäudeerrichtung, Kostensenkung..., vgl. *Schäfers*, 1997, S. 25ff.). Diesen Strukturierungen wird in dieser Arbeit nicht gefolgt. Ausgehend von der Hypothese, daß die im Unternehmen vorhandenen Immobilien heterogen sind und unterschiedliche Immobilien unterschiedliche Anforderungen an ihre Steuerung stellen, werden im folgenden Gruppen von sich jeweils in ihrer betriebswirtschaftlichen Steuerung homogen verhaltenden Immobilien gebildet. Daher werden in dieser Arbeit die zu erwartenden Forschungsergebnisse anhand der unterschiedlichen **Typen betrieblicher Immobilien** erarbeitet. Hierzu wird zunächst das Spektrum betrieblicher Immobilien beleuchtet und dann die für eine wertorientierte Steuerung geeignete Gruppierung vorgeschlagen.

Unter Immobilien werden **unbebaute und bebaute Grundstücke** und die sich **auf Grundstücken befindlichen Gebäude** ohne die in den Gebäuden vorhandenen Mobilien (Inventar) verstanden. Nicht zu den Immobilien zählen daher Produktionsanlagen. Die mit der Betriebsführung und zur Aufrechterhaltung der Nutzung der Gebäude benötigten Anlagen sollen dagegen den Immobilien zugerechnet werden (z.B. Personenaufzüge, Klimatisierungsanlagen).

Eine allgemeine Klassifizierung betrieblicher Immobilien ist folgende (vgl. *Brown/Soens*, 1993, S. 8f., *Falk*, 1996, S. 133f.):

- Industrielle Objekte
  - Produktionsimmobilien
  - Warenlager und Speicher
  - Eisenbahnhöfe und zugehörige Flächen und Gebäude
  - Hafenanlagen
  - Distributionseinrichtungen
- Kommerzielle Objekte
  - Handelsimmobilien
  - Büroimmobilien
  - Vielseitig verwendbare andere Flächen und Einrichtungen

- Liegenschaften mit natürlichem Ressourcenvorkommen

  - Kohle

  - Öl

  - Andere Mineral- oder Holzressourcen

- Wohnimmobilien

- Unbebautes Land mit verschiedenen Widmungszwecken

- Bauernhöfe mit agrarischer Nutzfläche

- Nicht nach obengenannten Kriterien klassifizierbare Liegenschaften

Jeder dieser Immobilientypen stellt eigene Anforderungen an eine betriebswirtschaft-liche Steuerung. In dieser Arbeit erfolgt daher eine **Konzentration auf die typi-schen Immobilien von Industrie- und Dienstleistungsunternehmen**: Das zu ent-wickelnde Modell der wertorientierten Steuerung betrieblicher Immobilien ist vor al-lem auf die Anforderungen von **Produktionsimmobilien, Lagerimmobilien und Büroimmobilien zugeschnitten.** Mit der Auswahl dieser Immobilien ist der bedeu-tendste Anteil an betrieblichen Immobilien abgedeckt.

Immobilien, die sehr eng oder unmittelbar mit der Leistungserstellung zusammen-hängen bzw. Immobilien, die selbst den Unternehmenszweig repräsentieren (häufig schon an der Bezeichnung der Immobilie ersichtlich) werden in dieser Arbeit nicht den betrieblichen Immobilien zugerechnet. Beispiele sind Krankenhäuser, Hotels und Spezialimmobilien der Grundstoff- und Produktionsindustrie (Ölplattform, Kohleab-baugebiet, Chip-Produktionswerk). Diese von der Begrifflichkeit her unverständlich anmutende Abgrenzung ist aus methodischen Gründen erforderlich. Obwohl einige der in dieser Arbeit diskutierten Aspekte auch für diese Immobilien relevant sind, ist anzunehmen, daß für diese Immobilien einerseits spezielle Adaptionen des Share-holder Value-Ansatzes notwendig sind und andererseits spezielle Shareholder Va-lue-steigernde Maßnahmen zweckmäßiger wären als die in dieser Arbeit für eine größere Anzahl ähnlicher Immobilien allgemein zu entwickelnden.

Unternehmen verfügen jedoch auch über einen erheblichen Bestand an **Liegen-schaften** - Immobilien, die nicht dem originären Betriebszweck zuzuordnen sind - die sie zum großen Teil in der sehr guten wirtschaftlichen Verfassung der achtziger Jah-re und in dem Bestreben nach Diversifizierung in diesem Jahrzehnt erworben haben. Diese Arbeit will der Bedeutung dieser Liegenschaften und dessen - durch Share-holder Value-Diskussionen ausgelösten - Problemfeld gerecht werden. Neben den Produktions-, Lager- und Büroimmobilien werden daher auch Liegenschaften be-trachtet.

Bevor auf die Gruppen betrieblicher Immobilien eingegangen wird, werden die Besonderheiten betrieblicher Immobilien dargestellt, die unmittelbar steuerungsrelevant sind und die den in dieser Arbeit unternommenen Versuch rechtfertigen, ein den speziellen Anforderungen betrieblicher Immobilien gerecht werdendes Steuerungsmodell zu entwickeln.

2.1.1. Steuerungsrelevante Besonderheiten betrieblicher Immobilien

Betriebliche Immobilien unterscheiden sich in einigen Merkmalen deutlich von anderen Produktionsfaktoren des Anlagevermögens wie Produktionsanlagen (vgl. Abbildung 4). Neben vom Unternehmen direkt beeinflußbaren internen Faktoren wirken vor allem externe Faktoren auf die Steuerung betrieblicher Immobilien ein (vgl. *Falk*, 1991).

Immobilienmarkt

Der Immobilienmarkt ist gekennzeichnet durch die **Heterogenität seiner Produkte,** d.h. durch Nichtvergleichbarkeit einzelner Immobilien und Nichtaustauschbarkeit, die durch die Standortgebundenheit von Immobilien verursacht wird. Entscheidungen lassen sich daher kaum nachträglich korrigieren, und ihre Folgen sind über einen langen Zeitraum kaum beeinflußbar. Der Immobilienmarkt ist ein auf Angebots- und Nachfrageschwankungen unelastisch reagierender Markt. Deshalb ist er langfristig von erheblichen Wertschwankungen gekennzeichnet, die immer wieder zu Konkursen von Immobiliengesellschaften geführt haben. Erschwert wird die Ermittlung von Preisen auf dem Immobilienmarkt durch mangelnde Datenverfügbarkeit und aufwendige Datenbeschaffung (vgl. *Morrell,* 1991, S. 29ff.). Nach *Schäfers* ist der Immobilienmarkt aus folgenden Gründen ein **Spezialmarkt** (vgl. *Schäfers*, 1997, S. 74ff.):

- Dominanz von Teilmärkten: Der Markt für Immobilien ist aufgeteilt in einzelne räumliche, sachliche und rechtliche Teilmärkte.

- Geringe Anpassungselastizität an Marktänderungen: Eine Anpassung des Angebots an Nachfrageänderungen kann nur langsam erfolgen, da das Neuangebot nur einen kleinen Teil des Gesamtangebots ausmacht. **Nichtvermehrbarkeit von Grund und Boden** und **Dauer der Neuerrichtung** von Immobilien verursachen die geringe Anpassungselastizität.

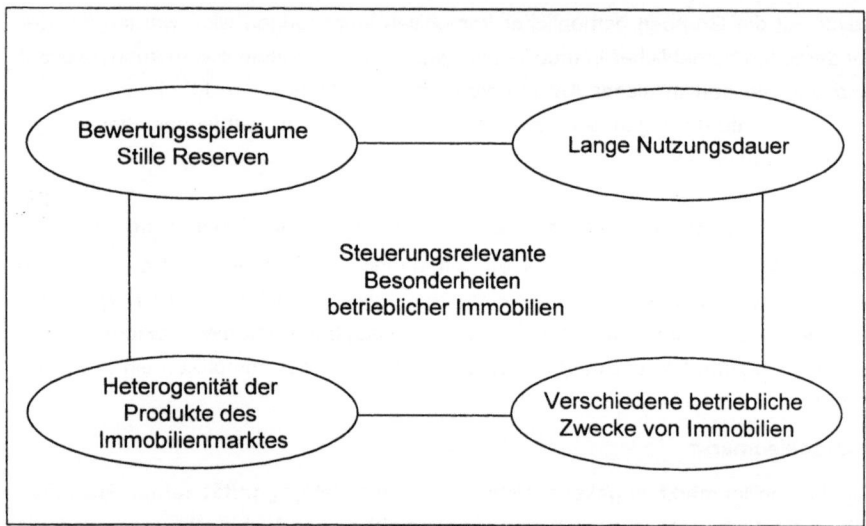

Abbildung 4: Steuerungsrelevante Besonderheiten betrieblicher Immobilien

Liegenschaften

Nicht alle betrieblichen Immobilien verfolgen im Unterschied zu anderen Produktionsfaktoren des Anlagevermögens ausschließlich das Ziel, die betrieblichen Prozesse der Leistungserstellung zu ermöglichen. Betriebliche Immobilien dieses Typs werden im folgenden als Liegenschaften bezeichnet. Motive für das Eigentum an Liegenschaften sind z.B. die **Bildung stiller Reserven, steuerliche Gründe oder die Anlage überschüssiger finanzieller Mittel** (z.B. zur Absicherung von Pensionsrückstellungen). Die Steuerung betrieblicher Immobilien muß diesen unterschiedlichen Typen gerecht werden.

Wertansatz

Auf die Möglichkeiten der Bewertung betrieblicher Immobilien wird in Kapitel 5 im einzelnen eingegangen. An dieser Stelle sei nur darauf hingewiesen, daß es für betriebliche Immobilien **keinen eindeutigen Wert** gibt. Auf der einen Seite werden für unterschiedliche Bewertungszwecke **verschiedene Verfahren der Wertermittlung** vorgeschlagen, auf der anderen Seite läßt sich der wahre Wert erst im Veräußerungsfall feststellen. Die oben erwähnten Verhältnisse auf dem Immobilienmarkt tragen nicht zu einer einfachen Wertermittlung bei.

Stille Reserven

Ein wichtiger Aspekt bei der Beurteilung betrieblicher Immobilien ist die Bildung stiller Reserven durch betriebliche Immobilien. **Stille Reserven sind die Differenz aus den im Rechnungswesen abgebildeten Buchwerten der Immobilien und den**

am Markt erzielbaren Verkehrswerten. Stille Reserven sind für das Unternehmen ein **Steuervorteil.** Andererseits wird heute vielfach angenommen, daß stille Reserven gleichzeitig ein **Wertsteigerungspotential** darstellen, das nicht ausreichend genutzt wird.

Nutzungsdauer

Immobilien sind gekennzeichnet durch eine verhältnismäßig lange Planungsphase bei Anschaffung oder Errichtung und eine lange Nutzungsdauer. Daher ist bei Entscheidungen über betriebliche Immobilien zu bedenken, daß sie über einen sehr langen Zeitraum gültig sind.

Weitere Merkmale

Weitere Merkmale von Immobilien sind (vgl. *Schäfers*, 1997, S. 74f.):

- Standortgebundenheit
- Begrenzte Teilbarkeit
- Hohe Investitionsvolumina

2.1.2. Klassifizierung betrieblicher Immobilien

Eine Klassifizierung betrieblicher Immobilien, die den Anforderungen einer wertorientierten Steuerung genügt, unterscheidet zwischen **dem Betriebszweck zuzuordnenden Immobilien** und **Liegenschaften** (vgl. Abbildung 5). Die dem Betriebszweck zuzuordnenden Immobilien unterstützen die Erfüllung des originären Betriebszwecks des Unternehmens (z.B. Bankfilialen, die das Bankgeschäft ermöglichen). Liegenschaften sind vom originären Betriebszweck unabhängig und können als Kapitalanlage betrachtet werden, die eine eigenständige Verzinsung des investierten Kapitals erwirtschaften muß. Die dem Betriebszweck zuzuordnenden Immobilien werden noch unterschieden in betriebsnotwendige Immobilien und in genutzte nicht betriebsnotwendige und in ungenutzte nicht betriebsnotwendige Immobilien. Diese feine Differenzierung wird in den folgenden Kapiteln noch Gegenstand weiterer Diskussionen sein.

Weitere Klassifizierungsmerkmale, die eine nähere Analyse des Immobilienbestands eines Unternehmens erlauben, sind:

- Eigentum oder Miete
- Fremdgenutzt / eigengenutzt
- Grundstücke / Gebäude
- Bebaute / unbebaute Flächen

16

Das sich bei der Klassifizierung häufig stellende Problem, Immobilien nicht eindeutig der einen oder anderen Kategorie zuordnen zu können, weil sie gemischt genutzt werden, sollte pragmatisch gelöst werden und die überwiegende Nutzung über die Klassifizierung entscheiden. Selbstverständlich ist es auch möglich, über die anteilige Flächenbeanspruchung eine genaue flächenbezogene Zurechnung vorzunehmen, die mit dem Nachteil verbunden ist, daß nicht mehr ganze Immobilien zugeordnet werden können.

Abbildung 5: Klassifikation betrieblicher Immobilien

Bei sehr hoher Immobilienkomplexität mit einer großen Anzahl an Immobilien unterschiedlichen Typs kann man sich in einem ersten Schritt darauf beschränken, gleichartige Immobilien, die sich an einem Standort befinden, zu Standorten zusammenzufassen, um die Komplexität zu beherrschen und den Erhebungsaufwand in Grenzen zu halten.

Die für die wertorientierte Steuerung betrieblicher Immobilien fundamentale Unterscheidung in die dem Betriebszweck zuzuordnenden Immobilien und Liegenschaften wird im folgenden weiter vertieft.

2.1.3. Dem Betriebszweck zuzuordnende Immobilien

Die dem Betriebszweck zuzuordnenden Immobilien werden in betriebsnotwendige und nicht betriebsnotwendige Immobilien unterschieden. Gemeinsam ist ihnen die Eigenschaft, nicht selbständig ein eigenständiges Ergebnis für das Unternehmen zu erwirtschaften, sondern im Verbund mit anderen Produktionsfaktoren zur Leistungserstellung beizutragen.

Betriebsnotwendige Immobilien

Für die Erfüllung des Unternehmenszweckes werden nur jene Immobilien benötigt, die eine Voraussetzung für die betriebliche Leistungserstellung sind und die untrennbar mit dem Ertragswert des Unternehmens eine Einheit bilden (vgl. *Helbling*, 1989, S. 177ff.). Diese Immobilien werden als betriebsnotwendige Immobilien bezeichnet. Sie sind genauso ein **Produktionsfaktor** wie Maschinen und Anlagen. Bei den betriebsnotwendigen Immobilien steht im Vordergrund, daß die Abwicklung der operativen Unternehmensprozesse durch betriebliche Immobilien nicht gefährdet sein darf, sondern im Gegenteil durch die Immobilien optimal unterstützt werden muß. Daraus ergeben sich spezielle Anforderungen an betriebsnotwendige Immobilien: Verfügbarkeit und Qualität betriebsnotwendiger Immobilien müssen mit möglichst niedrigen Kosten in Einklang gebracht werden. Das Immobilienmanagement muß sich daher bei den dem Betriebszweck zuzuordnenden Immobilien seiner beschränkten Freiheitsgrade bewußt sein, die sich aus der Orientierung an den betrieblichen Anforderungen ergeben.

Genutzte nicht betriebsnotwendige Immobilie

Dieser Typ betrieblicher Immobilien ist **zur Erfüllung des Unternehmenszwecks nicht notwendig.** Er ist aber dem betrieblichen Bereich zuzuordnen und dient auch der Erfüllung des Unternehmenszwecks. Immobilien dieses Typs stellen aber keine Wertanlage dar und sollen daher auch keinen eigenständigen Beitrag zum Unternehmensergebnis leiten. Beispiele für diesen Typ betrieblicher Immobilien sind Mitarbeiterwohnungen, Freizeiteinrichtungen (z.B. Schwimmbäder) oder andere Sozialeinrichtungen in Form von Immobilien. Sie werden den dem Betriebszweck zuzuordnenden Immobilien zugerechnet, weil sie die Produktivität anderer Produktionsfaktoren fördern. In den genannten Beispielen unterstützen die Immobilien den Produktionsfaktor Arbeit. Sie könnten auch als indirekte Lohnnebenkosten interpretiert werden. Die Disposition dieser Immobilien sollte sehr gut überlegt werden, da womöglich Ausgleichsmaßnahmen hierfür notwendig sind.

Ungenutzte nicht betriebsnotwendige Immobilien

Diese Immobilien werden im Englischen als „surplus real estate" bezeichnet. Diese Immobilien werden nicht oder **nicht mehr für die betriebliche Leistungserstellung benötigt.** Sie stehen daher zur Verwertung an, was nicht notwendigerweise ihre Veräußerung bedeuten muß. Beispiele für diese Immobilien sind Flächen stillgelegter Bahnlinien. Sofern ein Geschäftsfeld „Liegenschaften" im Unternehmen vorhanden ist, können diese Immobilien an dieses Geschäftsfeld übertragen werden. Ziel ist, diese Immobilien so rasch wie möglich zu identifizieren und ein Konzept für deren Verwertung zu entwickeln. Dieser Typ betrieblicher Immobilien erlangt zunehmend mehr Bedeutung, da einerseits der Flächenbedarf in zahlreichen Unternehmen in nicht wachsenden Branchen tendenziell sinkt und andererseits viele Immobilien für heutige Unternehmenszwecke (vgl. z.B. die Veränderung der Produktionsbedingungen) nicht mehr wirtschaftlich eingesetzt werden können und durch modernere Gebäude an anderen Standorten ersetzt werden.

Quasi ungenutztes nicht betriebsnotwendiges Immobilienvermögen kann aber auch in jeder Immobilie in Form überhöhter Werte enthalten sein (vgl. *Helbling*, 1989, S. 177ff.). Dafür sind folgende Gründe denkbar:

* Relativ zu aufwendige Produktionsanlagen

* Zu teure Verwaltungsgebäude (z.B. aus Prestigedenken)

* Falscher, zu teurer Standort

* Schlechte Nutzung der betrieblichen Liegenschaften

Typische betriebswirtschaftliche Fragestellungen bei den dem betrieblichen Zweck zuzuordnenden Immobilien, die auch vom Integrierten Immobilienmanagement beantwortet werden müssen, sind:

* Kauf, Miete oder Leasing der Immobilien

* Wahl des für den Betriebszweck adäquaten Flächenumfangs, der adäquaten Qualität und Ausstattung der Immobilie

* Möglichkeiten der Kostensenkung

* Grad des Fremdbezugs von Leistungen des Immobilienmanagements

2.1.4. Liegenschaften

Die **Abgrenzung der Liegenschaften** von anderen betrieblichen Immobilien erfolgt mit Hilfe folgender Kriterien:

* Liegenschaften stehen nicht in Zusammenhang mit der Erfüllung des originären Unternehmenszwecks.

- Liegenschaften erwirtschaften einen eigenständigen Beitrag zum Unternehmensergebnis.

Liegenschaften ähneln daher den Finanzanlagen von Unternehmen, da auch mit ihnen finanzielle Mittel des Unternehmens angelegt werden. Diese theoretische Abgrenzung ist in der Praxis nicht immer einfach vorzunehmen. Versicherungen z.B. verfügen in der Regel über umfangreiche Liegenschaften, die einerseits selbständig Erträge erwirtschaften müssen. Andererseits sind diese Liegenschaften zur Erfüllung des Betriebszwecks notwendig, weil Versicherungen gesetzlich angehalten werden, einen Teil ihrer Finanzanlagen in Immobilien zu investieren. Somit dienen Liegenschaften der Erfüllung des Betriebszwecks und könnten den dem Betriebszweck zuzuordnenden Immobilien zugerechnet werden. Da sie aber unter Ertragsgesichtspunkten geführt werden und nicht nur in Zusammenhang mit anderen Produktionsfaktoren bewertet werden können, werden sie den Liegenschaften zugerechnet.

In einigen Branchen, zu denen z.B. Versicherungen und Brauereien zählen, sind Liegenschaften traditionell sehr verbreitet. Einige **Gründe für den Besitz von Liegenschaften** sind folgende:

- Selbständiges Geschäftsfeld bzw. strategische Geschäftseinheit

- Reservevermögen (Quasi-Eigenkapital) für wirtschaftliche Krisenzeiten zur Sicherstellung der Überlebensfähigkeit

- Anlageobjekt vergleichbar Finanzanlagen

- Investition in Liegenschaften wegen fehlender Expansionsmöglichkeit im Kerngeschäft begleitet von überschüssigen Cash Flows, die investiert werden müssen. Bei diesem Motiv stellt sich allerdings die Frage, ob eine Ausschüttung der überschüssigen Cash Flows an die Eigentümer des Unternehmens nicht sinnvoller wäre.

- Anlage für Pensionsrückstellungen

- Anlage finanzieller Mittel, die wegen gesetzlicher Vorschriften in Immobilien investiert werden müssen (z.B. Versicherungsprämien)

Insgesamt ist auf den internationalen Kapitalmärkten zu beobachten, daß **institutionelle Finanzanleger** die ihnen zur Verfügung stehenden finanziellen Mittel weniger in diversifizierte Unternehmen, sondern in auf ihre Kernkompetenz ausgerichteten Unternehmen investieren und die **Streuung des Risikos selbst vornehmen.** Gegen Liegenschaften spricht daher die Konzentration auf die Kernkompetenzen von Unternehmen (vgl. *Zahn,* 1992, S. 15 ff.) und das im Vergleich zu Finanzanlagen höhere **Risiko der Liquidierbarkeit.**

Typische Fragestellungen in Zusammenhang mit Liegenschaften, die das Integrierte Immobilienmanagement beantworten muß, sind daher:

- Umfang des Wertbeitrags der Liegenschaften zum Unternehmenswert: Sind Liegenschaften wertvernichtend oder wertschaffend?

- Diversifizierung mit Liegenschaften oder Konzentration auf Kernkompetenz?

- Vor- und Nachteile von Finanzanlagen und Liegenschaften

2.2. Betriebliches Immobilienmanagement

Zu dem Themenkomplex „Betriebliches Immobilienmanagement" sind in den vergangenen Jahren zahlreiche Veröffentlichungen erschienen. Damit ist ein Trend aufgegriffen worden, der in US-amerikanischen Unternehmen seinen Anfang nahm und sich nun in Europa fortsetzt. Derzeit ist **keine einheitliche Definition** dessen, was betriebliches Immobilienmanagement ist, vorhanden. Auch die Begriffe Corporate Real Estate, Facility Management, Gebäudemanagement oder Gebäudetechnik werden durchaus mit unterschiedlichen Inhalten gefüllt.

Wesentliche Unterschiede existieren vor allem zwischen dem eher **technisch orientierten Facility Management** und dem **betriebswirtschaftlich orientierten** Corporate Real Estate oder **betrieblichem Immobilienmanagement**.

- Betriebliches Immobilienmanagement betrachtet nur die betrieblichen Immobilien. Facility Management dagegen betrachtet auch die „Facilities" des Unternehmens: Dies sind neben den betrieblichen Immobilien auch Maschinen und Anlagen.

- Facility Management pflegt eine primär effizienzorientierte Betrachtungsweise, während das betriebliche Immobilienmanagement in erster Linie von einer renditeorientierten Sichtweise ausgeht, allerdings ohne die Effizienzorientierung völlig außer Acht zu lassen.

- Das betriebliche Immobilienmanagement ist der stärker betriebswirtschaftlich orientierte Ansatz. Im Facility Management steht der technische Ansatz im Vordergrund. Facility Management beschränkt sich bei Immobilien auf deren Bewirtschaftung und ist kein spezieller Ansatz für Unternehmen mit umfangreichem Immobilienvermögen.

- Das betriebliche Immobilienmanagement ist die umfassendere Sicht zur Betrachtung betrieblicher Immobilien - primär strategisch und renditeorientiert, aber auch operativ und effizienzorientiert -, dagegen ist Facility Management der umfassende Ansatz zur operativen, effizienzorientierten Betrachtung des gesamten betrieblichen Anlagevermögens.

Weitere Unterschiede zwischen den Ansätzen sollen nicht herausgearbeitet werden, da sich viele Ideen wiederholen und nicht wirklich von unterschiedlichen Auffassungen und Verständnisunterschieden bezüglich des betrieblichen Immobilienmanagements gesprochen werden kann. Dagegen wird im folgenden der Versuch unternommen - die zu diesem Thema veröffentlichten Aufsätze reflektierend - eine grundsätzliche Neudefinition des betrieblichen Immobilienmanagements zu wagen, um alle Teilaspekte und Facetten des betrieblichen Immobilienmanagements zusammenführen zu können. Diese ist dann einerseits grundlegend für die in Kapitel 5 mit dem Shareholder Value bewerteten Maßnahmen des Immobilienmanagements, andererseits Basis für das an späterer Stelle dargestellte „Integrierte Immobilienmanagement" (IIM). Begleitet wird diese Neudefinition von zwei Überlegungen: Zum einen sollen die unterschiedlichen Ansätze in einem zusammengeführt werden, zum anderen sollen **bisher getrennt dargestellte technische und betriebswirtschaftliche Disziplin in diesem Ansatz integriert werden**.

Betriebliches Immobilienmanagement ist das Management der Immobilien von Unternehmen, deren Unternehmenszweck nicht dem der Unternehmen der Immobilienwirtschaft entspricht. D.h., das Kerngeschäft dieser Unternehmen liegt außerhalb der Immobilienwirtschaft, diese Unternehmen verfügen aber über Immobilien, um ihr Kerngeschäft ausüben zu können. Um das Management dieser Immobilien geht es beim betrieblichen Immobilienmanagement. Nicht entscheidend ist, ob die Immobilien im Eigentum des Unternehmens stehen, gemietet oder geleast sind, auch nicht entscheidend ist, ob die Immobilien tatsächlich zur Erfüllung des Kerngeschäfts beitragen oder wie z.B. bei diversifizierten Unternehmen Liegenschaften einen eigenständigen Beitrag zum Unternehmenserfolg leisten. Entscheidend ist, ob Immobilien von Unternehmen, die nicht in der Immobilienwirtschaft tätig sind, genutzt werden bzw. in deren Eigentum stehen.

Beispiele:

- Ein Unternehmen der Immobilienwirtschaft verfügt über mehrere Liegenschaften, die es selber errichtet hat und nun vermietet. Darüber hinaus verwaltet es Immobilien, die im Eigentum anderer stehen. Das Management dieser Immobilien wird nicht als betriebliches Immobilienmanagement bezeichnet.

- Ein Unternehmen stellt Investitionsgüter für die Automobilindustrie her. An dem Standort des Unternehmens befinden sich sämtliche Produktionsgebäude, Lagerhallen und das Verwaltungsgebäude, die sich im Eigentum des Unternehmens befinden. In der Nähe dieses Standorts hat das Unternehmen noch ein Wohnhaus, deren Wohnungen früher den Mitarbeitern zur Verfügung standen, das heute zum überwiegenden Teil an firmenexterne Personen vermietet ist. Im Ausland hat das Unternehmen noch Vertriebsniederlassungen, die in gemieteten

Immobilien untergebracht sind. Das Management aller dieser Immobilien wird als betriebliches Immobilienmanagement bezeichnet.

Unter betrieblichem Immobilienmanagement soll an dieser Stelle und im weiteren Verlauf der Arbeit dessen Managementprozeß verstanden werden und nicht die Organisation des betrieblichen Immobilienmanagements im Unternehmen. Wird zu diesem Stellung bezogen, so wird explizit darauf hingewiesen.

Zur weiteren Klärung des Managementprozesses werden dessen Ziele, Verantwortlichkeiten und Tätigkeiten beschrieben.

2.2.1. Ziele des betrieblichen Immobilienmanagements

In der folgenden Aufzählung sind die Ziele des betrieblichen Immobilienmanagements aufgeführt, wobei die Reihenfolge der Nennung der Wichtigkeit der Ziele entspricht:

- Das betriebliche Immobilienmanagement hat dafür zu sorgen, daß die **betrieblichen Immobilien optimal zur Erfüllung des originären Unternehmenszwecks beitragen**. Aus diesem übergeordneten Ziel können folgende Unterziele abgeleitet werden:

  - Das betriebliche Immobilienmanagement muß den Nutzern der Immobilien jederzeit die ihren Anforderungen entsprechenden Immobilien zur Verfügung stellen, damit diesen kein Engpaß zur Erfüllung des Kerngeschäfts entsteht.

  - Das heißt im einzelnen, daß seitens des betrieblichen Immobilienmanagements

    - die enge Anbindung an die Unternehmensstrategie und -entwicklung (vgl. *Eversmann*, 1995, S. 50ff.) zu erfolgen hat,

    - die Nutzerzufriedenheit zu maximieren ist,

    - die für die jeweiligen Tätigkeiten geeigneten Flächen bereitzustellen sind,

    - an den Standorten, an denen das Unternehmen vertreten sein möchte, Immobilien verfügbar sind,

    - für die bereitgestellten Flächen die der Nutzung entsprechende zweckmäßige Qualität und Ausstattung gewählt wird,

    - die wirtschaftliche Bewirtschaftung der Immobilien zur Minimierung der Immobilienkosten beiträgt,

    - Werterhaltung und Wertentwicklung der betrieblichen Immobilien verfolgt wird (vgl. *Brown/Soens*, 1993, S. 36ff.).

- Für Immobilien, die nicht an der Erfüllung des Unternehmenszwecks beteiligt sind, muß das betriebliche Immobilienmanagement deren Beitrag zum Shareholder Value des Unternehmens maximieren. Das bedeutet im Detail die Verfolgung folgender Ziele:

  - Optimale Verwertung dieser Immobilien durch Maximierung der Cash Flows, die mit diesen Immobilien erwirtschaftet werden können

  - Maximale Steigerung der Wertentwicklung dieser Immobilien

2.2.2. Verantwortlichkeiten des betrieblichen Immobilienmanagements

Damit diese Ziele erreichbar sind, ist das betriebliche Immobilienmanagement für die Durchführung von Aufgaben verantwortlich. Die in der Literatur übliche Trennung in kaufmännische und technische Aufgaben wird an dieser Stelle aufgegeben, um das Zusammenführen der beiden „Welten" zu ermöglichen. Es zeigt sich, daß eine sinnvolle Strukturierung der Aufgabenbereiche des betrieblichen Immobilienmanagements über die **Lebenszyklusphasen von Immobilien** erreicht werden kann (vgl. *Isenhöfer/Väth*, 1998). Als weiteres Strukturierungskriterium sind die typischen Managementtätigkeiten herangezogen worden, mit denen die Aufgabeninhalte definiert werden. Eingeleitet wird die Beschreibung der Aufgabenbereiche und Aufgaben mit den Zielen, die vom Immobilienmanagement je Aufgabenbereich verfolgt werden (vgl. Abbildung 6).

24

Phase im betrieblichen Lebenszyklus	Ziele des betrieblichen Immobilienmanagements	Aufgaben des betrieblichen Immobilienmanagements
Errichtung	- Bereitstellung von Flächen, die den Anforderungen der Nutzer entsprechen	- Aufgaben im Vorfeld der Errichtung oder Akquisition - Aufgaben der Entscheidung in Abstimmung mit der Unternehmensführung
Nutzung	- Minimierung der Bewirtschaftungskosten - Bewirtschaftungsqualität, Flächenmanagement und Flächenflexibilisierung im Sinne der Nutzer	- Technische Disziplinen der Gebäudebewirtschaftung - Bewachung, Reinigung und Entsorgung - Flächen- und Vertragsmanagement sowie Outsourcing-Entscheidungen - Instandhaltungsmanagement
Verwertung	- Wertsteigernder Einsatz des betrieblichen Immobilienbestandes	- Identifizierung nicht betriebsnotwendiger Immobilien - Analysen, Disposition und Projektentwicklung - Optimierung des Immobilien-Portfolios

Abbildung 6: Ziele sowie Aufgaben des betrieblichen Immobilienmanagements

Planung, Errichtung und Akquisition

Das Ziel, das mit Planung, Errichtung und Akquisition verfolgt wird, ist: Bereitstellung von (zusätzlich erforderlichen) Flächen, die den Anforderungen der Nutzer entsprechen. Die einzelnen Aufgaben der Planung und Akquisition sind (vgl. *Brown/Soens*, 1993, S. 36ff., *Allen/Nourse/Pittmann*, 1994, S.76ff., *Braun/Haller/Oesterle*, 1996, S. 135ff.):

- Aufgaben, die das Immobilienmanagement im Vorfeld der Errichtung oder Akquisition unmittelbar selbst wahrnehmen muß:
  - Standortwahl
  - Miete oder Kauf oder Leasing von Immobilien
  - Entscheidung über Finanzierungsmöglichkeiten
  - Auswahl von Vertragspartnern für Planung, Errichtung, Akquisition und Finanzierung

- Aufgaben, bei denen das Immobilienmanagement die Führung seitens des Unternehmens übernimmt und in Abstimmung mit der Unternehmensführung die notwendigen Entscheidungen trifft (vgl. *Lopes*, 1995, S. 30):

  ▪ Bei zu errichtenden Immobilien: Design, Konstruktion, Engineering,

  ▪ Bei gemieteten Immobilien: Objektsuche, Vertragsmanagement

Bewirtschaftung

Viele der Aufgaben der Gebäudebewirtschaftung werden auch unter den Begriffen Facility Management oder Gebäudemanagement zusammengefaßt. Da aber keine einheitlichen und allgemein akzeptierten Definitionen vorliegen, ist möglich, daß darunter auch Aufgaben verstanden werden, die in dieser Arbeit anderen Aufgabenbereichen als der Bewirtschaftung zugeordnet worden sind.

Die Ziele, die vom Immobilienmanagement im Rahmen der Bewirtschaftung von Immobilien verfolgt werden, sind (Vgl. *Hermes*, 1994, S. B 2, *Eversman*, 1995, S. 50 ff.):

- **Minimierung der Bewirtschaftungskosten**

- **Erfüllung der Nutzeranforderungen** hinsichtlich der Bewirtschaftungsqualität (z.B. Gebäudebewachung)

- Erfüllung der Nutzeranforderungen bezüglich ihres Flächenbedarfs durch Flächenmanagement und Flächenflexibilisierung

Zahlreiche technische Innovationen auf dem Gebiet der Gebäudebewirtschaftung, die auch als Gebäudetechnik bezeichnet werden, haben in den letzten Jahren zu neuen Dimensionen sowohl der Qualität als auch der Kosten der Gebäudebewirtschaftung geführt. Zu den technische Disziplinen der Gebäudebewirtschaftung, die das Immobilienmanagement im Rahmen der Gebäudebewirtschaftung kennen und deren Einsatz im eigenen Unternehmen beurteilen können muß, zählen (Vgl. *Isakson/Sircar*, 1990, S. 26ff., *Lopes*, 1995, S. 30, *Tauber*, 1994, S. 5):

- Anlagenbetrieb und Gebäudetechnik (Leittechnik, Automatisierungstechnik)

- Energiemanagement und Möglichkeiten der Senkung von Energiekosten

- Brandschutztechnik und Brandschutzmaßnahmen

Aufgaben, deren Umfang und Qualität zunächst festgelegt und die anschließend vom Immobilienmanagement verwaltet werden müssen, sind (vgl. *Schiller*, 1995, S. 30ff.):

- Grundstücks- und Gebäudebewachung

- Innen- und Außenreinigung

- Entsorgung (außer zu entsorgende Stoffe, die aus der Produktion stammen)

Die folgenden Aufgaben muß das betriebliche Immobilienmanagement ständig selbst wahrnehmen (vgl. *Eisinger,* 1995, S. 36ff.):

- Flächenmanagement, um laufend den von den Nutzern benötigten Flächenbedarf befriedigen zu können.

- Umfang des Outsourcing der Bewirtschaftung und Treffen von Entscheidungen über Anbieter

- Management der mit externen Anbietern abgeschlossenen Verträge und von Mietverträgen

Darüber hinaus hat das Immobilienmanagement dafür zu sorgen, daß die vorhandenen Immobilien in optimalen Zustand bleiben. Hierzu sind folgende Aufgaben notwendig (vgl. *Falk,* 1994a, S. 590ff.):

- Maßnahmen zur Bestands- und Werterhaltung der Immobilien

- Optimale Wartung und Instandhaltung von Gebäuden und Anlagen

Immobilienentwicklung, -verwertung und Portfoliomanagement

Ein weiterer sehr wesentlicher Aufgabenbereich des Immobilienmanagements besteht darin, das Portfolio an Liegenschaften laufend zu optimieren und die Entwicklung und Verwertung der nicht betriebsnotwendigen Immobilien zu prüfen und zu veranlassen.

Innerhalb dieses Aufgabenbereichs sind folgende Ziele zu verfolgen (vgl. *Brown/Soens,* 1993, S. 36ff., *Allen/Nourse/Pittmann,* 1994, S. 76ff., *Eversmann,* 1995, S. 50ff.):

- Der Bestand an Immobilien insgesamt ist für das Unternehmen wertsteigernd einzusetzen. Daraus ergeben sich je nach Immobilientyp unterschiedliche Subziele:

  - Im Portfolio der Liegenschaften sind **Ertragsmöglichkeiten und Risikoaspekte** auszubalancieren.

  - Nicht betriebsnotwendige Immobilien sind optimal zu entwickeln und zu verwerten.

Dazu sind im einzelnen folgende Aufgaben notwendig:

- Durchführung von Immobilienmarkt- und Standortanalysen

- Laufende Optimierung des Immobilienportfolios (Risikomanagement)

- Identifizierung nicht betriebsnotwendiger Immobilien

- Disposition von Immobilien: ggf. Projektentwicklung, anschließend Verkauf oder Vermietung

- Verwaltung vermieteter Immobilien (Verträge, Abrechnung)

2.2.3. Tätigkeiten des betrieblichen Immobilienmanagements

Die Zuordnung von Aufgabenbereichen und Aufgaben zum Immobilienmanagement ist nicht dahingehend zu interpretieren, daß diese Aufgaben vom Immobilienmanagement selbst wahrgenommen werden müssen, sondern daß das betriebliche Immobilienmanagement für sie **verantwortlich** ist (bzw. teilverantwortlich ist bei Entscheidungen, die mit der Unternehmensführung abgestimmt werden müssen).

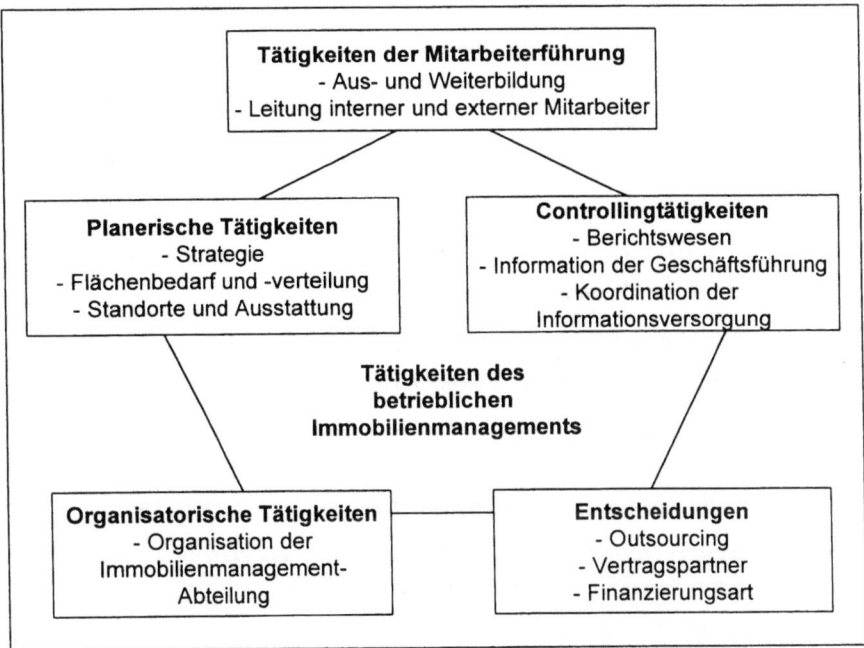

Abbildung 7: Tätigkeiten des betrieblichen Immobilienmanagements

Die Tätigkeiten, die das betriebliche Immobilienmanagement in diesem Aufgabenfeld selbst wahrnehmen muß (vgl. Abbildung 7), können anhand der Definition und Beschreibung genereller Managementtätigkeiten klassifiziert, aber nicht generell festgelegt werden (Vgl. *Daft*, 1991, S. 6ff.):

- Planerische Tätigkeiten

  - Strategieentwicklung des betrieblichen Immobilienmanagements

- Analyse und Planung des Flächenbedarfs
- Planung der Flächenverteilung
- Festlegen der Ausstattung
- Planen der Standorte

• Organisatorische Tätigkeiten

- Einrichtung einer standortübergreifenden und unternehmensweit für betriebliche Immobilien zuständigen zentralen Immobilienmanagement-Abteilung
- Organisatorische Eingliederung dieser zentralen Abteilung
- Festlegung des Dezentralisierungsgrads des Immobilienmanagements durch Aufbau eines dezentralen Immobilienmanagements
- Fallweise Einrichtung von Projektorganisationsstrukturen (Planung und Errichtung von Gebäuden)

• Entscheidungen

- Umfang des Outsourcing
- Auswahl der Vertragspartner (gilt für Errichtung, Akquisition, Projektentwicklung und Bewirtschaftung)
- Projektbezogene Wahl der Finanzierungsart

• Controllingtätigkeiten (vgl. *Braun/Haller/Oesterle*, 1996, S. 135ff.)

- Einführung und Pflege eines Berichtswesens (vgl. *Brown/Soens*, 1993, S. 36ff.)
- Information der Geschäftsführung (vgl. *Brown/Soens*, 1993, S. 36ff.).
- Koordination der Informationsversorgung der für das Immobilienmanagement benötigten Daten (vgl. *Brown/Soens*, 1993, S. 36ff.)

• Tätigkeiten der Mitarbeiterführung

- Aus- und Weiterbildung der Mitarbeiter des Immobilienmanagements
- Führung der mit der Erbringung von Immobilienleistungen betrauten externen und internen Mitarbeiter

Wie bereits eingangs betont, kann der **Umfang der vom Immobilienmanagement selbst wahrgenommenen Tätigkeiten** und die Gestaltung dieser Tätigkeiten durch das Immobilienmanagement **nicht allgemeingültig festgelegt werden**, da diese von verschiedenen Kontextfaktoren abhängen und situativ entschieden werden müssen. Die wesentlichen Kontextfaktoren, unterschieden nach internen und externen Faktoren, sind (vgl. Abbildung 8):

- Externe Faktoren

  - Dynamik des Immobilienmarktes

  - Umfang und Qualität der von externen Unternehmen angebotenen Leistungen

- Interne Faktoren

  - Strategische Positionierung

  - Unternehmensgröße

  - Bedeutung betrieblicher Immobilien am Unternehmenswert

  - Erfahrung mit dem Management betrieblicher Immobilien

  - Immobilien als eigenes Geschäftsfeld

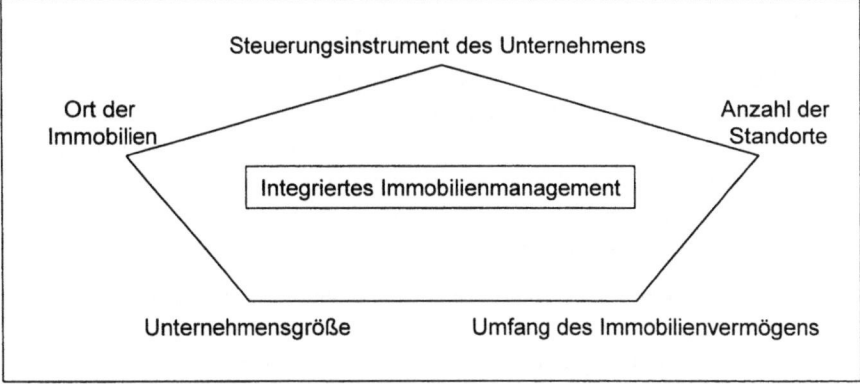

Abbildung 8: Kontextfaktoren des Integrierten Immobilienmanagements

2.2.4. Erfolgsfaktoren des betrieblichen Immobilienmanagements

Der Erfolg des betrieblichen Immobilienmanagements hängt wesentlich von dessen Ausgestaltung und Akzeptanz im Unternehmen ab. Folgende Faktoren sind für eine erfolgreiche Umsetzung des Immobilienmanagements im Unternehmen zu beachten:

- Betonung des **Managementansatzes** und nicht des technischen Problemlösungspotentials

- Unterstützung des betriebliches Immobilienmanagements durch die Unternehmensführung

- Festlegung und konsequente Verfolgung einer unternehmensweit gültigen **Immobilienpolitik** (z.B. Regeln wie die Entscheidung Miete oder Kauf zu treffen ist; Liegenschaften ja / nein)

- Sicherstellung der **Interdisziplinarität** des Immobilienmanagements durch Verzahnung

  - technischer Kenntnisse,

  - betriebswirtschaftlicher Kenntnisse (Finanzierung, Steuern, Buchhaltung u. Bilanzierung, Controlling)

  - Kennen der rechtlichen Verhältnisse.

- Messung und Verfolgung des Wertbeitrags der betrieblichen Immobilien

2.2.5. Definition des betrieblichen Immobilienmanagements

Abgeleitet aus den Zielen, Verantwortlichkeiten und Aufgaben des betrieblichen Immobilienmanagements einerseits und den Typen betrieblicher Immobilien andererseits kann folgende **Definition** vorgenommen werden:

Betriebliches Immobilienmanagement sorgt dafür, daß die betrieblichen Immobilien **maximal zum Shareholder Value beitragen**, indem die Phasen der Akquisition, Bewirtschaftung und Disposition so gestaltet sind, daß die dem Betriebszweck zuzuordnenden Immobilien die Erfüllung des Betriebszwecks im Sinne der Wirtschaftlichkeit optimal unterstützen. Liegenschaften hingegen leisten selbständig einen maximalen Beitrag zum Shareholder Value.

- So läßt sich als Ergebnis festhalten, daß das betriebliche Immobilienmanagement für die dem Betriebszweck zuzuordnenden Immobilien sich an dem **Beitrag zur Erfüllung des Unternehmenszwecks** orientiert. Diese Immobilien müssen auf der einen Seite kostengünstig zur Verfügung stehen, andererseits müssen sie den Prozeß der originären Leistungserstellung bestmöglich unterstützen. Daraus ergeben sich andere Anforderungen an das Immobilienmanagement als an Immobilien von Unternehmen der Immobilienwirtschaft.

- Das Management der Liegenschaften eines Unternehmens ähnelt dem Management der Immobilien von Unternehmen der Immobilienwirtschaft.

3. Theorie und Praxis der Steuerung betrieblicher Immobilien

Betriebliche Immobilien zählen in der Betriebswirtschaftslehre zu den Themen, die von Beginn an diskutiert werden. Die seit dieser Zeit entwickelten betriebswirtschaftlichen Steuerungsansätze für betriebliche Immobilien werden in diesem Kapitel nachvollzogen (vgl. Abbildung 9). Die kritische Würdigung dieser Ansätze bildet den Ausgangspunkt für den Aufbau der wertorientierten Steuerung betrieblicher Immobilien und die konsequente Weiterentwicklung dieser Steuerungsansätze.

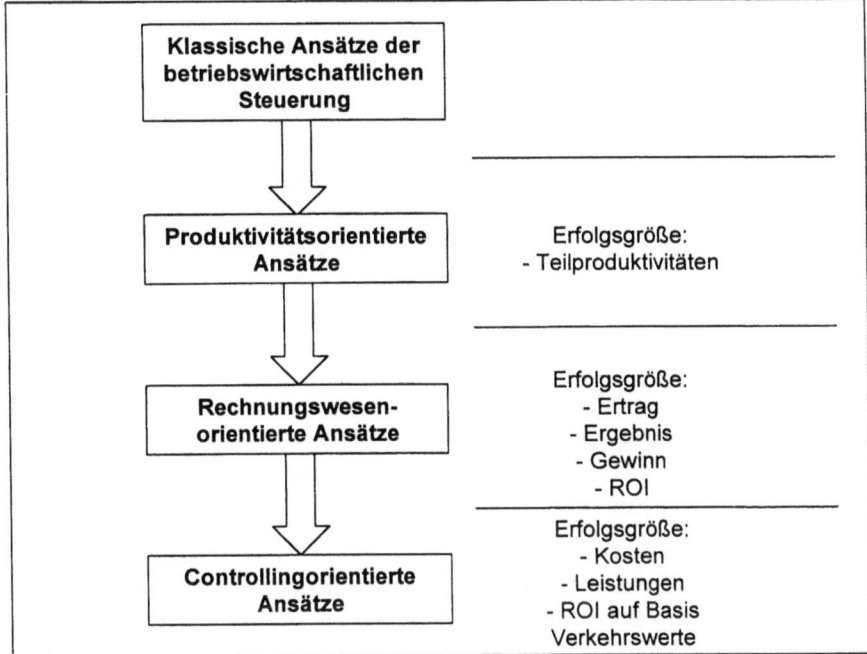

Abbildung 9: Entwicklungsstufen der Steuerung betrieblicher Immobilien

Klassische Ansätze

Ausgangspunkt einer betriebswirtschaftlichen Steuerung betrieblicher Immobilien war die Frage, inwieweit deren **Beitrag zum Unternehmenserfolg** erfaßt werden kann.

Eine Komponente des Unternehmenserfolgs ist die Unternehmensleistung, wie sie sich z.B. in einem Industrieunternehmen in Form der produzierten Güter darstellt. *Gutenberg* stellte fest, daß diese Unternehmensleistung einzelnen Produktionsfaktoren nicht zugerechnet werden kann, da erst der kombinierte Einsatz der Produktionsfaktoren die Leistungserstellung ermöglicht. Eine Erhöhung der Leistung eines einzelnen Produktionsfaktors führt in der Regel nicht zur Erhöhung der Gesamtleistung, sondern nur, wenn auch die Leistung der anderen Produktionsfaktoren erhöht wird. Es kann daher nicht bewertet werden, in welchem Verhältnis die Leistung den einzelnen Produktionsfaktoren zuzurechnen ist (vgl. *Gutenberg*, 1979, S. 318 ff.).

Der Produktionsfaktor und Vermögensgegenstand Immobilie ist an der originären Leistungserstellung beteiligt. Die Beziehung zwischen Immobilien und Unternehmensleistung (Dienstleistungs- oder Güterproduktion) ist aber mittelbarer und nicht unmittelbarer Art. Es gelten daher die Aussagen *Gutenbergs*, da betriebsnotwendige Immobilien nur in Kombination mit weiteren Produktionsfaktoren und indirekt die Leistungserstellung ermöglichen (im Unterschied z.B. zu Fertigungsmaterial, das Bestandteil der Leistung wird).

Aus ähnlichen Gründen scheitert die Beurteilung betrieblicher Immobilie über ihren Anteil am Unternehmenswert. Seit *Mellerowicz* ist in der betriebswirtschaftlichen Theorie unumstritten, daß der Wert eines Unternehmens aus den zukünftig erwirtschafteten Erträgen besteht (Ertragswert des Unternehmens). **Der Wert eines Unternehmens ist somit in der Regel größer als die Summe der Einzelwerte aller Vermögensgegenstände**, die dem Substanzwert entspräche (vgl. *Mellerowicz*, 1952). Es ist aber nicht möglich, diesen Mehrwert einzelnen Vermögensgegenständen zuzuordnen.

Produktivitätsorientierte Ansätze

Ein weitere Ansatz zur Steuerung betrieblicher Immobilien ist deren Wirtschaftlichkeitsbeurteilung. *Dellmann/Pedell* haben untersucht, welche Möglichkeiten für die Beurteilung der Wirtschaftlichkeit einzelner Produktionsfaktoren bestehen.

Wirtschaftlichkeit als Rationalprinzip für das Handeln von Unternehmen hat verschiedene Facetten. Wird Wirtschaftlichkeit auf finanzwirtschaftlicher Ebene beurteilt, so wendet man z.B. Verfahren der Investitionsrechnung an. Steht die güterwirtschaftliche Ebene im Vordergrund der Betrachtung, wird der Unternehmenserfolg betrachtet (vgl. *Dellmann/Pedell*, 1994, S. 2). Der Unternehmenserfolg, gleich ob bei einperiodischer (z.B. in Form der Ergebnisrechnung) oder mehrperiodischer Betrachtung, enthält die mit Preisen bewerteten Güter- und Leistungsströme der Unternehmung. Da der Unternehmenserfolg, wenn er z.B. als Ergebnisrechnung gemessen wird, durch Schwankungen und Änderungen auf der (bei den Faktoreinsätzen nur beschränkt beeinflußbaren) Preisseite verzerrt ist, ist zur erfolgsorientierten Unternehmenssteuerung eine **Produktivitätsbeurteilung** erforderlich (vgl. *Dellmann/Pedell*, 1994, S. 16 ff.). Sie ermöglicht eine rein **mengenbezogene Wirtschaftlichkeitsbeurteilung**, indem den Mengen an erzeugten Gütern und Dienstleistungen die Mengen an eingesetzten Gütern und Dienstleistungen gegenübergestellt werden (Verhältnis von Output- und Inputmengen). Damit sind unmittelbar Leistungsvergleiche - auch im Zeitablauf - möglich, um den wirtschaftlichen Einsatz der

Produktionsfaktoren mengenbezogen verfolgen zu können. Darüber hinaus ist es notwendig, auch die Preis- bzw. Wertkomponente der eingesetzten Produktionsfaktoren zu steuern und hinsichtlich eines wirtschaftlicheren Einsatzes zu beeinflussen. Produktivitätsfortschritte lassen sich dann auf der einen Seite durch Verbesserung des kombinierten Einsatzes der Produktionsfaktoren (Effizienzsteigerung) und auf der Leistungsseite durch Veränderung der realen Erlösquellen erreichen (Effektivitätssteigerung, z.B. Erlössteigerung durch qualitative Verbesserung des Produktprogramms, vgl. *Dellmann/Pedell,* 1994, S. 25 ff.).

Neben einer Gesamtproduktivitätsbetrachtung, die dem gesamten Output der Unternehmung den hierfür aufgewendeten Input gegenüberstellt, können zur Leistungsbeurteilung einzelner Produktionsfaktoren **Teilproduktivitäten** wie z.B. die Arbeitsproduktivität gebildet werden (vgl. *Dellmann/Pedell,* 1994, S. 21 ff.). Auf betriebliche Immobilien angewendet wäre eine Teilproduktivität die Flächenproduktivität, d.h. die benötigte Fläche bezogen auf die hergestellten Mengen an Gütern. Mit Teilproduktivitäten können sowohl interne als auch externe Vergleiche im Sinne des Benchmarking angestellt, deren Entwicklung im Zeitverlauf beobachtet und Ziele vorgegeben werden. Sie sind daher in hohem Maße steuerungsrelevant.

Rechnungswesenorientierte Ansätze

Um die Aussagekraft des Rechnungswesens zur Steuerung betrieblicher Immobilien beurteilen zu können, ist einerseits die **Bilanz** zu analysieren, inwieweit die Buchwerte mit den tatsächlichen Werten übereinstimmen und andererseits die **Gewinn- und Verlustrechnung** zu analysieren, inwieweit deren Aufwands- und Ertragspositionen mit dem tatsächlichen Werteverzehr und den realisierten Erlösen übereinstimmen (vgl. *Liow,* 1995, S. 27).

Bei der Erstellung der Bilanz und der Gewinn- und Verlustrechnung sind das **Vorsichtsprinzip** und das **Maßgeblichkeitsprinzip** der Handelsbilanz für die Steuerbilanz zu beachten. Die sich aus den beiden Prinzipien ergebenden Konsequenzen für den Jahresabschluß sind besonders bei der Bewertung der Immobilien zu beachten.

Das Vorsichtsprinzip soll verhindern, daß nicht realisierte Gewinne den Gewinn erhöhen. Die Bewertung betrieblicher Immobilien darf daher nur zu **Anschaffungswerten** (vermindert um Abschreibungen) erfolgen. Die Bewertung von Immobilien auf Basis von Wiederbeschaffungswerten oder Verkehrswerten ist unzulässig. Daran hat auch die 4. EG-Richtlinie, die den Mitgliedstaaten das Wahlrecht einräumte, die Bewertung zu Zeitwerten zu gestatten oder vorzuschreiben, in Deutschland nichts geändert. In Großbritannien z.B. sind Neubewertungen des Immobilienvermögens gängige Praxis. Das Vorsichtsprinzip schreibt auch vor, daß Gewinne auf nicht realisierte Wertsteigerungen nicht angesetzt werden dürfen.

Durch das Maßgeblichkeitsprinzip werden alle Bilanzierungs- und Bewertungsprinzipien der Handelsbilanz auch für die Steuerbilanz verbindlich. Allerdings dürfen steuerrechtliche Wahlrechte bei der Gewinnermittlung nur in Übereinstimmung mit der handelsrechtlichen Bilanz ausgeübt werden. Daraus ergibt sich die sogenannte **umgekehrte Maßgeblichkeit** der Steuerbilanz für die Handelsbilanz, die dazu führt, daß auch in der Handelsbilanz nicht unbedingt die tatsächliche Vermögenslage dargestellt ist.

Das Ziel des Jahresabschlusses von Kapitalgesellschaften, ein den tatsächlichen Verhältnissen entsprechendes Bild der Vermögens-, Finanz- und Ertragslage zu vermitteln (§ 264 Abs. 2 Satz 1 HGB), wird mit einer Bilanz und Gewinn- und Verlustrechnung, die nach den obigen Prinzipien erstellt werden muß, daher nur bedingt erreicht. Zur Vermittlung dieses sogenannten **„True and Fair View"** wird deshalb der Jahresabschluß um Anhang und Lagebericht ergänzt. Mit diesen besteht z.B. die Möglichkeit, die vom Anschaffungswertprinzip verursachten stillen Reserven zu publizieren.

Die Ergänzungen im Jahresabschluß ändern aber nichts daran, daß die Wertansätze für betriebliche Immobilien in der Regel nicht den tatsächlichen Werten (z.B. mit Verkehrswerten ermittelt) entsprechen. Das ist einerseits in den in der Regel im Zeitablauf gestiegenen Immobilienwerten und andererseits in der Nutzung abschreibungspolitischer Spielräume und deren Niederschlag in der Handelsbilanz begründet.

Die mit dem Jahresabschluß veröffentlichten Daten des Rechnungswesens eignen sich daher nur bedingt für eine wertorientierte Steuerung, da deren Verwendung zu **falschen unternehmerischen Entscheidungen** bis hin zur **Bedrohung des Unternehmens** führen kann:

- Permanent unterbewertetes Immobilienvermögen kann dazu führen, daß das Unternehmen von **feindlichen Übernahmen** bedroht wird. Insbesondere gilt dies für Unternehmen, die umfangreiches Immobilienvermögen besitzen, dieses aber nicht verwerten. Die fehlenden Cash Flows können sich daher nicht in entsprechenden Aktienbewertungen widerspiegeln. Der potentielle Käufer kann das Unternehmen wegen der niedrigen Aktienkurse relativ günstig erwerben und verwertet anschließend das nicht betriebsnotwendige Immobilienvermögen.

- Ihrem Verkehrswert nach wertvolle aber **alte Immobilien werden nicht adäquat genutzt**, weil das Rechnungswesen die mit ihrer Nutzung verbundenen Kosten zu niedrig ausweist: Mit Anschaffungskosten bewertete Grundstücke verursachen nur geringe Kapitalkosten und Gebäude, die bereits abgeschrieben sind, keine Abschreibungen. Ein typisches Beispiel sind alte Produktionsstandorte in Innenstadtlagen.

- Die Differenz zwischen Buchwerten und Verkehrswerten provoziert den **Verkauf von Immobilien** und damit die Realisierung stiller Reserven. Schließlich können so quasi „kostenlos" (einmalig) hohe Erträge erwirtschaftet werden. Dabei bleiben positive Steuereffekte und die Frage der zukünftigen Wertentwicklung unberücksichtigt.

- Unternehmen mit unterbewertem Immobilienvermögen weisen c.p. den gleichen ROI aus wie Unternehmen mit nicht unterbewertetem Immobilienvermögen (Annahme: Die Buchwerte des Immobilienvermögens sind bei beiden Unternehmen gleich hoch). Würden, wie es betriebswirtschaftlich korrekt wäre, Wiederbeschaffungs- oder Verkehrswerte anstelle von Buchwerten angesetzt werden, ergäbe sich für das Unternehmen mit unterbewertetem Immobilienvermögen ein **niedrigerer ROI.** Dieses Unternehmen wähnt sich in einem wirtschaftlich besseren Zustand als es gerechtfertigt ist. Die Rendite ist somit nur ein bedingt taugliches Maß für die Rentabilität (vgl. *Herter*, 1994, S. 33). Angenommen, die Alternativen Miete oder Eigentum hätten die gleiche Rentabilität, dann würde die Alternative Miete wegen geringerer Kapitalbindung eine höhere Rendite aufweisen als die Alternative Eigentum.

- **Gewinne**, die mit Immobilien erzielbar wären, **werden nicht realisiert,** weil die Immobilien laut Rechnungswesen vermeintlich einen geringen Wert haben bzw. geringe Kosten verursachen (wegen fehlender Abschreibungen). Der interne Erfolgsdruck ist daher nicht so groß wie z.B. bei einer teuren Produktionsanlage, die „ihr Geld verdienen muß".

Das Problem der im Rechnungswesen unterbewerteten Immobilien betrifft vor allem Immobilien, die das Unternehmen vor langer Zeit erworben oder errichtet hat und die sich an Standorten befinden, deren Bodenpreise in der Vergangenheit einen erheblichen Zuwachs zu verzeichnen hatten (z.B. Innenstadtlagen).

Die jüngsten Diskussionen im Rechnungswesen sind geprägt von Bestrebungen, die national unterschiedlichen Rechnungslegungsvorschriften nach **internationalen Standards** zu vereinheitlichen. Als internationale Standards werden vor allem die **IAS** diskutiert, die sich an den angelsächsischen Grundsätzen der Rechnungslegung orientieren. Diese stellen das Interesse der Eigentümer in den Vordergrund, mit den deutschen Grundsätzen wird in erster Linie der Schutz der Gläubiger verfolgt. Internationale Standards werden aus zwei Gründen für deutsche Unternehmen an Bedeutung gewinnen: Zum einen werden sich die deutschen Rechnungslegungsvorschriften den internationalen nähern (entsprechende Gesetzgebungsverfahren sind eingeleitet), zum anderen sind Unternehmen, die den Zugang zu internationalen Kapitalmärkten anstreben, gezwungen, nach den internationalen Standards zu publizieren. Im folgenden wird daher ein Überblick gegeben, welche Veränderungen die

Umstellung auf internationale Normen für die Bewertung betrieblicher Immobilien im Rechnungswesen bewirkt (vgl. *Hayn*, 1997).

Die IAS sind vom International Accounting Standards Committee erarbeitet worden, in dem Wirtschaftsprüferverbände, Ersteller von Jahresabschlüssen und Finanzanalysten vertreten sind. Die IAS sind für Unternehmen in den einzelnen Ländern im allgemeinen rechtlich nicht verbindlich, es kommt ihnen bislang lediglich Empfehlungscharakter zu (vgl. *Pilgrim*, 1995, S. 49).

Die IAS-Bilanzierungsgrundsätze zielen darauf ab, die Vermögens-, Finanz- und Ertragslage eines Unternehmens im Sinne des **„True and Fair View"** darzustellen. Dem Vorsichtsprinzip kommt dabei nur nachrangige Bedeutung zu, es dient primär als Entscheidungsregel im Falle von Bewertungsunsicherheiten: Bei unsicheren Wertansätzen ist stets jener mit der höheren Eintrittswahrscheinlichkeit heranzuziehen. Nach der IAS-F.37 darf jedenfalls ein solchermaßen ausgestaltetes „Prudence Principle" **nicht der Bildung stiller Reserven** dienen (vgl. *Baukmann/Mandler*, 1997, S. 11ff.).

Die Bewertung des Sachanlagevermögens sowie des immateriellen Anlagevermögens erfolgt bei Rechnungslegung nach IAS so, wie sie nach den Vorschriften des HGB nach fortgeführten Anschaffungs- oder Herstellkosten vorgenommen wird, sie läßt allerdings alternativ die nach HGB unzulässige Neubewertungsmethode zu (vgl. *Baukmann/Mandler*, 1997, S. 81ff.). Diese **„Revaluation Method"** bewertet Vermögensgegenstände zu Zeitwerten (**„Fair Values"**), wobei ein die Anschaffungs- oder Herstellkosten übersteigender Zeitwert erfolgsneutral in eine Neubewertungsrücklage einzustellen ist. Die Neubewertung bei Rechnungslegung nach IAS erlaubt somit das **Offenlegen stiller Reserven.** Die **Wertaufholungspflichten** nach IAS setzen der Möglichkeit, das Vermögen zu niedrig zu bewerten, enge Grenzen. Eine Bewertung zu Marktpreisen über die Anschaffungs- oder Herstellkosten hinaus ist zulässig (vgl. *Vigelius*, 1997, S. 76ff.).

Die geltenden deutschen Rechnungslegungsvorschriften sind geprägt vom Vorsichtsprinzip und der engen Verbindung von Handels- und Steuerbilanz. Dies führt zu einer Darstellung der Vermögenslage, die betriebswirtschaftlichen Anforderungen nicht genügt. Die Internationalisierung der Rechnungslegung ist aus heutiger Sicht eine unaufhaltsame Entwicklung. Ob während dieses Prozesses die Entscheidung für **US-GAAP** oder für **IAS** fällt, ist nicht von so großer Bedeutung, da die Unterschiede zwischen den beiden Standards nicht so groß sind wie der zu den deutschen Rechnungslegungsvorschriften. Aus Sicht der Steuerung betrieblicher Immobilien ist die Internationalisierung auf alle Fälle mit dem positiven Effekt verbunden, betriebswirtschaftlich aussagekräftiger zu sein und die tatsächliche Immobilien-Vermögenssituation wiederzugeben. Sie wird - wie der Shareholder Value - dazu führen, daß den betrieblichen Immobilien und den mit ihnen häufig verbundenen stillen Reserven mehr Aufmerksamkeit geschenkt wird.

Controllingorientierte Ansätze

Controlling-Ansätze zur Steuerung betrieblicher Immobilien sind auf der einen Seite entwickelt worden, die Schwächen der Daten des Rechnungswesens zu beseitigen, auf der anderen Seite, die Instrumente des Controlling auch für die Steuerung betrieblicher Immobilien zu nutzen.

Um die Schwächen der Daten des externen Rechnungswesens zu überwinden, bietet das Controlling folgende Möglichkeiten an:

- Anstelle von Buchwerten kann im **internen Rechnungswesen** mit Verkehrswerten gerechnet werden.

  - **Kalkulatorische Zinsen** zur Bewertung der Kapitalbindungskosten werden damit auf der **Basis von Verkehrswerten** ermittelt.

  - Kennzahlen zur Ermittlung der Rendite wie der ROI beziehen sich bei der Ermittlung des investierten Kapitals auf Wiederbeschaffungswerte bzw. für die Immobilien auf Verkehrswerte des Vermögens.

- Anstelle von bilanziellen Abschreibungen kann im internen Rechnungswesen mit **kalkulatorischen Abschreibungen** gerechnet werden. Die gewährleisten die Abbildung des durch die Nutzung tatsächlich verursachten Werteverzehrs.

Für die Steuerung betrieblicher Immobilien bieten sich folgende Controlling-Instrumente an:

- Schaffung von **Profit Center-Strukturen** für das betriebliche Immobilienmanagement

  - Betriebliches Immobilienmanagement als Profit Center führt zu unmittelbarer Ergebnisverantwortung des Immobilienmanagements. Aufgabe des Profit Centers ist der ergebnismaximierende Einsatz der betrieblichen Immobilien. Voraussetzung ist die Übergabe sämtlicher betrieblichen Immobilien in die Verantwortung des betrieblichen Immobilienmanagements. Eine weitere Voraussetzung ist die Belastung der internen Nutzer der Immobilien mit den Kosten für die Nutzung der Immobilien. Die **verrechneten Kosten** müssen auf **Marktpreisen** basieren, da vom Profit Center sonst kein positives Ergebnis erwirtschaftet werden kann.

  - Dabei darf bei Ausgestaltung der Profit Center-Strukturen nicht vernachlässigt werden, daß die **betrieblichen Immobilien in erster Linie der Erfüllung des originären Unternehmenszwecks dienen** und erst in zweiter Linie einen ei-

38

genständigen Beitrag zum Unternehmensergebnis leisten sollen. Dies sollte bei der Zielsetzung des Profit Centers berücksichtigt werden (z.B. indem die Zufriedenheit der Nutzer mit den Immobilien gemessen wird und entsprechende Ziele dem Immobilienmanagement vorgegeben werden).

- **Innerbetriebliche Leistungsverrechnung** der Immobilienleistungen

  ▪ Mit einer innerbetrieblichen Leistungsverrechnung können die unternehmensinternen Nutzer der Immobilien mit den gesamten Kosten der Bereitstellung von Immobilien belastet werden. Dies schafft bei den Nutzern **Kostenbewußtsein** bezüglich der knappen Ressource „Immobilie".

  ▪ Folgende Kostenbestandteile sollten verrechnet werden:

    - Marktpreisen entsprechende Mieten. Bei der Bestimmung der Marktpreise wird von den Verkehrswerten der Immobilien ausgegangen („Was kosten vergleichbare Immobilien in vergleichbarer Lage").

    - Anteilige Kosten des betrieblichen Immobilienmanagements

    - Sämtliche Bewirtschaftungs- und Instandhaltungskosten

Immobilienspezifische Ansätze

Unternehmen der **Immobilienwirtschaft** handeln in der Regel im Interesse institutioneller oder privater Kapitalanleger. Erfolgsorientierte Steuerung orientiert sich in diesen Fällen an den mit Immobilien erwirtschafteten **Erträgen und deren Wertsteigerung**. Eine weitere Zielgröße der Steuerung ist die mit Immobilien erzielte **Rendite** (vgl. *Rohrbach/Wundrack*, 1991). Die Thematik vertiefende amerikanische Aufsätze beschreiben statistische Modelle (z.B. unter Verwendung des Capital Asset Pricing Model CAPM), mit denen die **Einflußfaktoren der Performance von Immobilieninvestments** erfaßt werden sollen (vgl. *Liu/Hartzell/Grissom/Grieg*, 1992, *Morrell*, 1991), bzw. wie sich das **Risiko bei Immobilieninvestitionen durch entsprechende Zusammensetzung des Immobilien-Portfolios minimieren** läßt (vgl. *Morrell*, 1993). Wesentlichen Einfluß auf die Rendite von Immobilieninvestments hat neben den Erträgen auch die **Wertentwicklung** der Immobilien. Daher werden alternative Wertansätze mit dem Ziel diskutiert, den „richtigen" Wertansatz zur Leistungsbeurteilung von Immobiliengesellschaften zu bestimmen (vgl. *Zani*, 1993).

Zahlreiche Beispiele für die Anwendung von **Discounted Cash Flow-Methoden** im immobilienwirtschaftlichen Bereich zeigen, daß deren Bedeutung auch von der Immobilienwirtschaft erkannt worden ist. Die Anwendungen beschränken sich auf die Beurteilung von Investitionsalternativen und auf die Bestimmung von Kaufpreisen für betriebliche Immobilien. Steuerungsansätze können nicht erkannt werden.

Die Immobilienwirtschaft hat für die Steuerung betrieblicher Immobilien keine Lösungsansätze.

Dagegen existieren für betriebliche Immobilien der Unternehmen, die nicht der Immobilienwirtschaft zugerechnet werden, Steuerungsansätze, die den Anforderungen der einzelnen Lebenszyklusphasen betrieblicher Immobilien gerecht werden sollen. Zur Sicherstellung der Wirtschaftlichkeit in den einzelnen Phasen eines Immobilien-Lebenszyklus werden daher unterschiedliche Instrumente vorgeschlagen. In der Phase der Errichtung und Anschaffung von Immobilien werden Instrumente des **Investitions- und Projektcontrollings** benötigt (vgl. *Manning, 1986, Eisinger,* 1995b, speziell zu Gewerbe-Immobilien, z.B. Einkaufs-Center). Im Vorfeld der Anschaffungs- und Errichtungsphase hat das Controlling auch Instrumente und Daten für **Standortentscheidungen** bereitzustellen.

Die derzeitigen Ansätze zur Unterstützung einer Steuerung in der **Nutzungsphase** betrieblicher Immobilien können in ergebnisorientierte und effizienzorientierte Steuerungsansätze unterschieden werden.

Die der ergebnisorientierten Steuerung zuzurechnenden Ansätze versuchen durch Ermittlung des **Betriebsergebnisses, Bestimmung des Cash Flows, Gewinn- und Verlustrechnung oder Bilanzinterpretationen** (vgl. *Brown/Soens,* 1993, S. 67ff.) eine Steuerung betrieblicher Immobilien zu erreichen. Sie sind nur unter der Voraussetzung anwendbar, daß das betriebliche Immobilienmanagement als Profit-Center bzw. als eigenständige Gesellschaft geführt wird. Eine weitere Möglichkeit der Leistungsmessung besteht darin, die **Wertentwicklung** der betrieblichen Immobilien zu verfolgen und hieraus Aussagen über ein erfolgreiches Immobilienmanagement abzuleiten (*Brown/Soens,* 1993, S. 67ff.). Nach *Brown/Soens* kann die Steuerung betrieblicher Immobilien analog der Immobilien immobilienwirtschaftlicher Unternehmen über **Renditebetrachtungen** vorgenommen werden (vgl. *Brown/Soens,* 1993, S. 46ff.). Die speziellen Aspekte betrieblicher Immobilien, insbesondere die wenig hilfreiche Anwendung von Renditemaßstäben bei betriebsnotwendigen Immobilien wegen nicht direkt zurechenbarer Erträge, werden dabei nicht berücksichtigt.

Zu der effizienzorientierten Steuerung zählen Ansätze, die sich auf die **Kostensituation** (vgl. *Brown/Soens,* 1993, S. 61ff.) und die **Flächennutzung** betrieblicher Immobilien konzentrieren. Sie zeigen, wie Nutzungskosten erfaßt werden können und sich in Form von **Kennzahlen** (z.B. Kosten pro Flächeneinheit, Flächenbedarf pro Mitarbeiter, Bewirtschaftungskosten pro Mitarbeiter) darstellen lassen (vgl. *Duckworth,* 1993). Durch Kennzahlen und deren Verfolgung im Zeitablauf soll die Kosten-Nutzen-Relation betrieblicher Immobilien verbessert werden. Der Aufwand, der für die Bereitstellung von Nutzungsflächen und die Gebäudebewirtschaftung (z.B. Instandhaltung, Energie) anfällt, zählt zu den relevanten Kosten. Als Nutzen werden die zur Verfügung stehenden Flächen definiert. Kosten-Nutzen-Betrachtungen beziehen sich in der Regel auf Büroraumflächen und sollen das betriebliche Immobilienmanagement bei der Gebäudebewirtschaftung unterstützen und damit dessen Servicecharakter gerecht werden. Dieses Ziel wird auch mit dem Vorschlag verfolgt, Kostenbetrachtungen um Zeit- und Qualitätsaspekte zu ergänzen (vgl. *Hutcheson,* 1994, *Varcoe,* 1994). Ein weiteres Instrument erfolgsorientierter Steuerung betrieblicher Immobilien ist die Einführung von **Verrechnungspreisen**, um die Effizienz des betrieblichen Immobilienmanagements transparent zu machen und unter Leistungsdruck zu setzen (vgl. *Drumm,* 1972, *Bennett,* 1991).

Kritische Beurteilung der Konzepte

Der Vergleich bisheriger Konzepte zeigt die Entwicklung immobilienrelevanter Steuerungsansätze. Bei diesen Konzepten sind für heutige Anforderungen immobilienspezifischer Steuerung Defizite zu erkennen:

- Es liegt kein geschlossenes Modell vor, das **operative Steuerungsgrößen** mit einer **strategischen Zielgröße** verknüpft.

- Immobilienspezifische Steuerungsansätze, die nicht zwischen **dem Betriebszweck zuzuordnenden Immobilien** und **Liegenschaften** unterscheiden, sind zur Steuerung betrieblicher Immobilien ungeeignet. In dem einen Fall sind betriebliche Immobilien Produktionsfaktor und tragen zur Leistungserstellung bei. Im anderen Fall stellen sie ein Geschäftsfeld dar, das einen eigenständigen Ergebnisbeitrag zum Unternehmensergebnis leisten muß. Steuerung betrieblicher Immobilien muß auf diese Unterschiede eingehen.

- Moderne Verfahren der Unternehmenssteuerung wie der Shareholder Value sind nicht thematisiert.

Trotz dieser Einwände muß auch betont werden, wie wichtig die vorgestellten Steuerungsansätze für eine wertorientierte Steuerung sowohl der dem Betriebszweck zuzuordnenden Immobilien wie auch der Liegenschaften bzw. auch deren **Voraussetzung** sind:

- Die Teilproduktivitäten wie die Flächenproduktivität gehen als Werteinflußgrößen in den wertorientierten Steuerungsansatz ein.

- Daten des Rechnungswesens werden benötigt, um den Shareholder Value berechnen zu können. So leiten einzelne Verfahren der Cash Flow-Ermittlung den Cash Flow aus Zahlen des Rechnungswesens (z.B. Gewinn) ab.

- Das interne Rechnungswesen wird benötigt, damit Immobilien Kosten und Erträge zugerechnet werden können oder ein potentielles Profit Center „Betriebliche Immobilien" als Ergebnisobjekt abgebildet werden kann.

Die kritische Beurteilung bisheriger Steuerungsansätze abschließend sollen nun die Anforderungen an eine wertorientierte Steuerung betrieblicher Immobilien formuliert werden:

- Das Steuerungssystem für betriebliche Immobilien muß auf **finanziellen Daten** aufgebaut sein. Das Management kann die Leistung des betrieblichen Immobilienmanagements vor allem dann beurteilen, wenn es seine finanziellen Ergebnisse beurteilen kann.

- Daran schließt sich die zweite Forderung an, daß das Steuerungssystem der betrieblichen Immobilien in das **Steuerungssystem des Unternehmens** eingebunden ist.

- Das Steuerungssystem muß neben Vergangenheitsdaten zur Ermittlung der Plan/Ist-Abweichung auch **Zukunftsdaten** enthalten, damit das Immobilienmanagement heute die richtigen Entscheidungen für morgen trifft.

- Das Steuerungsmodell muß die **Spezifika betrieblicher Immobilien** berücksichtigen:

  - Wertentwicklung betrieblicher Immobilien

  - Stille Reserven

  - Steuereffekte betrieblicher Immobilien

- Das Steuerungsmodell muß für die Steuerung der dem Betriebszweck zuzuordnenden Immobilien und für die Steuerung der Liegenschaften gleichermaßen geeignet sein.

Steuerung betrieblicher Immobilien mit dem Shareholder Value

Die Steuerung betrieblicher Immobilien mit dem Shareholder Value stellt aus folgenden Gründen die konsequente Weiterentwicklung der vorgestellten Steuerungssysteme dar (auf die Wiederholung der in der Literatur dargestellten allgemeinen und nicht immobilienspezifischen Vorteile des Shareholder Value zur Unternehmenssteuerung wird an dieser Stelle verzichtet):

- Der Shareholder Value ist die betriebswirtschaftlich konsequente Weiterentwicklung des **Gewinnstrebens** als oberster Zielgröße der Unternehmensführung. Das betriebliche Immobilienmanagement hat seinen Beitrag zur Erfüllung dieses Ziels zu leisten und ist daher in den Shareholder Value-Ansatz zu integrieren.

- Das betriebliche Immobilienmanagement hat dafür zu sorgen, daß die betrieblichen Immobilien optimal zur Erfüllung der Unternehmensziele beitragen. Daher kann ein Steuerungsmodell für betriebliche Immobilien nur Bestandteil eines

42

Steuerungsmodells für das Gesamtunternehmen, wie es der Shareholder Value ermöglicht, sein.

- Durch die Integration der betrieblichen Immobilien in den Shareholder Value, der als Steuerungsinstrument für das gesamte Unternehmen genutzt wird, ist gewährleistet, daß **kein isoliertes Immobilien-Steuerungsmodell** entwickelt wird.

- Die Rendite (z.B. ROI bzw. ROE) sagt im Vergleich zum Shareholder Value nichts über die Rentabilität eines Projekts aus (vgl. *Herter*, 1994, S. 33). So kann eine unterschiedliche Immobilienpolitik wie Miete oder Eigentum bei gleicher Rentabilität zu unterschiedlichen Renditen führen, weil sich in dem einen Fall das Kapital vermindert, im anderen nicht. Im Shareholder Value kämen beide Alternativen - gleiche Rentabilität vorausgesetzt - zu dem gleichen Ergebnis.

- Der Shareholder Value bewertet die zukünftig erwarteten Zahlungsströme und ist daher unbeeinflußt von **bilanz- und steuerpolitischen Verzerrungen** und **Bewertungswahlrechten** (z.B. unterschiedliche Abschreibungsmethoden) wie sie den Größen des Jahresabschlusses eigen sind (vgl. *Herter*, 1994, S. 32ff., ebenso *Rappaport*, 1986, S.32ff.).

- Da im Shareholder Value auch Investitionen abgebildet sind, werden sämtliche Ein-/Auszahlungen, die mit betrieblichen Immobilien zusammenhängen, erfaßt. Daher können die **Ein-/Auszahlungen über den gesamten Lebenszyklus** einer Immobilie abgebildet werden.

- Der Shareholder Value sieht vor, vom Risiko her sehr unterschiedliche Geschäftsaktivitäten mit unterschiedlichen Kapitalkosten zu bewerten. Das im Vergleich zu den sonstigen Aktivitäten des Unternehmens **spezifische Geschäftsrisiko der Immobilien** kann daher im Shareholder Value berücksichtigt werden.

- Da der Shareholder Value auch eine Methode zur Unternehmensbewertung ist, lassen sich die von den erwirtschafteten Cash Flows unabhängigen **Immobilienwerte und Wertentwicklungen** relativ problemlos abbilden.

Im folgenden wird analysiert, inwieweit die **allgemeine Kritik am Shareholder Value** auch auf die Anwendung auf betriebliche Immobilien zutrifft:

- Dem Shareholder Value wird der Vorwurf gemacht, ein **eindimensionales Zielsystem** zu verkörpern und einseitig die Interessen der Eigentümer zu verfolgen (vgl. *Brune*, 1995, S. 197). Aus systemtheoretischer Sicht ist das Zielsystem eines Unternehmens mehrdimensional. Zum einen werden vom Unternehmen nicht nur finanzielle Ziele verfolgt, zum anderen muß das Unternehmen den Forderungen der verschiedenen Interessensgruppen eines Unternehmens gerecht werden (**„Stakeholder Value"**-Ansatz, s. *Bleicher*, 1996, S. 121). Dem Vorwurf muß entgegnet werden, daß auch die Shareholder Value-Steuerung sich nicht auf eine

Zielgröße konzentriert, sondern insbesondere durch **Operationalisierung** des Shareholder Value die Verfolgung unterschiedlicher und gegensätzlicher Ziele auszugleichen versucht. Es ist aber unbestritten, daß dem Shareholder Value ein liberales Wirtschaftsverständnis zugrunde liegt, dessen Annahme es ist, daß das Wohl des einzelnen (Shareholder) zum Wohl aller (Stakeholder) beiträgt. Insofern ist die Konzentration auf den Shareholder Value lediglich die moderne Verkörperung des Gewinnstrebens von Unternehmen.

- Die gleiche Diskussion kann für das Zielsystem betrieblicher Immobilien geführt werden. Wird das Unternehmen nach dem Shareholder Value geführt, ist das oberste Ziel betrieblicher Immobilien deren Beitrag zur Erhöhung des Shareholder Value des Unternehmens. Dies kann nur unter Berücksichtigung mehrerer Ziele erreicht werden, die durchaus auch gegensätzlich sein können (z.B. Ausstattung und Kosten der betrieblichen Immobilien). Die immobilienspezifische Operationalisierung des Shareholder Value ermöglicht es, dieses differenzierte Zielsystem abzubilden. Die Verfolgung verschiedener Ziele dient aber letztendlich der Erhöhung des Shareholder Value.

- Von Kritikern des Shareholder Value wird angeführt, er berge die Gefahr in sich, daß durch den Zwang zur monetären Abbildung Innovation und Kreativität von Strategien erstickt werden (vgl. *Günther*, 1997, S. 399). Für die insbesondere langfristigen Entscheidungen im Immobilienbereich trifft dieser Vorwurf gewiß nicht zu, da hierfür zwar viel Gespür für die Entwicklung der Immobilienmärkte benötigt wird, aber dafür nur relativ wenig Kreativität erforderlich ist. Obwohl sich gerade Entscheidungen im Immobilienbereich relativ gut quantifizieren lassen (relativ **stabile Prognosedaten**), unterbleiben diese Rechnungen häufig deshalb, weil nicht die entsprechenden Berechnungsmethoden vorhanden sind.

- Einer der wichtigsten und nachdrücklich vorgetragenen Kritikpunkte am Shareholder Value richtet sich gegen die **Prognostizierbarkeit** der für die Bewertung benötigten Daten (vgl. *Bühner*, 1994, S. 35ff., *Brune*, 1995, S. 179ff.). Dem Bewerter jedoch muß bewußt sein, daß es sich beim Shareholder Value um eine Planungsrechnung mit allen damit zusammenhängenden Unsicherheiten handelt. Dem Shareholder Value fehlt daher schon von der Konzeption her eine gewisse Objektivität. Zur Objektivierung bietet sich die Berechnung verschiedener Shareholder Value-Szenarien an, die mit ihren jeweiligen Eintrittswahrscheinlichkeiten gewichtet werden. Bezogen auf Immobilien werden für Prognostizierbarkeit nicht so große Probleme gesehen, da im Umfeld von Immobilien relativ **stabile Verhältnisse** anzutreffen sind. Außerdem kann ein Teil der für die Shareholder Value Bewertung benötigten Daten **langfristig abgeschlossenen Verträgen** entnommen werden.

- Es wird in Frage gestellt, inwieweit sich **qualitative Aspekte** im Shareholder Value quantifizieren lassen (vgl. *Brune*, 1995, S. 198f.). In einem der nachfolgenden Kapitel wird gezeigt werden, daß dies nur unter der Voraussetzung der Operationalisierung der qualitativen Leistungsmerkmale möglich ist. Es sei an dieser Stelle bereits vorweggenommen, daß bei Verwendung von **Indikatoren** sich sehr wohl qualitative Aspekte im Shareholder Value bewerten lassen.

- Die sicherlich zum Teil berechtigte **Kritik am CAPM** zur Berechnung der Kapitalkosten kann an dieser Stelle nicht zur Diskussion gestellt werden. Zur Zeit scheint aber das CAPM das einzige befriedigende und praktikable Verfahren zur Bestimmung der Eigenkapitalkosten zu sein (vgl. *Günther*, 1997, S. 167 ff.).

Die bisherigen Ausführungen lassen es gerechtfertigt erscheinen, ein Steuerungsmodell für betriebliche Immobilien auf dem Shareholder Value-Ansatz aufzubauen. Dieses wäre vor allem für Unternehmen interessant, die den Shareholder Value bereits zur Unternehmenssteuerung einsetzen. Für Unternehmen, die noch nicht mit dem Shareholder Value arbeiten, kommen auch **andere Verfahren** wie z.B. das Ertragswertverfahren oder reine Kennzahlensysteme in Betracht. Die Vorteile der wertorientierten Steuerung können mit diesen Methoden allerdings nicht vollständig erreicht werden.

4. Abbildung betrieblicher Immobilien im Shareholder Value-Konzept

Betriebliche Immobilien sind **Teil des Anlagevermögens**. Sie werden zur Zeit im Shareholder Value wie andere Güter des Anlagevermögens auch abgebildet. Dagegen soll in dieser Arbeit bei der Ermittlung des Shareholder Value den Besonderheiten betrieblicher Immobilien Rechnung getragen werden. Mit folgender Hypothese soll in den Ausführungen dieses Kapitels gearbeitet werden:

Eine undifferenzierte, die Besonderheiten betrieblicher Immobilien nicht berücksichtigende Abbildung im Shareholder Value führt zu Shareholder Value-Werten, die zu Fehlentscheidungen führen können.

Um diese Hypothese zu überprüfen, wird die derzeitige Art der Abbildung wesentlicher Shareholder Value-Parameter (z.B. Cash Flows, Kapitalkosten) gezeigt. In einem zweiten Schritt werden die Effekte betrieblicher Immobilien auf diese Parameter dargestellt, so daß dann eine **„immobiliengerechte Einstellung" der Shareholder Value-Parameter** festgelegt werden kann.

Dabei werden aus folgendem Grund Prinzipien der Unternehmensbewertung berücksichtigt: Der Shareholder Value ist der Unternehmenswert für die Eigentümer. Erfolg oder Mißerfolg des Managements mißt sich an der Entwicklung dieses Wertes. Unter dem Unternehmenswert, dessen Ermittlung sich die Disziplin der **klassischen Unternehmensbewertung** widmet, wird ein potentieller Preis des Unternehmens verstanden (s. *Moxter*, 1983, S. 5). Obwohl sich Shareholder Value und klassische Unternehmensbewertung hinsichtlich Bewertungsmethoden und deren Anwendung unterscheiden, haben sie ein gemeinsames Ziel: die Unternehmensbewertung. Daher wird in den folgenden Ausführungen auch auf Erfahrungen, die mit der klassischen Unternehmensbewertung gemacht wurden, zurückgegriffen.

4.1. Anwendungsfelder der Shareholder Value-Analyse

Die Shareholder Value-Analyse wurde im Zuge der **Mergers & Acquisitions-Welle** im Laufe der 80er Jahre entwickelt. Zu dieser Zeit wurde einerseits der Wunsch des potentiellen Käufers immer stärker, den wahren Wert eines Akquisitionskandidaten - sprich: den käuferbezogenen Unternehmenswert - zu kennen, andererseits versuchte der Verkäufer, den Wert, den das Unternehmen für ihn darstellt, möglichst genau auszuloten.

Ergänzend zu seiner Unternehmensbewertungsfunktion wird der Shareholder Value noch für weitere Zwecke eingesetzt (vgl. *Copeland/Koller/Murrin*, 1998, S. 331 ff., *Ballwieser*, 1995, S. 129, *Kirsch/Krause*, 1996, *Günther*, 1997, S. 6 ff., S. 97 ff.):

- Bewertung des **Erfolgsbeitrags dezentraler Geschäftseinheiten** von Unternehmen

- Weiterentwicklung des strategischen Managements durch **Erschließen neuer Erfolgspotentiale** mit Shareholder Value-Management.

- Ermittlung des **potentiellen Wertes eines Unternehmens** nach internen Restrukturierungs- und Effizienzsteigerungsmaßnahmen

- Entwicklung von **Management-Anreizsystemen** auf Basis des Shareholder Value

- Beurteilung der **Vorteilhaftigkeit von Akquisitionen**, Fusionen oder Joint Ventures

Im Rahmen des in dieser Arbeit konzipierten Integrierten Immobilienmanagements wird der Shareholder Value zur Unternehmensbewertung, zur Erschließung von Erfolgspotentialen betrieblicher Immobilien und zur Ermittlung eines potentiellen Unternehmenswertes nach Effizienzsteigerungsmaßnahmen des betrieblichen Immobilienmanagements verwandt.

4.2. Abbildung des Anlagevermögens im Shareholder Value

Will man die Abbildung des Anlagevermögens im Shareholder Value analysieren, muß zunächst die Art der Bewertung des Anlagevermögens durch den Shareholder Value festgestellt werden, da die Shareholder Value-Analyse im Kern eine Bewertungsmethode ist. Hierzu wird zunächst auf Grundsätze der Unternehmensbewertung eingegangen.

Daß bei der Unternehmensbewertung die **Gesamtbewertung** der Einzelbewertung (zur Gesamtbewertung und Einzelbewertung vgl. *Moxter*, 1983) vorzuziehen ist, ist bereits vor einigen Jahrzehnten eine wesentliche Einsicht gewesen (vgl. *Moxter*, 1983, S. 51, 55, 203, *Mellerowicz*, 1952). Unter der Annahme, daß das „ganze Unternehmen einen anderen Wert hat als die Summe seiner (einzeln erfaßbaren) Teile" (*Moxter*, 1983, S. 203), hat sich die Unternehmensbewertung von der Substanzwertermittlung der einzelnen im Unternehmen vorhandenen Vermögensobjekte abgewandt und sich für die Gesamtbewertung mit dem **Ertragswertverfahren** entschieden (vgl. *Moxter*, 1983, S. 53).

Da auch der Shareholder Value eine Gesamtbewertung des Unternehmens vornimmt, geht das Anlagevermögen nicht mit seinem Substanzwert in den Shareholder

Value ein. Die Bewertung des Anlagevermögens erfolgt also nicht explizit über die Einzelbewertung jedes Vermögensobjekts, sondern implizit über den vom gesamten Vermögen zu erwirtschaftenden **Zukunftserfolgswert**. Bei Anwendung des Shareholder Value ist der Zukunftserfolgswert gleich dem **Barwert der für die Zukunft geplanten Cash Flows** (vgl. *Rappaport*, S. 54ff.). Werden die Cash Flows durch Aktivitäten, die dem Betriebszweck zugerechnet werden, generiert, spricht man vom **betrieblichen Cash Flow**. Anlagevermögen, das zum Erwirtschaften dieser betrieblichen Cash Flows benötigt wird, ist **betriebsnotwendiges Anlagevermögen**. Über die betrieblichen Cash Flows wird also nur das betriebsnotwendige Anlagevermögen berücksichtigt.

Damit die Gesamtbewertung des Unternehmens auch zu einer Bewertung des gesamten Unternehmens wird, muß sie um eine **Einzelbewertung des nicht betriebsnotwendigen Vermögens** ergänzt werden. Bei der Unternehmensbewertung wird das nicht betriebsnotwendige Vermögen zu Substanzwerten bewertet (vgl. *Sieben/Zapf*, S. 20). Konsequent im Sinne der Shareholder Value-Logik wird das nicht betriebsnotwendige Vermögen über die mit ihm erwirtschafteten diskontierten Cash Flows bewertet. Insofern entspricht die Logik der Shareholder Value-Bewertung des nicht betriebsnotwendigen Vermögens der des betriebsnotwendigen Vermögens. Wegen der **unterschiedlichen Risikostrukturen im betrieblichen und nicht betrieblichen** Bereich werden die nicht betrieblichen Cash Flows im Shareholder Value separat von den betrieblichen Cash Flows ermittelt und mit **unterschiedlichen Kapitalkosten** bewertet (s. *Klien*, 1995, S. 53). Die Empfehlung einer einzigen Bewertungsmethode für das nicht betriebsnotwendige Vermögen ist nicht sinnvoll, da die Bewertungsmethode in Abhängigkeit vom Bewertungsobjekt gewählt werden sollte. So kann der Wert von Wertpapieren auf Basis der Börsennotierungen (die ja ihrerseits zukünftige Ertragserwartungen des Wertpapiers widerspiegeln) relativ genau ermittelt werden und in Form von Marktwerten in die Shareholder Value-Bewertung einfließen, ohne die zukünftigen Cash Flows prognostizieren und diskontieren zu müssen.

Auch wenn das Anlagevermögens implizit über den Cash Flow des Unternehmens „mit"bewertet wird, beeinflußt das Anlagevermögen seinerseits die Höhe des Shareholder Value in mehreren Punkten.

• Damit Anlagevermögen für die Erfüllung des Unternehmenszwecks zur Verfügung steht, sind **Investitionen** zu tätigen. Die Höhe der Investitionen beeinflußt unmittelbar die Höhe des Cash Flows und damit den Shareholder Value.

• Bestimmte Cash Flows können den betrieblichen Immobilien direkt zugeordnet werden, da von ihnen selbst Ein- und Auszahlungen verursacht werden. Einzahlungen sind z.B. **Mieteinnahmen** im Fall vermieteter Immobilien. Auszahlungen sind z.B. zu leistende Versicherungsprämien.

- Erwerb von Anlagevermögen verändert die **Vermögens- und Kapitalstruktur** des Unternehmens. Finanzierung betrieblicher Immobilien mit hohem Fremdkapitalanteil kann z.B. den Anteil des Fremdkapitals am Gesamtkapital erhöhen. Dies hat - wie noch zu zeigen sein wird - unter Umständen Auswirkungen auf das Unternehmensrisiko und die Höhe der Kapitalkosten.

- Mit betrieblichen Immobilien können durch Beleihung der Immobilien evtl. günstige Fremdfinanzierungen getätigt werden. In diesem Fall führen betriebliche Immobilien unmittelbar zu niedrigeren Fremdkapitalkosten und damit niedrigeren Gesamtkapitalkosten.

- Über die Gestaltung von Abschreibungen für eigene Immobilien läßt sich die **Steuerbelastung** des Unternehmens gestalten. **Stille Reserven** beeinflussen die Steuerbelastung, indem sie Steuerzahlungen in die Zukunft verschieben.

Betriebliche Immobilien können also auf unterschiedliche Art und Weise Effekte auf die Höhe des Shareholder Value haben. In späteren Kapiteln werden daher diese speziellen Effekte betrieblicher Immobilien auf einzelne Shareholder Value-Parameter diskutiert und „immobiliengerechte Einstellungen" dieser Parameter vorgeschlagen.

4.3. Methoden der Shareholder Value-Analyse

Zur Shareholder Value-Analyse werden verschiedene Methoden vorgeschlagen. Die wichtigsten von ihnen werden im folgenden vorgestellt und auf ihre Eignung für das Integrierte Immobilienmanagement beurteilt.

Die Methode von *Rappaport* (vgl. *Rappaport*, 1986)

Der ökonomische Wert eines Unternehmens setzt sich aus dem Wert seines Eigenkapitals und seines Fremdkapitals zusammen. Dieser Wert wird als Unternehmenswert bezeichnet, wobei der Shareholder Value dem Unternehmenswert abzüglich dem Anteil des Fremdkapitals, also dem Anteil des Eigenkapitals entspricht. Zu dessen Bestimmung muß zunächst der Unternehmenswert ermittelt werden, dessen zwei Grundkomponenten der **Gegenwartswert der betrieblichen Cash Flows** während des Planungszeitraums und der **Residualwert** - der Gegenwartswert des Geschäfts nach dem Planungszeitraum - sind. Diese werden ergänzt um den Gegenwartswert börsenfähiger Wertpapiere und anderer Investitionen (nicht betriebsnotwendiges Vermögen), die liquidierbar sind und nicht dem eigentlichen Betriebszweck dienen (vgl. *Rappaport*, 1986).

Nach *Rappaport* wird der sogenannte Free Cash Flow wie folgt ermittelt:

Free Cash Flow =

(Vorjahresumsatz x (1 + Umsatzwachstumsrate) x betriebliche Gewinnmarge x

(1 - Cash-Steuersatz)) - Zusatzinvestitionen in das Anlagevermögen und ins

Umlaufvermögen

Die betriebliche Gewinnmarge beschreibt das Verhältnis zwischen Betriebsgewinn vor Steuern und Zinsen und dem Umsatz. Zur Ermittlung des Betriebsgewinns werden neben den Herstellkosten der Produkte Verwaltungs- und Vertriebskosten sowie Aufwendungen für Abschreibungen abgezogen. Investitionstätigkeiten sind in der Position „Zusatzinvestitionen ins Anlagevermögen" enthalten. Es besteht auch die Möglichkeit, die Zusatzinvestitionen als Rate in Prozent der Umsatzsteigerung anzugeben.

Der Cash-Gewinnsteuersatz ist zumeist geringer als die im Jahresabschluß ausgewiesene Steuerbelastung, da diese im Gegensatz zur Shareholder Value-Analyse Steuerrückstellungen berücksichtigt.

Die so ermittelten Free Cash Flows werden in Folge mit den Kapitalkosten kapitalisiert.

Die Kapitalkosten berücksichtigen die Renditeanforderungen der Eigen- und der Fremdkapitalgeber, indem Cash Flows vor Zinsen diskontiert werden, also jene Cash Flows, auf die sowohl Eigen- als auch Fremdkapitalgeber Anspruch erheben. Die Gewichtung zwischen Eigen- und Fremdkapital erfolgt auf Basis der Kapitalstruktur, die das Unternehmen in Hinkunft anstrebt.

Die Ermittlung der Fremdkapitalkosten ist einfacher als jene der Eigenkapitalkosten, wobei zu betonen ist, daß die Kosten des neuen Fremdkapitals anstelle der des ehemals geschuldeten Fremdkapitals in die Berechnung einfließen müssen. Die Ermittlung der Eigenkapitalkosten ist deshalb schwieriger, weil es keine ausdrückliche Vereinbarung mit den Eigentümern gibt, eine bestimmte Rendite zu zahlen.

Im Falle einer Erntestrategie gilt der Liquidationswert als bester Schätzwert für den Residualwert. Bei allen anderen Strategien erweist sich die Methode der ewigen Rente als besonders nützlich, da dieser die Bestimmung des Residualwertes unter der Prämisse der Unternehmensfortführung erlaubt.

In einem weiteren Schritt wird der Summe aus diskontierten Cash Flows der Prognoseperiode und diskontiertem Residualwert der Marktwert börsenfähiger Wertpapiere hinzugefügt. Damit ist die Ermittlung des Unternehmenswertes abgeschlossen. Um den Shareholder Value zu erhalten, wird im letzten Schritt der Marktwert des Fremdkapitals vom Unternehmenswert abgezogen.

Die Methode von *Rappaport* ist auch bekannt für ihr sogenanntes **Shareholder Value-Netzwerk**, in dem die Führungsentscheidungen Operating (betriebliche Aktivitäten), Investition und Finanzierung die Werttreiber beeinflussen: Dauer der Wertsteigerung, Umsatzwachstum, betriebliche Gewinnmarge, Gewinnsteuersatz, Investitionen ins Umlauf- und ins Anlagevermögen sowie Kapitalkosten. Diese wirken über die Bewertungskomponenten - Free Cash Flow, Diskontsatz und Fremdkapital - auf den Shareholder Value.

Die Methode von *Copeland/Koller/Murrin* (vgl. *Copeland/Koller/Murrin*, 1998) ist lediglich eine Variante der *Rappaport'schen* (vgl. *Michel*, 1996, S. 92ff.), auf die daher nicht weiter eingegangen wird.

Die Economic Value Added-Methode von *Stewart* (vgl. *Stewart*, 1991)

Der Economic Value Added nach *Stewart* ist wie folgt definiert:

Economic Value Added=
(Stewart´s R – Durchschnittliche Gesamtkapitalkosten) x Investiertes Kapital

Der zugrundeliegende Wert des Stewart´s R berechnet sich nach folgender Formel:

Stewart´s R=
Operativer Cash Flow nach Steuern und Zinsen / Investiertes Kapital

Der Economic Value Added (EVA) erfüllt laut *Stewart* die Aufgabe, alle Maßnahmen und Einflüsse festzuhalten und aufzunehmen, die zu einem Zugewinn oder Verlust an Unternehmenswert führen (vgl. *Stewart*, 1991).

Stewart nennt folgende Eigenschaften des EVA:

- Der EVA steigt, wenn sich das operative Ergebnis ohne zusätzliches Kapitalerfordernis verbessert.

- Der EVA steigt, wenn neues Kapital in Projekte investiert wird, die mehr verdienen als die relevanten Kapitalkosten.

- Der EVA steigt, wenn Kapital aus Aktivitäten abgezogen wird, in denen dies nicht der Fall ist.

- Der EVA ist eine **Performance-Kennzahl**, die in unmittelbarem Zusammenhang mit dem intrinsischen Marktwert des Unternehmens steht und derart direkt für eine Marktprämie oder einen Marktabschlag im Aktienpreis verantwortlich zeichnet.

Folgende Vorteile des EVA können festgestellt werden (vgl. *Günther*, 1997, S. 233ff.):

- Der Ansatz betrachtet das gesamte investierte Kapital, was insbesondere für die Betrachtung von nicht rechtlich selbständigen Geschäftseinheiten Vorteile bietet, da diesen zumeist keine eigene Kapitalstruktur zugewiesen wird.

- Es tritt ein Cash Flow-orientiertes Rentabilitätsmaß - Stewart's R - an die Stelle der buchhalterischen Größen des Jahresabschlusses.

Dieses berechnet sich auf Basis des operativen Cash Flow nach Steuern und Zinsen und dem investierten Kapital. Als einziger nicht finanzwirksamer Aufwand finden die Abschreibungen Berücksichtigung. Diese stellen nach Meinung von *Stewart* „true economic expenses" dar und müssen insbesondere wegen der besseren Vergleichbarkeit mit geleasten Vermögensgegenständen berücksichtigt werden.

Der Economic Value Added eines Jahres errechnet sich in der Folge als der Betrag, der über die durchschnittlichen Gesamtkapitalkosten hinaus mit dem investierten Kapital verdient wird. Dieser Wert entspricht dem Cash Flow nach Steuern und vor Zinsen abzüglich der Kapitalkosten des Unternehmens. Wird diese absolute Erfolgskennzahl durch den Bezug zum Basisjahr des investierten Kapitals zum standardisierten EVA umgewandelt, ergibt sich die Möglichkeit des Vergleichs zwischen Unternehmen oder Geschäftseinheiten.

Die Verwendung eines Zahlungsstromes aus den EVA mehrerer Jahre führt zum selben Unternehmenswert wie die Diskontierung der Free Cash Flows, vorausgesetzt, diesen wird noch das investierte Kapital hinzugerechnet. Somit erscheint der EVA lediglich als eine andere Darstellungsweise des Shareholder Value-Ansatzes mit identischem Ergebnis.

Da der EVA auf das Betriebsergebnis zurückgreift und auch Abschreibungen in die Berechnung auf Cash Flow-Basis miteinfließen, wird der EVA durch buchhalterische Größen verzerrt. Vorteilhaft erscheint, daß aus diesem Ansatz unmittelbar und einperiodisch Werttreiber abgeleitet und im gleichen Rahmen Auswirkungen auf den Unternehmenswert abgeschätzt werden können. Beispielsweise deutet etwa bei hohem Wachstum wegen der im Ansatz enthaltenen Glättung ein positiver EVA bereits auf Wertsteigerung hin, während der Free Cash Flow bei hohen Investitionen zu Beginn negativ sein kann. Allerdings gelingt es aufgrund der Verwendung des Betriebsergebnisses nicht, die zu finanzierenden Vorlaufkosten sichtbar zu machen, was dem Grundgedanken des Shareholder Value-Ansatzes widerspricht.

In einem weiteren Schritt wird versucht, eine Verbindung zwischen interner und externer Sphäre des Unternehmens herzustellen, indem dem EVA als internem Leistungsmaßstab die externe Kenngröße **„Market Value Added"** (MVA) gegenübergestellt wird. Dieser gibt an, welchen **Mehrwert ein Unternehmen** durch die Investition von Kapital für seine Kapitalgeber schafft.

Der Cash Flow Return on Investment (CFROI) nach *Lewis* und *Lehmann*

Der Kern der Methode ist die Berechnung einer Rendite auf Cash Flow-Basis, die eine Shareholder Value-orientierte Weiterentwicklung des **Return on Investment** (ROI) verkörpert (vgl. *Lewis/Lehmann,* 1992).

Die Kernelemente dieser Methode sind:

- Bruttoinvestitionsbasis: Zunächst wird durch Addition der kumulierten Abschreibungen und des Buchwertes des Sachanlagevermögens der Wiederbeschaffungswert der Aktiva berechnet. Werden diese auf den heutigen Zeitpunkt inflationiert und um das weitere Anlage- sowie Umlaufvermögen vermehrt, so erhält man den Wiederbeschaffungswert der Aktiva. Unter Abzug des nicht-verzinslichen Fremdkapitals errechnet sich die Bruttoinvestitionsbasis. Einerseits können nur unter Einsatz dieser Aktiva die Cash Flows nachhaltig erwirtschaftet werden, andererseits spiegelt die Bruttoinvestitionsbasis auch genau den Kapitalbedarf wieder, der von Eigen- und Fremdkapitalgebern zu beschaffen ist.

- Cash Flow: Der verwendete Brutto-Cash Flow ist ein Cash Flow vor Zinsen und nach Steuern, enthält also nur noch die Bestandteile Gewinn nach Steuern, Zinsaufwand und Abschreibungen. Er wird auf Basis des Jahresabschlusses errechnet und dann über die Nutzungsdauer des Sachanlagevermögens konstant angesetzt.

- Nutzungsdauer: Die Nutzungsdauer wird berechnet, indem die historischen Anschaffungskosten durch die jährliche lineare Abschreibung dividiert werden.

Das solcherart ermittelte Investitionsprofil erlaubt die Berechnung der **internen Verzinsung,** des CFROI. Diese Kennzahl bietet laut *Lewis* und *Lehmann* folgende Vorteile:

- Der CFROI berücksichtigt den Kapitaleinsatz.

- Der CFROI neutralisiert den Leverage-Effekt.

- Der CFROI berücksichtigt das Alter der Aktiva.

- Der CFROI erlaubt einen Vergleich zwischen der Rentabilität eines Geschäftsfeldes und seinen Kapitalkosten.

Dem müssen folgende **Nachteile** gegenüber gestellt werden:

- Es besteht die Gefahr, daß atypische Entwicklungen in der Bewertungsperiode das Ergebnis verzerren, weil lediglich der Abschluß eines Jahres herangezogen wird (vgl. *Bühner,* 1994, S. 35ff.).

- Die Fortschreibung des Brutto-Cash Flows des laufenden Jahres läßt konjunkturelle Schwankungen, Veränderungen durch künftige Investitionen oder Strategieauswirkungen außer Acht (vgl. *Herter*, 1994, S. 80ff.).

- Der Sinn einer Diskontierung des Brutto-Cash Flows über die Nutzungsdauer ist fragwürdig, da die zugrundeliegende Bruttoinvestitionsbasis nicht entscheidungsrelevant scheint (vgl. *Herter*, 1994, S. 80ff.).

Im Gegensatz zur *Rappaport'schen* Shareholder Value-Methode ist der CFROI **kein Verfahren zur Unternehmensbewertung, sondern zur Beurteilung der Rentabilität von Geschäftsfeldern**. Durch Weiterentwicklung dieser Kennzahl zu einer Methode der Unternehmensbewertung entstand der Cash Value Added, der Betrag, der über die realen, marktabgeleiteten Kapitalkosten des Unternehmens hinaus vom Unternehmen oder der Geschäftseinheit verdient wurde. Er berechnet sich nach folgender Formel:

Cash Value Added = (CFROI - reale Kapitalkosten) x Bruttoinvestitionsbasis

Der Cash Value Added stellt den in einer Periode erwirtschafteten realen Wertzuwachs auf Cash Flow-Basis dar.

Es wird in Kapitel 5 noch gezeigt werden, in welchen Fällen der CFROI zur wertorientierten Steuerung betrieblicher Immobilien ein geeignetes Instrument ist.

Beurteilung der Shareholder Value-Ansätze

Hinsichtlich der Aussage, ob durch eine Strategie oder von einem Geschäftsbereich Wert geschaffen oder vernichtet wird, gibt es bei Anwendung der verschiedenen Shareholder Value-Methoden im Ergebnis keinen Unterschied. Die beschriebenen Vor- und Nachteile der einzelnen Methoden berechtigen nicht dazu, einzelne von ihnen für das Integrierte Immobilienmanagement auszuschließen. Sicherlich ist aber der *Rappaport'sche* Ansatz vom methodischen Ansatz und der theoretischen Exaktheit den Ideen der Shareholder Value-Analyse am nächsten (so die Literatur einmütig: vgl. stellvertretend *Klien*, 1995, S.19). Die folgenden Ausführungen beziehen sich daher auf **alle Methoden der Shareholder Value-Analyse.** Einige Lösungsansätze sind allerdings nur für den *Rappaport'schen* Ansatz gültig.

Einer der wesentlichen Unterschiede zwischen den Methoden ist, daß es sich beim Ansatz nach *Rappaport* um ein mehrperiodisches Verfahren und beim EVA und beim CFROI um einperiodische Verfahren handelt. Das Verfahren von *Rappaport* ist zudem ein modernes Verfahren zur Ermittlung des Unternehmenswertes. Die anderen Verfahren enthalten dagegen entweder die Ermittlung einer Wertsteigerung bzw. eines Wertrückgangs oder die Ermittlung eines Renditemaßstabs.

4.4. Bewertungsobjekte

Aus Sicht der wertorientierten Steuerung betrieblicher Immobilien wäre eine Bewertung der betrieblichen Immobilien zu fordern, die sich an dem Beitrag der betrieblichen Immobilie für den Unternehmenswert orientiert (im folgenden verallgemeinernd, d.h. losgelöst vom Shareholder Value, als leistungsorientierte Bewertung bezeichnet). An anderer Stelle ist bereits gezeigt worden, daß betriebsnotwendiges Vermögen im Shareholder Value implizit über die erwirtschafteten Cash Flows „mit"bewertet wird und nicht explizit je Vermögensobjekt. Bewertungsobjekt ist das Unternehmen. Dies ist für die Unternehmensbewertung der richtige Ansatz (Gesamtbewertung statt Einzelbewertung). Derzeit bietet der Shareholder Value keine für die wertorientierte Steuerung betrieblicher Immobilien befriedigende Bewertung. Einzelbewertung für Vermögensobjekte gibt es in Form von Substanzwerten, die aber nicht einer leistungsorientierten, d.h. am Output orientierten Bewertung gerecht werden. Im folgenden wird untersucht, ob es im Shareholder Value oder mit anderen Methoden eine Lösung für die leistungsorientierte Bewertung betrieblicher Immobilien gibt.

Das Problem der leistungsorientierten Bewertung betrieblicher Immobilien läßt sich auf das Problem der **Zurechnung der betrieblichen Gesamtleistung auf einzelne Produktionsfaktoren** bzw. der **Bewertung des Beitrags einzelner Produktionsfaktoren zur Gesamtleistung** des Unternehmens zurückführen. Ansätze zur Lösung des Problems werden in der Betriebswirtschaftslehre seit langem diskutiert. Schon *Mellerowicz* hat festgehalten, daß der Wert eines Unternehmens größer ist als die Summe der Einzelwerte aller Vermögensgegenstände. Dieser Mehrwert läßt sich aber nicht den einzelnen Vermögensgegenständen gerecht zuordnen. Auch *Gutenberg* hat sich mit dem Problem auseinandergesetzt und festgestellt, daß die Unternehmensleistung in Form der hergestellten Güter einzelnen Produktionsfaktoren nicht zugerechnet werden kann, da erst der kombinierte Einsatz der Produktionsfaktoren die Leistungserstellung ermöglicht. Eine Erhöhung der Leistung eines einzelnen Produktionsfaktors führt in der Regel nicht zur Erhöhung der Gesamtleistung, sondern nur, wenn auch die Leistung der anderen Produktionsfaktoren erhöht wird. Es kann daher nicht bewertet werden, in welchem Verhältnis die Leistung den einzelnen Produktionsfaktoren zuzurechnen ist (vgl. *Gutenberg*, 1979, S. 318 ff.).

Das Vermögensobjekt betriebliche Immobilien ist an der originären Leistungserstellung beteiligt, weil es zugleich Produktionsfaktor ist. Die Beziehung zwischen Produktionsfaktor und Unternehmensleistung ist aber mittelbarer und nicht unmittelbarer Art. Es gelten daher die Aussagen *Gutenbergs* auch für betriebliche Immobilien, da sie nur in Kombination mit weiteren Produktionsfaktoren und indirekt die Leistungserstellung ermöglichen (im Unterschied z.B. zu Fertigungsmaterial, das Bestandteil der Leistung wird).

Fazit: So wie es nicht möglich ist, einzelnen Produktionsfaktoren die Gesamtunternehmensleistung und damit einen Teil des Unternehmenswerts zuzurechnen, so ist es nicht möglich, eine Shareholder Value-Bewertung nur der betrieblichen Immobilien vorzunehmen, weil der Anteil, den die betrieblichen Immobilien am Shareholder Value des Unternehmens haben, nicht bestimmt werden kann. **Bewertungsobjekt bei der Shareholder Value-Bewertung der betrieblichen Immobilien ist daher das Unternehmen** bzw. die Unternehmenseinheit, die die Immobilien nutzt.

Die bisherigen Ausführungen haben sich, ohne zu differenzieren, pauschal auf betriebliche Immobilien bezogen. Sie gelten indes nur für die dem Betriebszweck zuzuordnenden Immobilien und nicht für Liegenschaften. Weil dem Betriebszweck zuzuordnende Immobilien Produktionsfaktoren sind, kann für sie keine direkte Shareholder Value-Bewertung, d.h. die Ermittlung eines Shareholder Value für dem Betriebszweck zuzuordnende Immobilien, durchgeführt werden, sondern nur indirekt in Verbindung mit der Ermittlung des Shareholder Value für das Unternehmen, d.h. daß der „Wert" der dem Betriebszweck zuzuordnenden Immobilien im Shareholder Value des Unternehmens enthalten ist. Zu den dem Betriebszweck zuzuordnende Immobilien zählen betriebsnotwendige und nicht betriebsnotwendige Immobilien (z.B. Wohnimmobilien für Mitarbeiter). Auch nicht betriebsnotwendige Immobilien stehen - im Unterschied zu Liegenschaften - in einem Zusammenhang mit der Leistungserstellung des Unternehmens und anderen Produktionsfaktoren. Der Produktionsfaktor Arbeit kann z.B. theoretisch durch Zurverfügungstellung von Wohnimmobilien für Mitarbeiter insgesamt günstiger eingesetzt werden als ohne Immobilien.

Im folgenden werden noch einmal die für die Shareholder Value-Bewertung relevanten Merkmale der dem Betriebszweck zuzuordnenden Immobilien zusammengefaßt:

- Dem Betriebszweck zuzuordnende Immobilien dienen der Erfüllung des Unternehmenszwecks.

- Dem Betriebszweck zuzuordnende Immobilien tragen zur Leistungserstellung des Unternehmens bei.

- Dem Betriebszweck zuzuordnende Immobilien sind ein Produktionsfaktor des Unternehmens.

Dem Betriebszweck zuzuordnende Immobilien werden daher bei der Shareholder Value-Bewertung des Unternehmens bzw. der Unternehmenseinheit „mit"bewertet. Bewertungsobjekt ist das Unternehmen oder die Unternehmenseinheit, die die Immobilien nutzt.

Anders verhält es sich bei **Liegenschaften**. Liegenschaften sind nicht betriebsnotwendiges Vermögen und damit gesondert zu bewerten. Die mit Liegenschaften erwirtschafteten Leistungen und - daraus resultierenden - Cash Flows können den Liegenschaften direkt zugeordnet werden. Das Problem der Zurechnung von Leistungen auf einzelne Produktionsfaktoren wie bei den dem Betriebszweck zuzuordnenden Immobilien stellt sich bei Liegenschaften nicht. **Daher kann für Liegenschaften ein Shareholder Value ermittelt werden.** Dies erfolgt, indem die Liegenschaften (sofern dies nicht schon der Fall ist) zumindest vom Rechnungswesen her (also ohne organisatorische Konsequenzen) als eine eigene Unternehmenseinheit abgebildet werden. Eine derartige Unternehmenseinheit soll in Weiterentwicklung der verschiedenen Center-Konzeptionen im folgenden als Value Center bezeichnet werden, da dessen der Erfolgsbeurteilung zugrundeliegende Bewertungsmethode der Shareholder Value ist (zur Ausgestaltung Shareholder Value-orientierter Erfolgsbeurteilungssysteme für Unternehmenseinheiten s. *Herter*, 1994, S. 169 ff.). Mit der Abbildung der Liegenschaften als Value Center ist gewährleistet, daß die von den Liegenschaften verursachten Ein- und Auszahlungen diesen zugeordnet sind.

Ebenso ist eine Shareholder Value-Bewertung einzelner Liegenschaften möglich. Der Großteil der Cash Flows, die in Zusammenhang mit Liegenschaften stehen, kann den einzelnen Immobilien direkt zugeordnet werden. Cash Flows, die nicht direkt den Immobilien zugeordnet werden können, z.B. des zentralen Immobilienmanagements, bleiben - je nach Bedeutung - entweder unberücksichtigt oder werden mittels innerbetrieblicher Leistungsverrechnung den einzelnen Immobilien verrechnet. Somit ist eine **Shareholder Value-Beurteilung einzelner Liegenschaften** möglich. Wesentliche Unterschiede zu einer laufenden Rendite-Ermittlung bestehen in der ausschließlichen Beurteilung des Zukunftserfolgs und der Möglichkeit, die Cash Flows mit immobilienadäquaten Risiko- bzw. Kapitalkosten zu bewerten. Ermöglichen die Liegenschaften z.B. wegen ihrer verschiedenen Standorte unterschiedliche Finanzierungskonstruktionen, so können diese Effekte über die Kapitalkosten im Shareholder Value dargestellt werden. Eine Shareholder Value-orientierte Bewertung und damit auch Steuerung einzelner Liegenschaften ist insbesondere wegen der zukunftsorientierten Erfolgsbeurteilung zu empfehlen. Die für eine Shareholder Value-Bewertung benötigten Daten (z.B. zukünftige Cash Flows) sind in der Regel bei Liegenschaften auf Ebene der Einzelobjekte vorhanden. Sollte dies nicht der Fall sein, können diese Daten relativ einfach ermittelt werden:

- Zukünftige Mieteinnahmen können langfristig abgeschlossenen Mietverträgen entnommen oder mit Hilfe dieser prognostiziert werden. Eventuell ist eine Herleitung der Cash Flows aus Ertrags- und Aufwandspositionen notwendig.

- Ausgaben für Instandhaltung, Betrieb und Verwaltung können aus Vergangen-heitsdaten abgeleitet bzw. prognostiziert werden (z.b. aus durchschnittlichen Verbräuchen der letzten Jahre), da sie relativ konstant sind.

Beschafft werden müssen daher vor allem Daten, die den speziellen Anforderungen des Shareholder Value gerecht werden (z.b. Kapitalkosten).

Folgende **Ergebnisse** können festgehalten werden:

- Bei der Shareholder Value-Bewertung der dem Betriebszweck zuzuordnenden Immobilien ist Bewertungsobjekt das Unternehmen oder die Unternehmensein-heit, die die Immobilien nutzt.

- Bei der Shareholder Value-Bewertung der Liegenschaften ist Bewertungsobjekt das Value Center „Liegenschaften" oder die einzelne Liegenschaft.

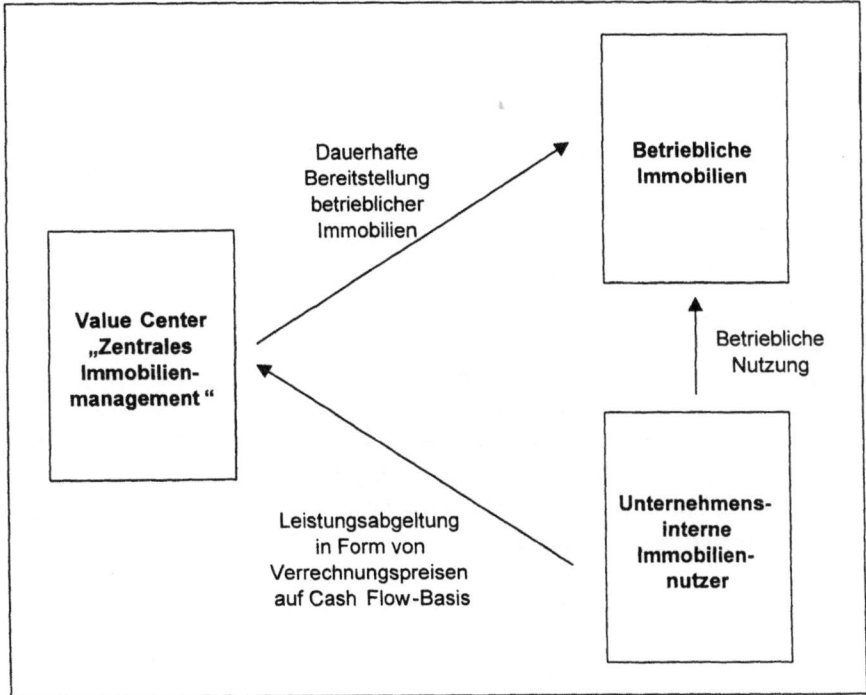

Abbildung 10: Value Center „Zentrales Immobilienmanagement"

Exkurs: Value Center für die dem Betriebszweck zuzuordnenden Immobilien

Das Konstrukt eines Value Centers ist auch für die dem Betriebszweck zuzuordnen-den Immobilien denkbar, so daß ein Shareholder Value für diesen Typ betrieblicher Immobilien ermittelbar wäre.

Theoretische Konstruktion des Value Centers

Hierzu wären sämtliche dem Betriebszweck zuzuordnenden Immobilien vom Rechnungswesen her und organisatorisch in einem wie oben für die Liegenschaften skizzierten Value Center abzubilden (vgl. Abbildung 10). Dieses Value Center bietet seine Immobilien den operativen Bereichen an und **verrechnet hierfür mit Verrechnungspreisen bewertete Leistungen.** Diese Verrechnungspreise stellen die „Umsätze" des Value Center dar, die als theoretische „Cash Flows" interpretiert und so in den Shareholder Value des Value Center „Zentrales Immobilienmanagement" eingehen. Die Ausgaben des Value Centers lassen sich den einzelnen Immobilien und dem Value Center direkt zuordnen (zur Ermittlung von Wertbeiträgen zentraler Unternehmenseinheiten s. *Günther*, 1997, S. 102 ff.). Mit den „Umsätzen" und den Ausgaben des Value Centers läßt sich, Ansatz immobiliengerechter Kapitalkosten vorausgesetzt, der Shareholder Value für das Value Center berechnen.

Praktische Probleme der Umsetzung des Value Centers

Allerdings lassen sich einige Gründen anführen, die gegen die Einführung von Value-Center in Unternehmen sprechen. So können selten Verrechnungspreise definiert werden, die vom Leistungsnehmer und vom Leistungsgeber akzeptiert werden. Die entstehenden Diskussionen im Unternehmen sind meist kontraproduktiv. Nur wenn vergleichbare Marktpreise gegeben sind (z.B. im Fall von Verwaltungsgebäuden), können sinnvoll Verrechnungspreise festgelegt werden. Für den Fall, daß wegen fehlender eindeutiger Marktpreise Verhandlungspreise notwendig sind (in der Regel bei Spezialimmobilien wie Produktionsgebäuden), können zumeist keine befriedigenden Ergebnisse erreicht werden. Andere Arten der Verrechnungspreisbildung (Verrechnungspreise auf Basis von Grenzkosten, Vollkosten oder Kosten plus Gewinnzuschlag) scheiden für ein Value Center aus theoretischen Gründen aus. Ein Value Center ohne Marktbezug ist ein unbefriedigendes Hilfskonstrukt, weil ihm die Objektivität des ermittelten Shareholder Value fehlt, die nur **durch am Markt erzielbare Cash Flows** gewährleistet ist.

4.5. Shareholder Value-Effekte betrieblicher Immobilien

4.5.1. Cash Flow-Effekte

Der Shareholder Value berechnet sich aus den diskontierten zukünftigen Cash Flows des Unternehmens. Seine Höhe hängt damit von zwei wesentlichen Bestimmungsgrößen ab: Der Höhe der zukünftigen Cash Flows und der Höhe der Kapitalkosten (in der Rolle des Diskontierungsfaktors). Der Cash Flow spielt also eine zentrale Rolle in der Ermittlung des Shareholder Value. Seine Bedeutung soll in diesem Kapitel belegt werden:

- Der für die Ermittlung des Shareholder Value geeignete Cash Flow wird definiert.
- Dieser Cash Flow wird aus den Daten des Rechnungswesens hergeleitet.
- Auswirkungen der Cash Flow-Definition auf die Anpassung des Shareholder Value an die Anforderungen betrieblicher Immobilien werden dargelegt.

4.5.1.1. Cash Flow als Basis des Shareholder Value

Rappaport schlägt zur Ermittlung des Shareholder Value die Verwendung eines Operating Cash Flow vor. Im folgenden soll dieser Operating Cash Flow in Anlehnung an die Cash Flow-Definition bei *Copeland/Koller/Murrin* als **Free Cash Flow** bezeichnet werden. Inhaltlich entsprechen sich Operating Cash Flow nach *Rappaport* und Free Cash Flow nach *Copeland/Koller/Murrin* (vgl. *Günther*, 1997, S. 117). Free Cash Flow ist aber die in der Literatur verbreitetere, in der Praxis gebräuchlichere und begrifflich treffendere Bezeichnung für den im Shareholder Value verwendeten Cash Flow. Den Free Cash Flow weisen folgende Merkmale aus (zu den im Free Cash Flow enthaltenen Größen s. Abbildung 11):

- Der Free Cash Flow ist der Zahlungsüberschuß, der potentiell an die Eigen- und Fremdkapitalgeber des Unternehmens ausgeschüttet werden kann (vgl. *Rappaport* 1986, S. 51 f.). Die Aussage gilt nur bei Anwendung der Brutto-Methode (auch als Entitiy Approach oder Gesamtkapitalansatz bezeichnet, vgl. *Günther*, S. 105). Wird die Netto-Methode (synonym mit Equity Approach oder Eigenkapitalansatz, vgl. *Günther*, 1997, S. 104) angewendet, muß der Free Cash Flow als Zahlungsüberschuß definiert sein, der zur Ausschüttung an die Eigenkapitalgeber zur Verfügung steht. Der Free Cash Flow muß dabei nicht den tatsächlichen Ausschüttungen an die Eigen- und Fremdkapitalgeber entsprechen. Bei der Netto-Methode wird der Shareholder Value direkt aus den den Eigentümern zufließenden Cash Flows bestimmt, bei der Brutto-Methode wird zunächst der Wert des Unternehmens für Eigen- und Fremdkapitalgeber berechnet, um nach Abzug des Werts des Fremdkapitals vom Unternehmenswert den Shareholder Value zu erhalten.

- Der Free Cash Flow ist **nach Investitionen** definiert und muß daher nicht mehr für Investitionen in das Anlage- und Netto-Umlaufvermögen verwendet werden. Das heißt, daß sowohl Ersatz- als auch Erweiterungsinvestitionen bereits bei der Ermittlung des Free Cash Flows berücksichtigt werden (vgl. *Rappaport*, 1986, S. 51f., *Günther*, 1997, S. 125, 138).

- Dem Free Cash Flow werden nur Zahlungsströme zugeordnet, die in **Zusammenhang mit betriebszweckorientierten Tätigkeiten** stehen. Betriebszweckfremde Aktivitäten werden gesondert bewertet (vgl. *Klien*, 1995, S. 51), weil sich

60

Bewertungsobjekt und die der Bewertung zugrundeliegenden Zahlungsströme und Risikokosten (ausgedrückt im Kapitalkostensatz) entsprechen müssen. In der Regel sind betriebszweckorientierte und betriebszweckfremde Aktivitäten durch sehr unterschiedliche Risikostrukturen gekennzeichnet. Deren Aktivitäten müssen daher auch mit unterschiedlichen Kapitalkosten bewertet werden.

- Der Free Cash Flow unterscheidet sich von anderen Cash Flow-Definitionen durch die - wie oben bereits festgehalten - Berücksichtigung von Investitionen in das Anlage- und Umlaufvermögen, damit nur der den Eigentümern potentiell ausschüttbare Zahlungsüberschuß bewertet wird. (vgl. *Günther*, 1997, S. 112).

Im Free Cash Flow berücksichtigte Größen	Im Free Cash Flow nicht berücksichtigte Größen
• Investitionen in Anlage- und Umlaufvermögen • Zahlungsströme in Zusammenhang mit betriebszweckorientierten Aktivitäten • Cash Flow aus laufender Geschäftstätigkeit • Zahlungswirksame sowie nicht anrechenbare Unternehmenssteuern	• Cash Flows aus betriebszweckfremden Aktivitäten • Cash Flows des Finanzierungs- und Kapitalbereichs • Cash Flows aus Finanzierungstätigkeit • Investitionen in das Finanzanlagevermögen • Zahlungsströme aus außerordentlichen Erfolgskomponenten • Zahlungsströme aus nicht betriebsnotwendigem Vermögen • Persönliche Steuern der Eigentümer • Nicht zahlungswirksame sowie anrechenbare Unternehmenssteuern

Abbildung 11: Im Free Cash Flow enthaltene und nicht enthaltene Größen

Diese eher allgemeinen Merkmale des Free Cash Flows sollen in den weiteren Ausführungen ergänzt und vertieft werden. Ziel ist, den Free Cash Flow über Merkmale genauer zu definieren, damit Shareholder Value-gerechte Cash Flows bestimmt werden können. Die Aussagen gelten unabhängig von dem vom Anwender gewählten Verfahren zur Cash Flow-Ermittlung.

- Der Free Cash Flow umfaßt **keine Cash Flows des Finanzierungs- und Kapitalbereichs** (z.B. Fremdkapitalaufnahme, Tilgung von Krediten, Eigenkapitalerhöhung, Ausschüttung von Dividenden; zur Definition s. *Coenenberg*, 1997, S. 644 ff.; vgl. auch *Klien*, 1995, S. 50). Wird die bei der direkten Ermittlung übliche Differenzierung der Cash Flows in Cash Flows aus laufender Geschäftstätigkeit, aus Investitionstätigkeit und aus Finanzierungstätigkeit (Gliederung nach IAS und HFA 1/1995, zitiert nach *Coenenberg*, 1997, S. 658) gewählt, gehen nur die ersten beiden Cash Flow-Typen in den Free Cash Flow ein. Cash Flows des Finanzierungs- und Kapitalbereichs werden im Shareholder Value über die Kapitalkosten bewertet.

- Die vom Unternehmen insgesamt erwirtschafteten Cash Flows resultieren aus unterschiedlichen Typen an Unternehmenstätigkeiten. Cash Flows aus betriebszweckorientierter Tätigkeit sind definiert als Zahlungsströme, die dem Unternehmen aus der Erfüllung des eigentlichen Unternehmenszwecks zu- oder abfließen. Betriebszweckfremde Tätigkeiten weisen andere Risikostrukturen auf als betriebszweckorientierte Tätigkeiten. In der Literatur wird nicht ausreichend darauf hingewiesen, daß Cash Flows aus betriebszweckfremden Aktivitäten nicht mit Cash Flows aus betriebszweckorientierten Tätigkeiten vermischt werden dürfen (vgl. *Klien*, 1995, S. 51ff.). Free Cash Flows dürfen nur die Cash Flows aus den betriebszweckorientierten Tätigkeiten enthalten. Das heißt nicht, daß betriebszweckfremde Aktivitäten nicht in die Shareholder Value-Bewertung eingehen, sondern nur, daß sie wegen anderer Risikostrukturen mit anderen Kapitalkosten diskontiert werden müssen als die Free Cash Flows.

- Im Cash Flow ist das **Finanzergebnis** je nach seiner Bedeutung für das Unternehmensergebnis enthalten. Bei hoher Bedeutung des Finanzergebnisses ist es nicht enthalten, da es eine betriebszweckfremde Tätigkeit darstellt und andere Risikostrukturen aufweist als die betriebszweckorientierten Tätigkeiten. Bei geringer Bedeutung kann das Finanzergebnis in den Free Cash Flow eingebunden sein, da in diesem Fall angenommen werden kann, daß es nur der Verfolgung des Betriebszwecks dient (vgl. *Klien*, 1995, S. 52, der für eine Nicht-Berücksichtigung im Free Cash Flow plädiert und *Günther*, 1997, S. 125, der das Finanzergebnis im Free Cash Flow enthalten sieht). In Fällen, in denen das Finanzergebnis einen wesentlichen Anteil am Gesamtergebnis hat, muß eine eigenständige Bewertung erfolgen (s.a. aber auch das Beispiel von *Günther*, 1997, S. 136, in dem das Finanzergebnis betrieblichen Charakter hat und Bestandteil des Betriebsergebnisses ist). Die Risikostruktur des Finanzgeschäfts ist nicht mit der des originären Betriebszwecks vergleichbar und muß getrennt bewertet werden.

- Wird das Finanzergebnis im Free Cash Flow nicht berücksichtigt, werden auch keine Investitionen in das Finanzanlagevermögen (z.B. Wertpapiere) berücksichtigt.

- **Zahlungsströme aus außerordentlichen Erfolgskomponenten** sind im Free Cash Flow nicht enthalten (bei *Günther*, 1997, S. 125, widersprüchlich wegen des

Bezugs sowohl auf *Coenenberg*, bei dem außerordentliche Erfolgskomponenten im von *Günther* vorgeschlagenen Cash Flow enthalten sind, und *Busse von Colbe*, bei dem dies nicht der Fall ist). Die Bewertung außerordentlicher Erfolgskomponenten im Shareholder Value widerspricht dessen Idee, zukünftig nachhaltige und geplante Cash Flows zu bewerten (Ermittlung eines Zukunftserfolgswertes). Das Risiko außerordentlicher Aufwendungen und die Chance außerordentlicher Erträge ist in den Kapitalkostensätzen und nicht im Free Cash Flow berücksichtigt.

- Cash Flows, die aus dem Wirtschaften mit und der **Verwertung von nicht betriebsnotwendigem Vermögen** resultieren, sind nicht im Free Cash Flow enthalten (vgl. *Rappaport*, 1986, S. 51, *Günther*, 1997, S. 139). Sie werden, wie das Finanzergebnis, entweder als Vermögensobjekte mit ihrem Substanzwert oder über eine separate Cash Flow-Ermittlung bewertet.

- Die Entscheidung für den Ansatz von Nominalwerten oder von Realwerten bei der Cash Flow-Ermittlung bleibt dem Anwender überlassen. *Herter* ist zuzustimmen, daß auf der Basis gearbeitet werden sollte, auf der auch die Planung basiert (*Herter*, 1994, S. 52, vgl. auch *Günther*, 1997, S. 140). Es ist lediglich das **Äquivalenzprinzip** einzuhalten, damit es sich bei den Cash Flows und den Kapitalkosten immer entweder um Nominal- oder Realwerte handelt (vgl. *Herter*, 1994, S. 52).

- Da in der Fallstudie mit der Brutto-Methode gearbeitet wird, wird der Free Cash Flow **vor Zinsen für aufgenommenes Fremdkapital** definiert. Die Höhe der zahlungswirksamen Zinsen fließt über den Kapitalkostensatz in den Shareholder Value ein (vgl. *Rappaport*, 1986, S. 51 f., *Günther*, 1997, S. 105, 128, 141). Wird die Netto-Methode verwendet, ist der Free Cash Flow nach Zinsen definiert (vgl. *Günther*, 1997, S. 104).

- Die Behandlung von **Steuern** im Shareholder Value ist einer der umstrittenen Punkte in der wissenschaftlichen Diskussion. In einem ersten Schritt ist zu beantworten, ob überhaupt Steuern berücksichtigt werden sollen und in einem zweiten, welche Steuern dies sein sollen. Sollen nur Unternehmenssteuern oder auch die Steuern der Eigentümer berücksichtigt werden? Eine detaillierte Behandlung des Themas findet sich an späterer Stelle. An dieser Stelle sei nur vorweggenommen, daß die persönlichen Steuern der Eigentümer nicht berücksichtigt werden und von den Unternehmenssteuern nur zahlungswirksame (also nicht latente Steuern) und - bei Zugrundelegung des deutschen Steuersystems - nicht anrechenbare Steuern wie Gewerbeertrags- und Gewerbekapitalsteuer den Free Cash Flow mindern (vgl. *Günther*, S. 137). Der Free Cash Flow ist also vor anrechenbarer Körperschaftsteuer definiert (vgl. *Günther*, 1997, S. 137).

Die Ausführungen haben gezeigt, daß der Free Cash Flow zur Shareholder Value-Bewertung des Unternehmens nicht ausreicht. Er muß um die Bewertung von nicht betriebsnotwendigen Vermögen bzw. um nicht betriebszweckorientierte Cash Flows ergänzt werden.

Für die Ermittlung des Free Cash Flows werden sehr unterschiedliche Verfahren vorgeschlagen, wobei in allen Verfahren zunächst der Cash Flow bestimmt und aus diesem dann der Free Cash Flow abgeleitet wird. Die Verfahren erstrecken sich von der direkten Cash Flow-Ermittlung bis zu den verschiedenen Verfahren der indirekten Cash Flow-Ermittlung. Zur genaueren Beurteilung sei auf die einschlägige Literatur verwiesen (eine Übersicht der verschiedenen Verfahren findet sich bei *Günther*, 1997, S. 113 ff.). Wenn die oben genannten Grundsätze bei der Shareholder Value-Ermittlung angewandt werden, können mit den im folgenden vorgestellten Verfahren für die Shareholder Value-Bewertung geeignete Free Cash Flows ermittelt werden. Es ist zwischen direkter und indirekter Cash Flow-Ermittlung zu unterscheiden. Direkte Cash Flow-Ermittlung verwendet nur Cash Flow-Größen, während die indirekte Cash Flow-Ermittlung von Nicht-Cash Flow-Größen (Betriebsergebnis, Gewinn, Jahresüberschuß) ausgeht und schließlich über Korrekturpositionen zum Cash Flow gelangt. In der Praxis hängt die Wahl des Verfahrens zur Cash Flow-Ermittlung von der verfügbaren Datenbasis ab. So ist grundsätzlich eine direkte Cash Flow-Ermittlung zu bevorzugen. Diese Daten stehen dem Shareholder Value-Bewerter nicht immer zur Verfügung, so daß etwa auf veröffentlichte Jahresabschlußdaten zurückgegriffen werden muß.

- Direkte Cash Flow-Ermittlung

  - Bei der direkten Cash Flow-Ermittlung werden alle finanz- und zahlungswirksamen Geschäftsfälle - außer denen des Finanzierungs- bzw. Kapitalbereichs - direkt erfaßt. So können die Einzahlungen und Auszahlungen des Unternehmens unmittelbar auf ihre Free Cash Flow-Eignung beurteilt werden (vgl. *Klien*, 1995, S. 33).

- Indirekte Cash Flow-Ermittlung

  - Bei der indirekten Cash Flow-Ermittlung werden die relevanten Cash Flow-Größen aus anderen Größen des Rechnungswesens wie Jahresüberschuß, Betriebsergebnis oder mit Hilfe einer Kapitalflußrechnung hergeleitet. Die verschiedenen Verfahren der indirekten Ermittlung müssen jedoch mit Nachteilen fertig werden, weil bei der Überleitung von Aufwands- und Ertrags- bzw. Kosten- und Leistungsgrößen zu Cash Flow-Größen Abgrenzungsschwierigkeiten auftreten können. Es wird von der sachlichen und zeitlichen Abgrenzungsproblematik gesprochen (zur Vertiefung s. *Klien*, 1995, S. 40 ff., mit Beispielen).

- Ableitung des Free Cash Flows aus dem Betriebsergebnis des externen Rechnungswesens

  - Dieses ist das verbreitetste und in der Literatur am häufigsten genannte Verfahren. Das hat vor allem zwei Gründe: Einerseits ist das Betriebsergebnis in jedem Unternehmen, das einen Jahresabschluß erstellen muß, verfügbar, und zum anderen gibt es bei dessen Ermittlung die geringsten Unterschiede zwischen amerikanischem Operating Profit und deutschem Betriebsergebnis. Bei der Übertragung des Shareholder Value-Ansatzes von Deutschland nach Amerika ist die dort verwendete Cash Flow-Ermittlungsbasis „EBIT" als das deutsche „Betriebsergebnis" vor Zinsen und Steuern (richtig) interpretiert worden.

  - Der Free Cash Flow entspricht bei diesem Verfahren (sehr) vereinfacht dem Betriebsergebnis zuzüglich finanzunwirksame Aufwendungen (z.B. Abschreibungen, Erhöhung langfristige Rückstellungen) abzüglich finanzunwirksame Erträge (z.B. Auflösung von Rückstellungen) abzüglich Investitionen in das Anlage- und Umlaufvermögen (zu einem detaillierteren Cash Flow-Schema s. *Günther*, 1997, S. 123 f. und S. 142 f.).

  - Im Rahmen der Gewinn- und Verlustrechnung führen Umsatzkostenverfahren und Gesamtkostenverfahren zum Ausweis eines identischen Jahresüberschusses. Allerdings ergeben sich bei Lagerzugang und Aktivierung der Fremdkapitalzinsen im Gesamtkostenverfahren **Verschiebungen zwischen dem Betriebsergebnis und Finanzergebnis des Umsatzkostenverfahrens und denen des Gesamtkostenverfahrens**, die sich zu ein- und demselben Jahresüberschuß ausgleichen (s. *Coenenberg*, 1997, S. 355 f.). Daher ist bei der Ableitung des Free Cash Flows aus dem Betriebsergebnis zu beachten, daß die Höhe des Betriebsergebnisses abhängig vom gewählten Verfahren der GuV-Rechnung ist.

- Ableitung aus dem Jahresüberschuß bzw. dem Bilanzgewinn

  - Die Ableitung des Free Cash Flows aus dem Jahresüberschuß entspricht der Ableitung aus dem Betriebsergebnis bis auf den Unterschied, daß der Jahresüberschuß zunächst um außerordentliche Erfolgskomponenten und ggf. das Finanzergebnis bereinigt werden muß (vgl. *Coenenberg*, 1997, S. 339). Bei Ableitung des Free Cash Flows aus dem Bilanzgewinn muß dieser zunächst durch Rückrechnung der Gewinnverwendung in den Jahresüberschuß überführt werden (vgl. *Klien*, 1995, S. 40).

- Ableitung aus dem Ergebnis der gewöhnlichen Geschäftstätigkeit des externen Rechnungswesens

  - Auch dieses Verfahren ist dem der Ableitung aus dem Betriebsergebnis sehr ähnlich. Das Ergebnis der gewöhnlichen Geschäftstätigkeit wird ggf. durch Eliminieren des Finanzergebnisses in das Betriebsergebnis überführt (Emittlungsschema s. *Günther*, 1997, S. 123f.).

- Ableitung aus dem Betriebsergebnis des internen Rechnungswesens

  - Bei dieser von *Herter* vorgeschlagenen Methode wird der Free Cash Flow aus dem Betriebsergebnis des internen Rechnungswesens bestimmt (s. *Herter*, 1994, S. 57 und *Günther*, 1997, S. 142 f.). Herter greift vor allem deshalb auf Daten des internen Rechnungswesens zurück, um Geschäftsbereichsergebnisse darstellen zu können (*Herter*, 1994, S. 56f.), da im externen Rechnungswesen die Publizität von Segmentergebnissen zumindest nach deutschen Rechnungslegungsvorschriften noch nicht ausreichend entwickelt ist.

- Ableitung aus einer Kapitalflußrechnung

  - Mit der direkten Ermittlung und der Kapitalflußrechnung, die gleichzeitig die aufwendigsten Verfahren der Cash Flow-Bestimmung darstellen, kann der Free Cash Flow theoretisch am exaktesten bestimmt werden. Eine intensive Behandlung der Cash Flow-Ableitung aus der Kapitalflußrechnung ist an dieser Stelle nicht notwendig, weil dies bereits ausreichend in der Literatur geschehen ist (s. *Coenenberg*, 1997, S. 623ff., und, bezogen auf den Free Cash Flow, *Günther*, 1997, S. 118ff.).

4.5.1.2. Cash Flow der betrieblichen Immobilien

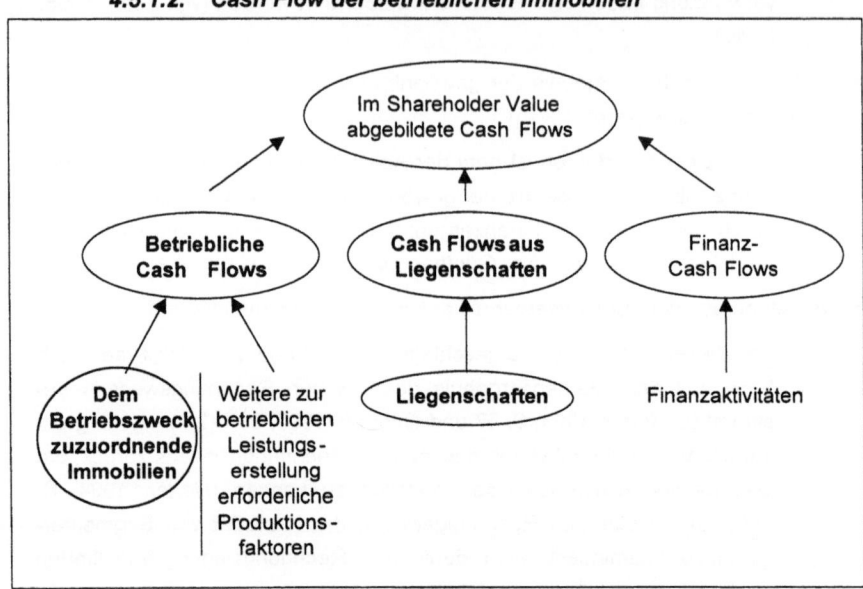

Abbildung 12: Einordnung der immobilienspezifischen Cash Flows

Im vorstehenden Kapitel ist gezeigt worden, daß Cash Flows aus betriebszweckorientierten und betriebszweckfremden Aktivitäten im Shareholder Value wegen unterschiedlicher Geschäftsrisiken strikt voneinander getrennt bewertet werden. Je nachdem, ob eine betriebliche Immobilie **betriebszweckorientiert oder betriebszweckfremd** verwandt wird, sind auch die durch diese induzierten Cash Flows im Shareholder Value unterschiedlich abzubilden (vgl. Abbildung 12).

Dem Betriebszweck zuzuordnende Immobilien können eindeutig mit den betriebszweckorientierten Aktivitäten in Verbindung gebracht werden. Die durch sie induzierten Cash Flows gehen daher gemeinsam mit den Cash Flows der anderen betriebszweckorientierten Aktivitäten in den Shareholder Value ein. Es erfolgt **keine getrennte Bewertung**.

Die Einordnung von Liegenschaften in die Kategorien betriebszweckorientiert und betriebszweckfremd muß situations- bzw. unternehmensspezifisch erfolgen. Bei hoher Bedeutung der Liegenschaften für das Unternehmen kann davon ausgegangen werden, daß das Wirtschaften mit Liegenschaften selbst Betriebszweck des Unternehmens ist. Die organisatorische Abbildung der Liegenschaften im Unternehmen erfolgt dann häufig als Profit Center, selbständiger Geschäftsbereich bzw. strategische Geschäftseinheit. In diesem Fall entspringen die durch Liegenschaften induzierten Cash Flows den betriebszweckorientierten Aktivitäten. Für den Fall, daß Lie-

genschaften eine untergeordnete Bedeutung haben, weil das Unternehmen nur ver-
einzelt Liegenschaften besitzt, kann von betriebszweckfremden Aktivitäten ausgegangen werden. Liegenschaften werden damit im Shareholder Value anderem nicht
betriebsnotwendigen Vermögen gleichgestellt und wie dieses bewertet. Die Abbildung der Cash Flows betrieblicher Immobilien ist somit zunächst vorskizziert. Nachdem die Cash Flows betrieblicher Immobilien näher analysiert worden sind, erfolgt
dann die Abbildung im Detail.

Cash Flows der dem betrieblichen Zweck zuzuordnenden Immobilien:

Die mit Immobilien zusammenhängenden Cash Flows lassen sich am zweckmäßig-
sten über die **Lebenszyklusphasen** betrieblicher Immobilien strukturieren. Hierzu
werden drei Phasen mit fundamental unterschiedlichen Cash Flow-Größen definiert.
In der **Errichtungsphase** fallen wegen umfangreicher Investitionen stark negative
Cash Flows an. Bei gemieteten betrieblichen Immobilien kann die Errichtungsphase
als Vertragsanbahnungsphase interpretiert werden, bei der Auszahlungen für die
Suche einer geeigneten Immobilie, für die Vertragsausgestaltung und den Vertrags-
abschluß anfallen. Auch die **Nutzungsphase** ist wegen Auszahlungen für Instandhaltung und Bewirtschaftung der Immobilien durch negative Cash Flows gekennzeichnet. Bei gemieteten Immobilien fallen in dieser Phase Auszahlungen für Miete
an. Vom Immobilientyp hängt es ab, ob die Cash Flows der **Verwertungsphase** mit
positivem Vorzeichen versehen sind. Bei Immobilien, die über einen längeren Zeitraum eine Wertsteigerung erfahren haben, kann die Verwertung zu hohen positiven
Cash Flows führen. Bei Immobilien, die sich nicht verwerten lassen (z.B. spezielle
Produktionsgebäude), sind evtl. noch Auszahlungen z.B. für Abriß oder Bodensanie-
rungsmaßnahmen notwendig.

Die beschriebenen Zahlungsvorgänge der dem Betriebszweck zuzuordnenden Immobilien sind sachlich alle im Free Cash Flow enthalten. Sie haben Betriebszweck-
charakter und sind bei dem dem Shareholder Value eigenen langen Betrachtungs-
und Bewertungszeitraum auch nicht als außerordentliche Zahlungsvorgänge zu interpretieren.

Außerordentliche Erfolgskomponenten sind per Definition **periodenfremde und
außergewöhnliche Erfolgskomponenten**, die das Kriterium der Regelmäßigkeit
nicht erfüllen (s. *Coenenberg*, 1997, S. 337). Die Trennung von ordentlichem und
außerordentlichem Ergebnis nennt man **Erfolgsspaltung** (s. *Coenenberg*, 1997, S.
339). Ein Beispiel für außerordentliche Erfolgskomponenten ist (vgl. *Coenenberg*,
a.a.O.) ein durch Versicherungen nicht gedeckter Brand, der Teile der Produktionsgebäude vernichtet. Es darf dieser Definition folgend angenommen werden, daß
auch Erträge aus unregelmäßigen Immobilienverkäufen den außerordentlichen Erfolgskomponenten zugerechnet werden. Die angegebene Definition muß allerdings

um den Hinweis ergänzt werden, daß außerordentliche Erfolgskomponenten nur sinnvoll identifiziert werden können, wenn der zugrundeliegende Betrachtungszeitraum berücksichtigt wird. Außerordentliche Erfolgskomponenten innerhalb einer Periode, die ein Jahr umfaßt, können zu ordentlichen Erfolgskomponenten werden, wenn man den Zeitraum auf 10 Jahre festlegt (so wie häufig – auch in der wissenschaftlichen Diskussion – nicht beachtet wird, daß die Einordnung fixer und variabler Kostenbestandteile vom Betrachtungszeitraum abhängt). Da der Betrachtungszeitraum im Shareholder Value wesentlich länger ist als der, auf den sich der Jahresabschluß bezieht, muß die Frage der Außerordentlichkeit von Erfolgskomponenten im Rahmen der Shareholder Value-Bewertung neu beantwortet werden (vgl. Abbildung 13). Zum einen muß geprüft werden, ob im Sinne der mehrjährigen Betrachtung des Shareholder Value kurzfristig außerordentliche Erfolgskomponenten zu ordentlichen werden, und zum anderen sind die auch bei langfristiger Betrachtung außerordentlichen Erfolgskomponenten zu eliminieren (Erfolgsspaltungskonzept im Shareholder Value). Solche auch bei langfristiger Betrachtung außerordentlichen Erfolgskomponenten gehen nicht über die diskontierten Cash Flows in den Shareholder Value ein, sondern sind als **Risikokosten im Kapitalkostensatz** berücksichtigt. Eine derartige Shareholder Value-orientierte Erfolgsspaltung ist insbesondere bei den dem Betriebszweck zuzuordnenden Immobilien notwendig, damit deren Cash Flows - wie bereits gefordert - vollständig im Free Cash Flow erfaßt werden. Nur so können Erträge aus dem Verkauf von dem Betriebszweck zuzuordnenden Immobilien, die im externen Rechnungswesen den außerordentlichen Erfolgskomponenten zugerechnet werden, in den Free Cash Flows berücksichtigt werden. Wenn die Errichtung bzw. Anschaffung einer Immobilie (als Investition) im Shareholder Value berücksichtigt wird, muß auch deren Verwertung bzw. Verkauf berücksichtigt werden. Da die laufende **Anpassung des Immobilien-Portfolios** (Kauf und Verkauf der Immobilien) **permanente Aufgabe des betrieblichen Immobilienmanagements** ist, müssen auch deren finanzielle Konsequenzen vollständig im Shareholder Value abgebildet werden. Würden sie nämlich den außerordentlichen Erfolgskomponenten zugerechnet werden, wären sie per Definition nicht im Free Cash Flow enthalten. Ebenso sind im Free Cash Flow Einzahlungen enthalten, die durch Vermieten von dem betrieblichen Zweck zuzuordnenden Immobilien erwirtschaftet werden.

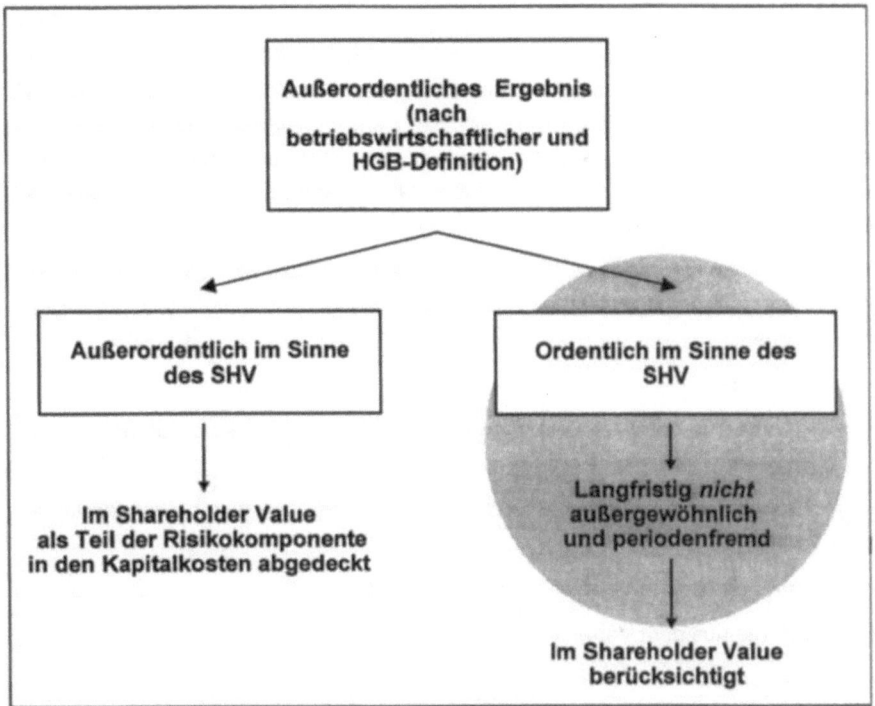

Abbildung 13: Die Erfolgsspaltung im Shareholder Value

Cash Flows der Liegenschaften:

Die Strukturierung der Cash Flows nach Lebenszyklusphasen ist auch für Liegenschaften sinnvoll. Die Cash Flows der Liegenschaften unterscheiden sich in Struktur
und Ausprägung von den Cash Flows der dem Betriebszweck zuzuordnenden Immobilien vor allem in der Nutzungs- und Verwertungsphase. Bei wirtschaftlichem
Erfolg werden Liegenschaften in der Nutzungsphase positive Cash Flows erwirtschaften. Auch in der Verwertungsphase werden mit Liegenschaften in der Regel
positive Cash Flows erwirtschaftet, weil der Werterhalt bzw. eine Wertsteigerung von
Liegenschaften Bestandteil des wirtschaftlichen Erfolgs ist. Inhaltlich entsprechen
sich die Cash Flows von Liegenschaften und dem Betriebszweck zuzuordnenden
Immobilien. In der Nutzungsphase können sich jedoch Unterschiede dadurch ergeben, daß die Betriebskosten im Fall der Liegenschaften nicht vom Eigentümer, sondern vom Nutzer bzw. Mieter getragen werden. Im Fall der dem Betriebszweck zuzuordnenden Immobilien ist der Nutzer das eigene Unternehmen und trägt daher die
Betriebskosten selbst. Die Cash Flows der Liegenschaften sind, abhängig von ihrer
Bedeutung für das Unternehmen, im Shareholder Value abzubilden. Bei hoher Be-

deutung sind sie als eigenes Geschäftsfeld abgebildet, für das ein separater Free Cash Flow ermittelt wird, der mit geschäftsfeldadäquaten Risikokosten in die Shareholder Value-Bewertung eingeht. Haben Liegenschaften eine untergeordnete Bedeutung für den Unternehmenswert, sind sie nicht betriebsnotwendiges Vermögen und als solches im Shareholder Value zu bewerten. Nicht betriebsnotwendiges Vermögen kann mit seinem Substanzwert oder Zukunftserfolgswert im Shareholder Value berücksichtigt werden.

Bei der Berechnung des Free Cash Flows sollten die Cash Flows der betrieblichen Immobilien explizit ausgewiesen werden. Dabei handelt es sich vor allem um folgende Positionen:

- Einzahlungen

  - Erträge aus dem Vermieten von den dem Betriebszweck zuzuordnenden Immobilien

  - Erträge aus dem Verkauf von den dem Betriebszweck zuzuordnenden Immobilien

  - Erträge aus dem Vermieten von Liegenschaften

  - Erträge aus dem Verkauf von Liegenschaften

- Auszahlungen

  - **Immobilienkosten, z.B. gegliedert nach der DIN 18960** (s.a. *Homann/Schäfers*, 1998, S. 196ff.)

  - Immobilieninvestitionen, differenziert nach Modernisierung und Erweiterung

  - Mietauszahlungen für gemietete Immobilien

4.5.1.3. *Cash Flow auf Basis der Daten des Rechnungswesens*

Eine Shareholder Value-Bewertung auf Basis der veröffentlichten Daten des Jahresabschlusses, z.B. durch externe Analysten, ist im Shareholder Value-Ansatz eigentlich nicht vorgesehen. Sie widerspricht dem Grundverständnis des Shareholder Value, der eine Zukunftserfolgsrechnung ist und daher Vergangenheitsdaten nicht berücksichtigt. Nur auf Basis intern verfügbarer Daten kann beurteilt werden, mit welcher Strategie Investitionen zu zukünftigen Cash Flows führen.

Wie bereits gezeigt, wird häufig der Free Cash Flow von Daten des externen Rechnungswesens abgeleitet, weil entsprechende Planungs- und Prognosedaten nicht in Form von Cash Flow-Daten vorliegen. Daten des deutschen externen Rechnungswesens haftet aber der Makel an, kein **„true and fair view"** des Unternehmens zu vermitteln bzw. die wirtschaftliche Situation des Unternehmens den tatsächlichen

Verhältnissen entsprechend zu beschreiben. Dies bedingt in erster Linie der Gläubi-
gerschutz, der der deutschen Rechnungslegung zugrundeliegt und der im **Realisati-
onsprinzip** und **Imparitätsprinzip** verankert ist (vgl. *Coenenberg,* 1997, S. 38 ff.).
Gerade deshalb basiert der Shareholder Value auf Cash Flow-Größen. Durch dessen Bestimmung können z.B. durch die **Umkehrung des Maßgeblichkeitsprinzips**
hervorgerufene Verzerrungen der Daten des externen Rechnungswesens korrigiert
werden (Wahrnehmung steuerlicher Vorteile führen zu verzerrender Bilanzierungs-
weise in der Handelsbilanz). So finden steuerlich motivierte Mehrabschreibungen
keinen Niederschlag im Shareholder Value, da Abschreibungen nicht im Free Cash
Flow enthalten sind. Ein weiteres Beispiel sind aus steuerlichen Gründen gebildete
steuerfreie Rücklagen, die bei der Free Cash Flow-Bestimmung als nicht auszah-
lungswirksamer Aufwand nicht berücksichtigt werden (vgl. *Küting,* 1997, S. 104).

Es wird an dieser Stelle noch einmal betont, daß der Shareholder Value ein Zukunftserfolgswert ist, der mit Hilfe einer Planungsrechnung ermittelt wird. Diese Planungsrechnung sollte eine Cash Flow-Rechnung mit direkter Cash Flow-Ermittlung
sein, da der Shareholder Value auf Cash Flow-Größen aufbaut. Es gibt keinen
Grund, den Umweg über eine indirekte Cash Flow-Ermittlung aus anderen Größen
des Rechnungswesens zu gehen.

4.5.2. Abbildung stiller Reserven

4.5.2.1. Probleme der Abbildung stiller Reserven

Güter des Anlagevermögens wie Anlagen und Maschinen verlieren mit der Zeit und
mit laufender Nutzung an Wert. Immobilien unterscheiden sich von diesen Gütern
des Anlagevermögens u.a. durch die Eigenschaft, im Laufe der Zeit eine **positive
Wertentwicklung** erfahren zu können. Mit positiver Wertentwicklung sind nicht
kurzfristige Wertveränderungen gemeint, die z.B. durch den sich zyklisch verhaltenden Immobilienmarkt induziert sind, sondern langfristige Wertentwicklungen. Wertentwicklung wird in dieser Arbeit als positive Differenz zwischen dem Verkehrswert
und dem Buchwert der Immobilie definiert. Sie wird im folgenden als stille Reserve
bezeichnet. In dieser Arbeit soll unter dieser aus methodischen Gründen auch verstanden werden, daß eine Realisierung der stillen Reserve durch Verkauf der Immobilie nicht vorgesehen ist (daher können keine Cash Flows geplant oder erwartet
werden).

Es wird an anderer Stelle noch gezeigt werden, warum es zu stillen Reserven
kommt. Hier sei aber bereits der Hinweis erlaubt, daß die Wertentwicklung von Immobilien kein ökonomisches Gesetz ist und daher nicht alle Immobilien automatisch
eine positive Wertentwicklung erfahren. Das macht die Sache aber auch nicht einfa-

cher, da für jede Immobilie individuell geprüft werden muß, ob die Voraussetzungen für eine nachhaltige positive Wertentwicklung gegeben sind (z.B. Standortbedingungen). Meistens ist die Wertentwicklung von Immobilien das Ergebnis **steigender Grundstückswerte**, seltener das Ergebnis steigender Gebäudewerte.

Die Wertentwicklung von Immobilien ist für die Shareholder Value-Ermittlung relevant, weil sie die dritte Art des Beitrags der betrieblichen Immobilien zum Shareholder Value darstellt. Die beiden ersten - betriebliche Immobilien als Produktionsfaktor und Liegenschaften als eigenes Geschäftsfeld - werden in Form von Cash Flows abgebildet. Für die dritte Art ist vorab zu klären, ob die Wertentwicklung im Shareholder Value enthalten sein soll und wenn ja, wie die Wertentwicklung darin abgebildet werden kann.

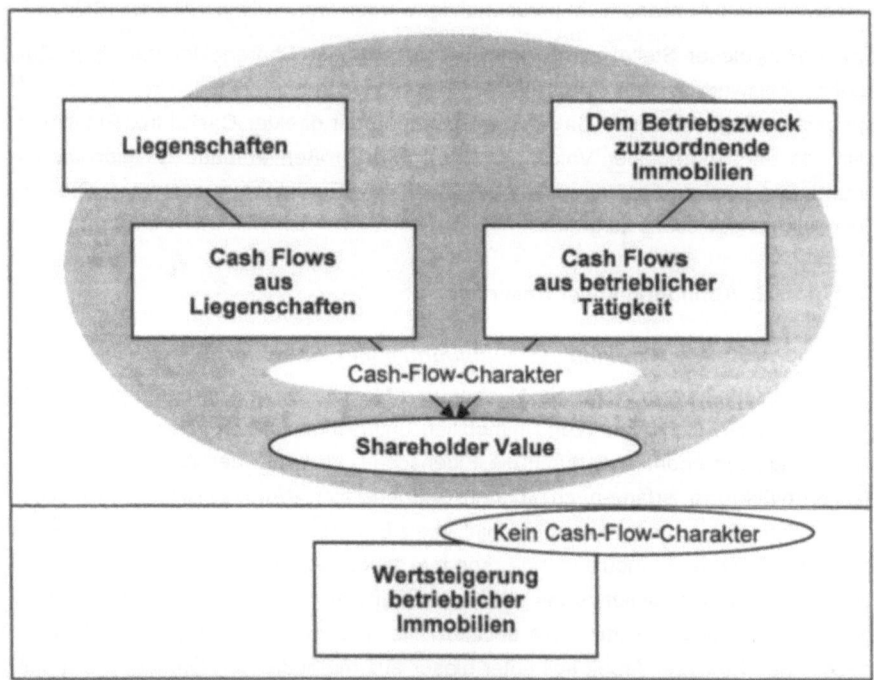

Abbildung 14: Cash Flow-Orientierung des Shareholder Value

In den bislang bekannten Shareholder Value-Ansätzen gibt es zu diesem speziellen (Immobilien-)Aspekt keine eingehenden Untersuchungen, insbesondere die stillen Reserven der dem Betriebszweck zuzuordnenden Immobilien werden überhaupt nicht berücksichtigt. Das liegt vor allem an der konsequenten **Cash Flow-Orientierung** des Shareholder Value-Ansatzes (vgl. Abbildung 14). Vermögen und Kapital für sich betrachtet sind wertlos, solange mit ihnen keine Cash Flows erwirtschaftet werden. Aus klassischer Shareholder Value-Sicht heißt das bezogen auf betriebliche Immobilien:

- Der Wert der betrieblichen Immobilien ist für den Shareholder Value irrelevant. Wesentlich sind die mit den betrieblichen Immobilien erwirtschafteten Cash Flows.

- Der Wert der Immobilie muß realisiert werden, d.h. die Immobilie muß verkauft werden, damit Cash Flows generiert werden.

- Die Wertentwicklung betrieblicher Immobilien an und für sich ist kein Wert im Sinne des Shareholder Value. Sie wird erst dann zu einem Wert im Sinne des Shareholder Value, wenn die stille Reserve durch Verkauf der Immobilie zu Cash Flow für das Unternehmen wird.

Die konsequente Verfolgung dieses Prinzips, bei der Shareholder Value-Bewertung nur zukünftige tatsächlich realisierbare und geplante Cash Flows zu berücksichtigen, gewährleistet, daß nicht durch Bewertungsspielräume die tatsächliche wirtschaftliche Situation des Unternehmens verzerrt wird.

An einer Stelle wird das Prinzip der ausschließlichen Berücksichtigung von Cash Flow-Größen zur Shareholder Value-Bewertung auch in der klassischen Interpretation durchbrochen: Bei der Bewertung des nicht betriebsnotwendigen Vermögens mit seinem Liquidations- bzw. Substanzwert (vgl. *Günther*, 1997, S. 91), es sei denn, auch die Bewertung des nicht betriebsnotwendigen Vermögens orientiert sich an dessen Zukungserfolgswert (vgl. *Günther*, 1997, S. 139). Wegen der geringen Beachtung in der klassischen Sicht soll im folgenden versucht werden, eine Lösung für die zweckmäßige Abbildung stiller Reserven im Shareholder Value zu finden.

4.5.2.2. *Abbildung stiller Reserven im Shareholder Value*

Bevor die Art der Abbildung stiller Reserven diskutiert wird, sollte zunächst entschieden werden, ob diese überhaupt abgebildet werden sollen. Wie im vorstehenden Kapitel gezeigt, spricht sich der klassische Shareholder Value-Ansatz gegen eine Abbildung aus. Was spricht also eventuell dennoch für eine Abbildung der stillen Reserven im Shareholder Value?

- Die Ursprünge des Shareholder Value liegen in den umfangreichen Mergers & Acquisitions auf dem amerikanischen Unternehmensmarkt der achtziger Jahre. Die Übernahmen waren häufig initiiert durch an der Börse unterbewertete Unternehmen, die bei Übernahme dem Käufer einen höheren (inneren) Gegenwert als den Kaufpreis geboten haben (s. *Günther*, 1997, S. 5 ff.). Ein Grund neben anderen hierfür war das unterbewertete und sich im Börsenkurs nicht widerspiegelnde Anlagevermögen (z.B. Immobilien). In Extremfällen konnte der Käufer allein durch Verwertung des Immobilienvermögens seinen Kaufpreis „erstattet" bekommen. Daher ist es erforderlich, mit dem Shareholder Value über ein Werkzeug zu verfügen, mit dem die betrieblichen Immobilien mit ihren tatsächlichen Werten abgebildet werden.

- Da mit dem Shareholder Value ökonomisch richtige Bewertungen vorgenommen werden sollen, muß die Wertentwicklung betrieblicher Immobilien unter bestimmten Voraussetzungen im Shareholder Value aus folgendem Grund enthalten sein: Bei ökonomischer Bewertung der Alternativen Eigentum oder Miete von Immobilien muß neben der Berücksichtigung sämtlicher Ein- und Auszahlungen bei der Alternative Eigentum die Wertentwicklung der Immobilie berücksichtigt werden (unabhängig davon, ob die Immobilie nach dem Bewertungszeitraum verkauft wird oder nicht). Daher ist auch im Shareholder Value, mit dem auch diese Entscheidungssituationen bewertet werden sollen, die Wertentwicklung zu berücksichtigen.

- Bei Immobiliengesellschaften ist die mit den Immobilien erzielte Wertentwicklung neben den erwirtschafteten Erträgen eine ganz wesentliche Erfolgskomponente. Ein großer Teil des Erfolgs dieser Unternehmen ist auf die mit den Immobilien erzielte Wertentwicklung zurückzuführen. Eine **Shareholder Value-Bewertung von Immobiliengesellschaften** müßte in jedem Fall die Wertentwicklung berücksichtigen, um ein unvollständiges Bild des Unternehmenswerts zu vermeiden. Es gibt aber keinen Grund, die Berücksichtigung der Wertentwicklung nur auf Immobiliengesellschaften zu beschränken.

- So wie ein Aktionär die Performance seiner Aktie aus den Dividenden und der Wertentwicklung der Aktie ableitet, muß der Immobilienmanager die Performance seiner Immobilien aus mit den Immobilien erwirtschafteten Cash Flow und deren Wertentwicklung ableiten. Diese Performance muß auch im Shareholder Value ihren Niederschlag finden.

- Im Bereich betrieblicher Immobilien ist die Gefahr sehr groß, daß unter Effizienzsteigerung lediglich Kostensenkung verstanden wird. Gerade aber im Bereich der Wertentwicklung, insbesondere bei frühzeitiger Beachtung in der Errichtungsphase, liegen erhebliche Wertsteigerungspotentiale. Es wäre nachteilig, wenn durch Nicht-Berücksichtigung der Wertentwicklung von diesen Potentialen abgelenkt würde. Zu den Aufgaben eines professionellen Immobilienmanagements zählen die Beobachtung und Verfolgung der Wertentwicklung der betrieblichen Immobilien.

- Häufig wird - in anderen Zusammenhang - gegen die Verwendung von Wertentwicklungen in ökonomischen Berechnungen das Argument **fehlender Objektivierung** vorgebracht (vgl. *Moxter*, 1983, S. 35). Das heißt, das eine objektive

Grundlage für den Ansatz einer Wertentwicklung für die Immobilie fehlt, solange die Immobilie nicht verkauft wird. Solange allerdings die Wertansätze den allgemeinen Erwartungen entsprechen und nicht manipuliert sind, können gegen deren Verwendung in einer Planungsrechnung, wie sie der Shareholder Value darstellt, keine Bedenken vorgebracht werden.

Eine grundsätzliche Nicht-Berücksichtigung der Wertentwicklung im Shareholder Value steht damit nicht mehr zur Diskussion: In welchen Fällen ist sie falsch oder in anderen aber wirklich notwendig bzw. sinnvoll? Das läßt sich leicht an zwei Beispielen demonstrieren:

- Eine Bank hat ihre Hauptverwaltung seit 30 Jahren in der Frankfurter Innenstadt. Seit dieser Zeit sind in dieser Lage die Grundstückspreise um das 100fache gestiegen. Entsprechend haben sich stille Reserven gebildet. Für die Bank sind die stillen Reserven aber nicht entscheidungsrelevant. Wegen ihrer internationalen Reputation muß diese Bank in einem der Bankenzentren Europas - und als deutsche Bank damit in Frankfurt – ihre Zentrale haben. Eine Alternative hierzu gibt es (aus heutiger Sicht) nicht (es soll auch nicht berücksichtigt werden, daß der Umfang der in Frankfurt ansässigen Hauptverwaltung und damit die Größe der benötigten Immobilie sehr wohl entscheidungsrelevant sein kann). Da die Bank aber nicht die Hauptverwaltung (andere Gründe als der oben genannte kommen noch hinzu) in das von den Grundstückspreisen her wesentlich günstigere Umland Frankfurts verlagern kann, muß sie in Frankfurt ansässig bleiben. Wenn die Immobilie verkauft würde, um die stillen Reserven zu heben, brächte dies keinen finanziellen Vorteil, weil im Gegenzug eine Investition in derselben Höhe notwendig wäre, um wieder am Standort Frankfurt in einer anderen Immobilie vertreten zu sein (angenommen, daß die Bank wieder Eigentum erwerben und nicht mieten würde). Nicht berücksichtigt sei auch die Steuersituation in einem solchen Fall. Die stille Reserve hat daher solange für das Unternehmen keine Relevanz, wie die derzeitige Nutzung auf Basis des derzeitigen Betriebszwecks weiterbesteht. Sie kann vom Unternehmen nicht werterhöhend genutzt werden. In einem solchen Fall sind stille Reserven im Shareholder Value nicht abzubilden.

- Ein Industrieunternehmen unterhält seit 40 Jahren einen Produktionsstandort mit Teilefertigung in Innenstadtnähe einer schwäbischen Großstadt. In diesem Fall sind die Grundstückspreise um das 20fache gestiegen und es sind entsprechend stille Reserven gebildet worden. Der Produktionsstandort wird aber (neben anderen nicht-finanziellen Gründen) schon wegen der Annahme nicht aufgegeben, daß seine weitere Nutzung wegen der zu erwartenden Wertentwicklung günstiger ist als es die Erträge einer Alternativanlage der überschüssigen Finanzmittel aus der Veräußerung der Immobilie (abzüglich der Neuinvestition an einem anderen

Standort) sein könnten. Die Immobilie hat einen von der derzeitigen Nutzung unabhängigen Wert. In einem solchen Fall sind stille Reserven im Shareholder Value abzubilden. Ist aus wirtschaftlichen Überlegungen heraus die sofortige Aufgabe des Standorts vorzuziehen (z.B. weil tendenziell sinkende Immobilienpreise erwartet werden), so ist dieser Fall im Shareholder Value nicht als stille Reserve zu behandeln, sondern als konkret geplante Verwertung, deren Netto-Erlöse in den geplanten Cash Flows eingestellt werden.

Daher müssen stille Reserven im Shareholder Value berücksichtigt werden, wenn folgende Voraussetzungen erfüllt sind:

- Eine alternative Immobilienentscheidung führt zu einer insgesamt **geringeren Kapitalbindung** bei **gleichem Output** des operativen Geschäfts.

- Der Verkehrswert der genutzten Immobilie ist höher als der **Verkehrswert einer nutzungsadäquaten Immobilie**.

- Die zur Diskussion stehende Immobilie kann einer anderen Nutzung als der derzeitigen zugeführt werden, falls diese höhere Wirtschaftlichkeit erwarten läßt.

- Die Wertentwicklung wird nicht durch erhöhte Cash Flows abgegolten (z.B. bei einer Liegenschaft in Form erhöhter Mieteinnahmen, vgl. Abbildung 15).

  - Bei den dem Betriebszweck zuzuordnenden Immobilien wird - sofern die anderen Voraussetzungen erfüllt sind - die stille Reserve im Shareholder Value berücksichtigt, weil keine durch den Verkehrswert der Immobilie induzierten höheren Cash Flows erzielt werden. Die Cash Flows hängen ausschließlich von dem hergestellten Produkt ab, der Verkehrswert der Immobilie wird vom Kunden nicht „mitbezahlt".

  - Bei Liegenschaften dagegen wird im Shareholder Value aus dem Grund keine stille Reserve berücksichtigt, da diese in Form höherer Mieteinnahmen „abgegolten" ist. Eine Liegenschaft mit hohem Verkehrswert im Vergleich zum Buchwert (seit langer Zeit im Eigentum des Unternehmens und Innenstadtlage) erzielt auch entsprechend hohe Mieteinnahmen. Insofern wird die stille Reserve in Form von Cash Flows „bezahlt" und über die Cash Flows im Shareholder Value berücksichtigt. In Fall von Liegenschaften zahlt der Kunde den Verkehrswert über seine Mietzahlungen mit.

Ob stille Reserven im Shareholder Value berücksichtigt werden, ist also von der jeweiligen **Entscheidungssituation**, in der sich das Immobilienmanagement befindet, abhängig.

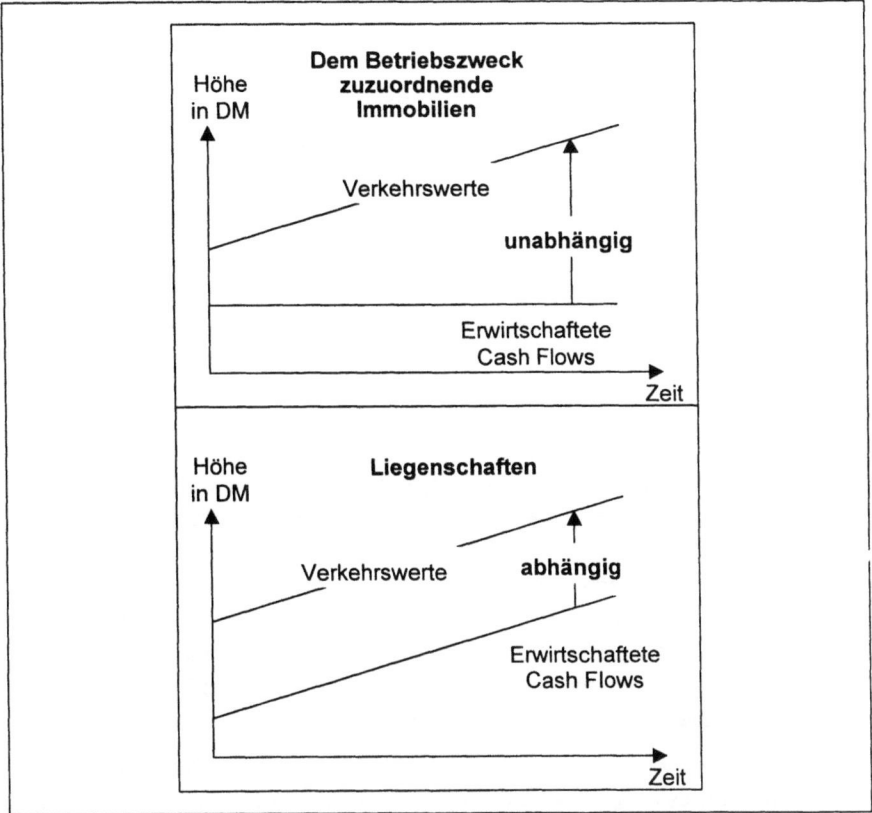

Abbildung 15: Wertentwicklung und Cash Flows für dem Betriebszweck zuzuordnende Immobilien und für Liegenschaften

Wenn stille Reserven in den beschriebenen Fällen im Shareholder Value abgebildet werden müssen, stellt sich die Frage, wie diese Abbildung erfolgen kann. Zu ihrer Beantwortung sollen mehrere Varianten diskutiert werden, bevor die Entscheidung für eine Variante getroffen wird.

- Stille Reserven als **Liquidationswert** am Ende des Planungshorizonts

  - Der Ansatz von Liquidationswerten wird im Shareholder Value zur Bewertung des nicht betriebsnotwendigen Vermögens vorgeschlagen. Der Shareholder Value setzt sich dann aus den diskontierten Cash Flows vor und nach dem Planungshorizont und dem Liquidationswert des nicht betriebsnotwendigen Vermögens (vgl. *Günther*, 1997, S. 139) zusammen.

  - Damit die stillen Reserven der betrieblichen Immobilien über den Liquidationswert abgebildet werden können, enthält dieser neben dem nicht betriebsnotwendigen Vermögen auch die Differenz zwischen Buchwerten und Verkehrswerten.

- Stille Reserven als **fiktiv geplanter Verkaufserlös**

  - Bei dieser Variante werden nicht die stillen Reserven im Shareholder Value explizit ausgewiesen, sondern es wird von einer theoretischen Veräußerung der Immobilien, deren stille Reserven verwertet werden können, ausgegangen.

  - Da die Veräußerung theoretisch ist, wird ein fiktiver Veräußerungserlös am Ende des Planungszeitraums in die Cash Flow-Planungsrechnung eingestellt. Darüber hinaus sind Auszahlungen für die Alternativimmobilie zu berücksichtigen.

- Stille Reserven als **Option**

  - Optionen sind **zukünftige Handlungsalternativen**, die aus heutiger Sicht möglich sind, die aber nicht realisiert werden müssen (zu Optionen im Shareholder Value-Ansatz s. *Herter*, 1994, S. 82ff.). Im Zusammenhang mit betrieblichen Immobilien kann dies eine potentiell mögliche, aber nicht konkret geplante Auflösung stiller Reserven sein. Die Option zu verkaufen ergibt sich, wenn nach heutigem Kenntnisstand ein Verkauf der Immobilie wegen steigender Immobilienpreise nicht sinnvoll wäre, bei gegenläufiger Entwicklung die Immobilie jedoch jederzeit veräußert werden kann.

  - Desweiteren können mit betrieblichen Immobilien zukünftige Investitionen verbunden sein, wenn eine andere als die derzeitige Nutzung eine höhere Wirtschaftlichkeit erwarten läßt. Beispielsweise können bei bislang ungenutzten betrieblichen Immobilien Investitionen zur Projektentwicklung getätigt werden. Da das Unternehmen das Recht nicht aber die Pflicht hat, eine solche Investition zu tätigen, wird es die Marktentwicklung (beispielsweise die Mietpreis- oder Immobilienpreisentwicklung), abwarten und zum entsprechenden Zeitpunkt investieren. Diese mit einer Investitionsmöglichkeit verbundenen Handlungsspielräume können als Realoptionen interpretiert werden. Realoptionen stellen bestimmte mit einer Investition verbundene Wahl- und Handlungsmöglichkeiten dar. Insbesondere sind dies verschiedene Formen der Flexibilität eines Investitionsprojektes sowie die mit einer Investition verbundenen Wachstumsmöglichkeiten (vgl. *Dixit/Pindyck*, 1994). Die Möglichkeit, eine Investition zu tätigen besitzt einen Wert, der im Shareholder Value berücksichtigt werden muß.

  - Mit Investitionen zur Projektentwicklung können eine Vielzahl von Realoptionen verbunden sein. So stellt beispielsweise die Option, die Investitionsent-

scheidung zu verzögern und auf neue Informationen zu warten, eine Verzöge-
rungsoption dar. Sie kann als Call Option auf das Investitionsprojekt angesehen werden. Unter Umständen kann es sinnvoll sein, den Umfang eines Pro-
jektes anzupassen. Dies stellt eine Erweiterungs- oder Konsolidierungsoption
dar und entspricht einer Call Option auf einen bestimmten Anteil des Projekt-
wertes. Nach Anpassung und unter Einbezug der entsprechenden Immobili-
enpreisvolatilitäten können sie mit Hilfe der für Finanzoptionen zur Verfügung
stehenden Modelle bewertet werden (s. *Trigeorgis*, 1996).

In dieser Arbeit wird die Abbildung stiller Reserven als Option favorisiert. Sie macht
als einziges Verfahren deutlich, daß es sich bei den im Shareholder Value abzubil-
denden stillen Reserven tatsächlich um Optionen handelt. Ein konkreter Verkauf der
Immobilien ist nicht geplant, da angenommen wird, daß dies aus jetziger Sicht nicht
sinnvoll ist. Daher wäre es falsch und für Außenstehende irreführend, einen entsprechenden Cash Flow aus dem Verkauf der Immobilie in die Planungsrechnung einzustellen. Werden Daten der Planungsrechnung, z.B. wegen Pflege der Investor Rela-
tions, außerhalb des Unternehmens gegeben, könnte dies eine unbeabsichtigte und
nicht gerechtfertigte Signalwirkung haben. Außenstehende würden annehmen, das
Unternehmen würde seine Immobilien verkaufen. Solche Annahmen werden bei
Ausweis als Option vermieden. Eine Optionsbewertung erfolgt sowohl für zum Zeitpunkt der Planung vorhandene als auch während des Planungszeitraums neu ange-
schaffte Immobilien. Wegen der Vielzahl an Handlungsmöglichkeiten ist die Ermittlung des Optionswertes sehr aufwendig. Für die praktische Anwendung wird vorgeschlagen, die Höhe der stillen Reserve als Näherungswert für den Optionswert anzusetzen.

Wegen der Wichtigkeit des Themas „Stille Reserven" wird mit der folgenden Aufzählung deren Abbildung im Shareholder Value zusammengefaßt:

- Nur mit der Abbildung der stillen Reserven im Shareholder Value ist gewährleistet, daß auch mit den dem Betriebszweck zuzuordnenden Immobilien vom Integrierten Immobilienmanagement und den Nutzern eine positive Wertentwicklung
  verfolgt wird.

- Stille Reserven dürfen nur dann im Shareholder Value berücksichtigt werden,
  wenn die Immobilie auch für andere Nutzungszwecke geeignet ist (z.B. Verwaltungsgebäude).

  - In diesen Fällen erfährt die Immobilie einen von der jeweiligen Nutzung unab-
    hängigen (Substanz-)Wert.

- Ist die Immobilie ausschließlich für die derzeitige betriebliche Nutzung geeignet, sind die mit ihr erwirtschafteten Erträge in den diskontierten Cash Flows (und damit im Shareholder Value) enthalten.

- Die Verwertung selbst ist aber noch nicht für einen bestimmten Zeitpunkt geplant (weil eventuell die Verwertung zu einem späteren Zeitpunkt noch attraktiver ist).

4.5.3. Steuereffekte

Der Einfluß von Steuern auf den Shareholder Value muß aus zwei Blickwinkeln beurteilt werden. Zum einen ist der Shareholder Value eine Unternehmensbewertung, die auf zukünftigen Cash Flows aufbaut. Da Unternehmenssteuern die Höhe der Cash Flows mindern, beeinflussen sie den Unternehmenswert. Zum anderen soll der Shareholder Value den Nutzen beziffern, den die Eigentümer dem Eigentum am Unternehmen beimessen (vgl. *Klien*, 1995, S. 21f.). Da sie dabei auch die mit dem Eigentum in Verbindung stehende Steuerbelastung in ihre Beurteilung einbeziehen (z.B. Besteuerung der ausgeschütteten Dividenden), ist auch deren **persönliche Steuerbelastung** im Shareholder Value-Ansatz relevant.

Bevor auf die Effekte, die betriebliche Immobilien auf die Steuerbelastung ausüben, eingegangen wird, soll überblicksartig der Stand der Behandlung von Steuern im Shareholder Value dargestellt werden.

4.5.3.1. Berücksichtigung von Steuern im Shareholder Value

In der Literatur ist man sich einig, daß aus theoretischer Sicht die Gesamtsteuerbelastung von Eigentümern und Unternehmen zu berücksichtigen ist, daß eine Berücksichtigung persönlicher Steuern aber nicht praktikabel ist. Wegen der individuell unterschiedlichen Steuerbelastung lassen sich bei breiter Streuung der Anteile die persönlichen Steuern nicht berücksichtigen. Daher stehen die Unternehmenssteuern im Mittelpunkt der Diskussion um die Berücksichtigung von Steuern im Shareholder Value. Die Diskussion kann aber noch nicht als beendet angesehen werden.

Ausgangspunkt war die unkritische, an deutschen Verhältnissen nicht reflektierte Übernahme der amerikanischen Shareholder Value-Ansätze trotz völlig unterschiedlicher Steuersysteme. Nach ersten kritischen Diskussionen ob der Übertragbarkeit des Shareholder Value auf deutsche Unternehmen war klar, daß insbesondere die Frage der Berücksichtigung von Steuern neu beantwortet werden muß. Die in den USA vorhandene **Doppelbesteuerung** und das deutsche steuerliche **Anrechnungsverfahren** dürfen nicht gleichartig im Shareholder Value abgebildet werden. Beim Anrechnungsverfahren wird dem Eigentümer die auf die ausgeschütteten Gewinne vom Unternehmen bereits gezahlte Körperschaftsteuer in Form einer Gutschrift durch das Finanzamt erstattet. Bei der Doppelbesteuerung wird zunächst der Unternehmensgewinn besteuert und dann die Ausschüttung beim Eigentümer mit seinem persönlichen Steuersatz noch einmal. Daher hat der Investor mit steuerlichem Wohnsitz in Deutschland eine insgesamt geringere Steuerbelastung als der Investor mit Wohnsitz in den USA (nur bezogen auf Einkünfte aus Kapitalbeteiligung; unterschiedliche Steuersätze nicht berücksichtigend). Der Shareholder Value-Bewerter muß sich daher entscheiden, unter Zugrundelegen welchen Steuersystems er den Shareholder Value ermitteln will. Eine Ermittlung nach dem deutschen Anrechnungsverfahren führt dabei zu höherem Shareholder Value als eine bei Doppelbesteuerung (vgl. *Günther*, 1997, S. 131).

Da das Anrechnungsverfahren dazu führt, daß die vom Unternehmen gezahlte Körperschaftsteuer an den Investor praktisch wieder ausgezahlt wird, mindert sie nicht den Free Cash Flow (ausführlicher hierzu *Günther*, 1997, S. 128ff.). Nur die nicht anrechenbaren Steuern sind daher im Shareholder Value Free Cash Flow-mindernd zu berücksichtigen. Da die amerikanischen Corporate Taxes nicht anrechenbar sind, werden bei Doppelbesteuerung die Free Cash Flows nach Steuern definiert (vgl. *Rappaport*, 1986, S. 51ff., *Copeland/Koller/Murrin*, 1990, S. 109 ff.).

Der von einigen Autoren gegebene Hinweis, nur zahlungswirksame Steuern im Shareholder Value zu berücksichtigen (*Copeland/Koller/Murrin*, 1990, S. 114 ff., *Günther*, 1997, S. 137) und latente Steuern, die in späteren Perioden zu Auszahlungen führen, unberücksichtigt zu lassen, ist selbstverständlich, da in einer Planungsrechnung auf Cash Flow-Basis latente Steuern nicht gesondert aufgeführt werden.

Da die Kapitalkosten die Steuerbelastung beeinflussen, muß - das nächste Kapitel vorbereitend - auf diesen Zusammenhang eingegangen werden (vgl. *Trauner*, 1983). Obwohl steuersenkende Maßnahmen hier nicht zur Diskussion stehen, muß die steuersenkende Wirkung der bewußten Fremdfinanzierung - auch wegen Eigenkapitalrendite-steigender Wirkung, **Leverage-Effekt** genannt (vgl. *Engels*, 1976) - angesprochen werden, da sie im Shareholder Value durchaus unterschiedlich abgebildet werden kann. Zunächst zur Wirkungsweise der Fremdfinanzierung: Da die Zinsen auf fremdfinanziertes Kapital abzugsfähig sind, d.h. den zu versteuernden Gewinn vermindern, reduzieren sie auch die Belastung durch Ertragsteuern. Im Shareholder Value spricht man von einem **Steuerschild des Fremdkapitals**, da hierdurch die Fremdfinanzierung im Vergleich zur Eigenfinanzierung steuerlich begünstigt ist.

Die Größe des Steuerschilds des Fremdkapitals hängt vom Steuersystem ab, das dem Shareholder Value zugrundeliegt. Bei Doppelbesteuerung ist der Steuerschild größer als beim Anrechnungsverfahren, weil insgesamt die Steuern für den Shareholder Value eine größere Bedeutung haben. Beim Anrechnungsverfahren fließt die Körperschaftsteuer nicht (wertmindernd) in den Shareholder Value ein. Der Steuer-

82

schild des Fremdkapitals, der nur noch auf andere Steuern als die Körperschaftsteuer wirken kann, kann daher beim Anrechnungsverfahren keine großen Auswirkungen auf den Shareholder Value haben.

Was die Abbildung des Steuerschilds im Shareholder Value betrifft, so werden verschiedene Varianten vorgeschlagen:

- Nicht-Berücksichtigung des Steuerschilds

  Unter der Annahme, es gäbe nur anrechenbare Steuern, wäre der Steuerschild tatsächlich nicht zu berücksichtigen. Dies ist aber auch im deutschen Steuersystem nicht der Fall, da ein nicht unwesentlicher Anteil der Steuern nicht anrechenbar ist (Gewerbesteuer). Der Steuerschild wirkt daher auch bei deutschen Steuerverhältnissen (wenn auch nicht mit der Wirkung wie in Ländern mit Doppelbesteuerung). Die Nicht-Berücksichtigung des Steuerschilds ist nicht sinnvoll.

- Berücksichtigung des Steuerschilds

  - Verwendung der Netto-Methode zur Shareholder Value-Ermittlung

    - Bei Verwendung der Netto-Methode sind sowohl Steuerzahlungen als auch Fremdkapitalkosten (z.B. Zinsen) direkt im Free Cash Flow enthalten. Die Wirkung des Steuerschilds ist daher den geplanten Free Cash Flows zu entnehmen.

  - Verwendung der Brutto-Methode

    - Ähnlich wie bei der Netto-Methode besteht auch bei der Brutto-Methode die Möglichkeit, Finanzierungs- und Steuerwirkungen (durch Finanzierung) im Free Cash Flow darzustellen. Dies hat den Nachteil, daß im Shareholder Value Finanzierungs- und Leistungsbereich nicht mehr sauber voneinander getrennt sind.

    - Daher wird empfohlen, den **Steuerschild durch Fremdkapital im Kapitalkostensatz für Fremdkapital** zu berücksichtigen. Der durch Fremdfinanzierung erzielte Steuervorteil wird damit an der Stelle abgebildet, an der er auch verursacht wurde. Finanzierungs- und Leistungsbereich bleiben sauber voneinander getrennt, da die Free Cash Flows keine Steuervorteile aus Fremdfinanzierung enthalten.

    - Zur genauen Abbildung des Steuerschilds und der Berücksichtigung der Spezifika von Doppelbesteuerung und Anrechnungsverfahren siehe die an anderer Stelle vorgenommenen Ausführungen.

Ergänzend sollen mit den folgenden Aufzählungen noch einige Anmerkungen zu Steuern im Shareholder Value gemacht werden:

- Wenn auch nach deutschem Steuerrecht die Steuerbelastung des Unternehmens durch Körperschaftsteuer im Shareholder Value nicht bewertet wird, so sind schließlich vom Eigentümer bei wirtschaftlichem Erfolg des Unternehmens irgendwann Steuern zu zahlen, d.h., daß steuerpolitische Maßnahmen des Unternehmens sehr wohl relevant sein können (wenn auch nur aus Sicht des Investors).

- Die Vermögensteuer wird in Deutschland seit dem 1.1.1997 nicht mehr erhoben. Da davon auszugehen ist, daß dies in Zukunft so bleiben wird, wurde die Vermögensteuer nicht weiter berücksichtigt.

- Da die bisherigen Ausführungen von den Verhältnissen in Kapitalgesellschaften ausgingen, soll an dieser Stelle der Hinweis erfolgen, daß in Personengesellschaften andere steuerrechtliche Verhältnisse herrschen, auf die hier nicht näher eingegangen werden kann.

Zur Abbildung der Steuern im Shareholder Value läßt sich abschließend festhalten:

- Liegt der Shareholder Value-Ermittlung ein Steuersystem mit Doppelbesteuerung (USA-Verhältnisse) zugrunde, wird der Free Cash Flow nach Steuern berechnet.

- Liegt der Shareholder Value-Ermittlung ein Steuersystem mit Anrechnungsverfahren (deutsche Verhältnisse) zugrunde, wird der Free Cash Flow nach nicht anrechenbaren Steuern (Gewerbeertragsteuer, Gewerbekapitalsteuer) berechnet. Körperschaftsteuern mindern den Free Cash Flow nicht.

- Der Steuerschild wird über den Kapitalkostensatz abgebildet.

- Die zu erwartenden steuerrechtlichen Veränderungen der nächsten Jahre können an dieser Stelle nicht antizipiert werden.

- Eine wirklich befriedigende Lösung, die auch zumindest näherungsweise die persönlichen Steuern der Eigentümer berücksichtigen würde (s. zu dieser Forderung auch *Ballwieser*, 1995, S. 129) und die verschiedene Steuersysteme abbilden könnte, gibt es noch nicht.

4.5.3.2. *Steuereffekte betrieblicher Immobilien*

Die wesentlichen immobilienrelevanten Steuern sind in diesem Kapitel zusammengefaßt (vgl. *Haarmann/Busch*, 1998, S. 379ff.). Die Darstellung der Steuern erfolgt relativ ausführlich, weil das Beherrschen steuerlicher Aspekte betrieblicher Immobilien zu den wichtigsten Erfolgsfaktoren des Integrierten Immobilienmanagements zählt.

84

Grunderwerbsteuer

Rechtsgrundlage der Grunderwerbsteuer ist das Grunderwerbsteuergesetz (GrEStG). Geht ein inländisches Grundstück von einer Rechtsperson auf eine andere über, so ist dieser Grundstückserwerb durch Grunderwerbsteuer belastet.

Der Grunderwerbsteuersatz ist mit Wirkung vom 1. Januar 1997 von 2% auf 3,5% angehoben. Bemessungsgrundlage ist der Wert der Gegenleistung für den Grundstückserwerb. Ist eine Gegenleistung nicht vorhanden, so ist der Bedarfswert der Immobilie maßgebend, der nach dem Bewertungsgesetz zu ermitteln ist (vgl. *Haarmann/Busch*, 1998, S. 379ff.).

Grundsteuer

Die Grundsteuer ist eine sogenannte Realsteuer, d.h. sie erfaßt bestimmte Steuergegenstände nach ihrem Wert bzw. Ertrag unabhängig von den wirtschaftlichen oder persönlichen Verhältnissen desjenigen, dem der Steuergegenstand zuzurechnen ist.

Rechtsgrundlage der Grundsteuer ist das Grundsteuergesetz (GrStG). Die Grundsteuer wird von der Gemeinde für den in ihrem Gebiet liegenden Grundbesitz erhoben.

Die Berechnung der Grundsteuer erfolgt in einem dreistufigen Verfahren. Zunächst wird der Einheitswert des Grundstücks festgestellt. In einem weiteren Schritt wird darauf aufbauend der sogenannte Steuermeßbetrag berechnet. In einem Steuerfestsetzungsverfahren wird schließlich die Grundsteuer endgültig von der Gemeinde festgesetzt. Dabei wird der Steuermeßbetrag durch Multiplikation des Einheitswertes des Grundstücks mit der Steuermeßzahl berechnet (vgl. *Falk*, 1996, S. 297f.).

Umsatzsteuer

Erwerb und Veräußerung von Grundstücken sind von der Umsatzsteuer befreit. Auf diese Befreiung kann unter Umständen verzichtet werden, da hieraus unter bestimmten Voraussetzungen steuerliche Vorteile erzielt werden können.

Ebenso ist die Vermietung und Verpachtung von Grundstücken und Immobilien grundsätzlich umsatzsteuerbefreit. Auch auf diese Umsatzsteuerbefreiung kann unter Umständen verzichtet werden, um hieraus steuerliche Vorteile zu erlangen. Dies wird als sogenannte Umsatzsteueroption bezeichnet.

Sie auszuüben ist vor allem dann sinnvoll, wenn bei Errichtung des Gebäudes oder dessen Instandhaltung Vorsteuerbeträge in Rechnung gestellt werden und das Unternehmen zum Vorsteuerabzug berechtigt ist (vgl. *Haarmann/Busch*, 1998, S. 390f.).

Gewerbeertragssteuer

Rechtsquelle der Gewerbeertragsteuer ist das Gewerbesteuergesetz (GewStG). Demnach unterliegen im Inland betriebene Gewerbebetriebe der Gewerbeertragssteuer, die auf Basis des Gewerbeertrages ermittelt wird. Der Gewerbeertrag wird nach Maßgabe des EStG ermittelt, vermehrt um Hinzurechnungsbeträge und vermindert um Kürzungen.

Die Relevanz für das Integrierte Immobilienmanagement ergibt sich aus der nach §9 Nr.1 GewStG möglichen Kürzung des Gewinns um 1,2 Prozent des Einheitswertes des Grundbesitzes, der zum Betriebsvermögen des Unternehmens gehört. Sie führt zu einer entsprechenden Kürzung der relevanten Steuerbemessungsgrundlage.

Weitere Steuereffekte betrieblicher Immobilien lassen sich auf drei grundsätzliche Möglichkeiten zurückführen:

- Klassische bilanz- und steuerpolitische Maßnahmen

  - All diesen Maßnahmen ist das Ziel gemeinsam, den Aufwand in der laufenden Periode zu maximieren, um Steuerzahlungen in die Zukunft zu verlagern (vorausgesetzt, das Unternehmen befindet sich in einer Gewinnsituation).

  - Zu den Maßnahmen zählen bei Immobilien insbesondere die Möglichkeiten der Abschreibungspolitik und die Wahlmöglichkeiten bei der Aktivierung von Leistungen für Instandhaltung, Reparaturen u.ä. Die daraus resultierenden Effekte - Zinsgewinne durch Verlagerung von Steuerzahlungen in die Zukunft – sind in Unternehmen bekannt.

  - Bei allen Überlegungen, wie Steuerzahlungen in die Zukunft verschoben werden können, muß die Entwicklung der zukünftigen Steuerbelastung antizipiert werden.

- Finanzierungsmöglichkeiten

  - Steuerschild durch Fremdfinanzierung

    Wie bereits oben ausgeführt, kann durch bewußte Fremdfinanzierung der Gesamtkapitalkostensatz gesenkt werden. Dieser Ansatz kann mit Immobilien insofern unterstützt werden, weil sie sich für eine hohe Fremdkapitalfinanzierung eignen. Insbesondere in bereits belastungsfreien Immobilien bzw. stillen Reserven liegt ein hohes Potential, den Grad der Fremdfinanzierung zu erhöhen. Diese Möglichkeit wird in vielen Fällen der Unternehmensfinanzierung noch nicht wahrgenommen.

  - Günstige Konditionen bei Immobilienfinanzierung

- Immobilien lassen sich sehr günstig fremdfinanzieren, da sie eine hohe Sicherheit wegen ihrer Wertbeständigkeit aufweisen. Auch in diesem Fall können insbesondere belastungsfreie Immobilien bzw. stille Reserven eingesetzt werden, um relativ günstige Fremdfinanzierung zu ermöglichen.

Steuereffekte stiller Reserven

Stille Reserven können als **unversteuerte Thesaurierung von Gewinnen** interpretiert werden. Sie ermöglichen, die Zahlung der Steuern auf den Zeitpunkt der Auflösung der stillen Reserve zu verschieben. Dies kann analog zum Steuerschild des Fremdkapitals als **Steuerschild stiller Reserven** bezeichnet werden. Bei ewiger Thesaurierung der stillen Reserve entspricht der Steuerschild der stillen Reserven aus Unternehmenssicht dem Ertragssteuersatz bzw. aus Sicht des Eigentümers dessen Grenzsteuersatz (vgl. *Herter*, 1994, S. 47). Da der Steuerschild stiller Reserven finanzierungsunabhängig ist (ebenso *Günther*, 1997, S. 133, anderer Meinung *Herter*, 1994, S. 47, der in Zusammenhang mit stillen Reserven vom Steuerschild des Eigenkapitals spricht), wird es im Shareholder Value nicht im Kapitalkostensatz abgebildet, sondern als separater Wert. Bei der Abbildung des Steuerschilds stiller Reserven muß beachtet werden, ob dem Shareholder Value das steuerliche Anrechnungsverfahren oder Doppelbesteuerung zugrundeliegt. Für beide Steuersysteme sind eigenständige Lösungen zu erarbeiten.

- Abbildung bei Anrechnungsverfahren

  - Da die Körperschaftsteuer als wichtigste Ertragsteuer anrechenbar und daher im Shareholder Value nicht berücksichtigt ist, kann sich der Steuerschild stiller Reserven kaum auf den Shareholder Value (nämlich nur bezogen auf die Gewerbeertragsteuer) auswirken.

  - Da stille Reserven für ein Unternehmen und erst recht für die Eigentümer von erheblicher Bedeutung sind, muß hierfür im Rahmen dieser Arbeit eine Lösung gefunden werden. Ein nicht besteuertes Vermögen, das im Unternehmen gebunden ist, stellt schließlich für die Eigentümer einen Wert dar.

  - Da die persönlichen Grenzsteuersätze der Eigentümer bei breiter Anteilsstreuung nicht bekannt sind, werden zur Ermittlung des Steuerschilds die stillen Reserven mit dem Körperschaftsteuersatz auf ausgeschüttete Gewinne bewertet. Ist das Unternehmen im Eigentum einzelner Personen, ist zur Bewertung der persönliche Grenzsteuersatz vorzuziehen.

- Für den ersten Fall wird für die Berechnung des Steuerschilds folgende Formel verwendet:

Steuerschild stiller Reserven bei breiter Anteilsstreuung =

Körperschaftsteuersatz (auf ausgeschüttete Gewinne) * Stille Reserven

- Für den zweiten Fall ist folgende Formel anzusetzen:

Steuerschild stiller Reserven bei persönlich bekannten Eigentümern =

Grenzsteuersatz der Eigentümer * Stille Reserven

- Abbildung bei Doppelbesteuerung

    - Bei Doppelbesteuerung entspricht der Steuerschild stiller Reserven dem Ertragsteuersatz des Unternehmens.

    - Der so im Shareholder Value anzusetzende absolute Wert des Steuerschilds stiller Reserven berechnet sich nach folgender Formel:

Steuerschild stiller Reserven bei Doppelbesteuerung =

Ertragsteuersatz * Stille Reserven

Ein Steuerschild darf nur für die stillen Reserven angesetzt werden, die auch langfristig stille Reserven bleiben sollen. Dabei ist zu berücksichtigen, daß **stille Reserven nach den §§6b und 6c EstG übertragen werden können**, d.h., daß Veräußerungsgewinne auf die Anschaffungs- und Herstellkosten von Ersatzwirtschaftsgütern übertragen werden können. Dazu sind allerdings bestimmte Voraussetzungen zu erfüllen (s. *Haarmann/Busch*, 1998, S. 407f.). Ist die Offenlegung einer stillen Reserve durch Verkauf der Immobilie und keine Übertragung der stillen Reserve geplant, so darf kein Steuerschild für die stille Reserve angesetzt werden, stattdessen muß dieser Vorgang sowohl von den Erlöskomponenten als auch von den steuerlichen Konsequenzen in der dem Shareholder Value zugrundeliegenden Cash Flow-Planungsrechnung abgebildet werden.

Bei Liegenschaften wird - wie aus folgendem einfachen Beispiel ersichtlich wird - ein Steuerschild stiller Reserven berücksichtigt:

- Ein Unternehmen erwirtschaftet mit einer Liegenschaft, bei der stille Reserven gebildet wurde, ihrem Verkehrswert entsprechende hohe Cash Flows. Würde diese Liegenschaft veräußert werden und wollte das Unternehmen trotzdem weiterhin identische Cash Flows mit einer anderen Immobilie erwirtschaften, so müßte es eine Investition in Höhe des Verkehrswerts tätigen. Dies ist allerdings nicht möglich, weil die Veräußerung der Liegenschaft mit Offenlegen der stillen Reserve einhergeht, in jedem Fall in Höhe der stillen Reserven die Steuerbemessungsgrundlage erhöht wird und einer entsprechend höheren Steuerbelastung führt. Daraus folgt, daß auch diese Liegenschaft einen Steuerschild stiller Reserven für das Unternehmen mit sich bringt - allerdings nur unter der Annahme der ewigen Thesaurierung.

Es konnte gezeigt werden, daß betriebliche Immobilien die Steuerbelastung des Unternehmens auf vielfältige Art beeinflussen. Die Berücksichtigung des Steuerschilds stiller Reserven erforderte eine entsprechende Anpassung der Shareholder Value-Analyse.

4.5.4. Kapitalkosteneffekte

Die Kapitalkosten im Shareholder Value spiegeln sich im Diskontsatz wieder. Sämtliche Finanzierungserfordernisse, die dem Bewertungsobjekt aus der Finanzierung des Geschäfts oder zusätzlicher Investitionsvorhaben erwachsen, werden in diesem Faktor berücksichtigt. Diese Finanzierungskosten werden durch die Eigen- und Fremdkapitalgeber des Unternehmens bestimmt. Die Höhe der Kapitalkosten ist demnach abhängig vom Preis des risikofreien Kapitals und von den Risiken, die die Kapitalgeber dem Unternehmen beimessen. Dieses Risiko bemißt sich nach der Wahrscheinlichkeit, daß sich bestimmte Renditeerwartungen der Kapitalgeber nicht erfüllen. Die Verwendung des Diskontsatzes entspricht dem Konzept der Opportunitätskosten: Er übt die Funktion einer Vergleichsrendite oder eines alternativen Ertragssatzes aus.

Der Diskontsatz übernimmt folgende Aufgaben im Shareholder Value (vgl. *Herter*, 1994, S. 42, *Günther*, 1997, S. 160):

- Die zukünftigen freien Cash Flows werden auf den Gegenwartswert abgezinst, was den Vergleich mit alternativen Investitionen ermöglicht.

- Er repräsentiert jene Mindestrendite, die potentielle Kapitalgeber zur Beurteilung der Vorteilhaftigkeit einer Anlageform heranziehen und die folglich von Führungskräften bei neuen zusätzlichen Investitionsvorhaben gefordert werden sollte.

- Die Free Cash Flows unterschiedlicher Jahre werden bezüglich ihres Zeitwerts gleichwertig gemacht.

- Unterschiedliche Risiken verschiedener Geschäftsfelder werden vergleichbar.

Die besondere Bedeutung der Kapitalkosten bzw. des Diskontsatzes für die wertorientierte Unternehmensführung ist insbesondere durch folgende Tatsache bedingt:

- Übersteigt die geschätzte Rendite geplanter Investitionen oder die tatsächliche Rendite realisierter Investitionen die zur Realisierung notwendigen Kapitalkosten, so wird Eigentümerwert geschaffen; andernfalls wird Eigentümerwert vernichtet.

4.5.4.1. *Bestimmung der Kapitalkosten im Shareholder Value*

Die Höhe des Kapitalkostensatzes beeinflußt unmittelbar die Höhe des Shareholder Value. Bei einer Vergleichsrechnung verschieden hoher Kapitalkostensätze bei gleich hohen Free Cash Flows ist der Shareholder Value im Fall des niedrigeren Kapitalkostensatzes höher als im Fall des höheren Kapitalkostensatzes. Anders ausgedrückt, der Shareholder Value steigt mit sinkenden Kapitalkosten c.p. Die Kapitalkosten zählen damit zu den wesentlichen Einflußgrößen des Shareholder Value (vgl. auch Kapitalkosten als Wertgenerator, *Rappaport*, 1986, S. 50) und sind unbedingt bei einer Shareholder Value-orientierten Unternehmenssteuerung zu beachten.

Die Bestimmung der Kapitalkosten hängt von der gewählten Bewertungsmethode ab. Während die Netto-Methode die Free Cash Flows mit den Eigenkapitalkosten diskontiert, diskontiert die Brutto-Methode sie mit den mit Fremd- und Eigenkapital gewichteten Kapitalkosten (als **WACC** bezeichnet, was die Abkürzung für Weighted Average Cost of Capital ist). Die Fremdkapitalkosten mindern bei der Netto-Methode in Form der Zinsen den Free Cash Flow. Für die Brutto-Methode ist der Free Cash Flow vor Zinsen definiert.

Sowohl bei Anwendung der Brutto- als auch bei Anwendung der Netto-Methode sind Eigenkapitalkosten zu ermitteln. Sie sind in der Regel höher als Fremdkapitalkosten, weil das Eigenkapital ein höheres Risiko kennzeichnet, für das Investoren eine Art Risikoprämie bezahlt bekommen möchten. Dies ist in erster Linie mit dem fehlenden vertraglichen Anspruch auf eine Verzinsung und den Zeitpunkt der Rückzahlung begründet (vgl. *Herter*, 1994, S. 95, *Klien*, 1995, S. 97). Das zur Zeit trotz aller Kritik gebräuchlichste Verfahren zur Ermittlung der Eigenkapitalkosten ist das aus der Kapitalmarkttheorie stammende **Capital Asset Pricing Model** (CAPM). Andere Verfahren (z.B. das ungleich aufwendigere Verfahren der Arbitrage Pricing Theory APT) haben sich bislang nicht durchsetzen können und weisen ähnliche Schwächen auf wie das CAPM (vgl. im Überblick *Günther*, 1997, S. 161ff.). Diese Arbeit beschränkt sich daher auf die Darstellung des CAPM.

Nach dem CAPM setzen sich die Eigenkapitalkosten aus folgenden Bestandteilen zusammen (da das CAPM in der Literatur breit und tief behandelt ist, sei zu Details auf diese verwiesen: s. *Herter*, 1994, S. 96ff. und *Günther*, 1997, S.163ff. und dessen weiterführenden Literaturhinweise):

Eigenkapitalkosten =

Risikoloser Zinssatz + (Risikoprämie des Marktes)*ß-Faktor

> Risikoprämie des Marktes =
>
> Erwartete Rendite des Markt-Portfeuilles – risikoloser Zinssatz

Die einzelnen Bestandteile seien für das weitere Verständnis kurz näher erläutert:

- **Risikoloser Zinssatz** (s. zur Vertiefung *Günther*, 1997, S. 176)

    - Der risikolose Zinssatz entspricht im Shareholder Value dem **Zinssatz langfristiger staatlicher Wertpapiere**. Für deutsche Verhältnisse kann z.b. die effektive Rendite einer fünfjährigen Bundesobligation herangezogen werden.

- **Risikoprämie des Marktes** (s. zur Vertiefung *Günther*, 1997, S. 176f.)

    - Die Risikoprämie des Marktes kann aus der **Marktrendite** und dem risikolosen Zinssatz abgeleitet werden. Die Marktrendite kann aus einem geeigneten Aktienmarktindex bestimmt werden. Der Index sollte ein möglichst großes Marktportfeuille abdecken.

- **ß-Faktor**

    - Der ß-Wert eines Unternehmens bezeichnet dessen systematisches Risiko, nämlich die Volatilität der erwarteten Rendite einer einzelnen Kapitalanlage gegenüber der Rendite am Markt. Der ß-Wert umfaßt nicht das nicht diversifizierbare Risiko des Marktes, sondern das unternehmensspezifische Risiko, das durch geeignete Diversifizierung eliminiert werden kann (vgl. *Günther*, 1997, S. 166).

    - Quellen für ß-Werte

        - Wird ein Unternehmen an einer Börse gehandelt, so besteht zur Ermittlung des ß-Wertes dieses Unternehmens die Möglichkeit, auf veröffentlichte ß-Werte zurückzugreifen. Empfohlen werden diesbezüglich zum Beispiel die Veröffentlichungen von *Wilshire Associates* oder *BARRA* (vgl. *Copeland/Koller/Murrin*, 1990, S. 197). Die ß-Werte von *BARRA* werden vierteljährlich für alle an der *NYSE*, an der *ASE* und an der *NASDAQ* gehandelten Unternehmen veröffentlicht. Sie werden auf Basis der Finanzkennzahlen der Unternehmen berechnet und verändern sich, sobald sich die zugrundeliegenden Finanzkennzahlen verändern. Sie geben genau die Einschätzung des Marktes bezüglich des Eigenkapitalrisikos des jeweiligen Unternehmens wieder.

        - Darüber hinaus werden in den USA ß-Werte von Unternehmen regelmäßig von *Merril Lynch, Pierce, Fenner & Smith Inc.* oder *Value Line* in Form von ß-Books veröffentlicht. Diese Entwicklung ist in Europa noch nicht so weit fortgeschritten. In Europa kann man daher nicht davon ausgehen, daß die Datenkonsistenz immer gewährleistet ist und daß die Berechnungen immer exakt nachvollziehbar sind (vgl. *Klien*, 1995, S. 129ff.).

• Berechnung des ß-Wertes

- Wird ein Unternehmen an keiner Börse gehandelt und ist eine Schätzung seines ß-Wertes auf keine der obengenannten Arten verfügbar, so muß der ß-Wert vom Bewerter selbst geschätzt oder berechnet werden. *Copeland/Koller/Murrin* empfehlen dazu nachfolgend dargestellte Vorgangsweise (vgl. *Copeland/Koller/Murrin*, 1990, S. 262ff.).

- Zunächst sollte versucht werden, gemeinsam mit dem Management des untersuchten Unternehmens Überlegungen anzustellen, wie dessen Risiko oder das der betrachteten Geschäftseinheit im Vergleich zu einer Liste von ähnlichen Branchen liegt, deren ß-Werte bekannt und in obengenannten Quellen enthalten sind. Zumeist kann bereits auf diese Art Einigkeit bezüglich einer bestimmten Branche und somit auf ein bestimmtes ß erzielt werden.

- In einem weiteren Schritt sollten jene Mitbewerber identifiziert werden, deren Wertpapiere öffentlich gehandelt werden und deren Risiko dem des eigenen Unternehmens am nächsten liegt. Diese können aber nicht unmittelbar auf das betrachtete Unternehmen übertragen werden, da das spezifische Risiko nicht nur das Geschäftsrisiko eines Unternehmens bewertet, sondern auch dessen finanzielles Risiko. Der ß-Wert eines Unternehmens enthält somit auch Aussagen über die Wahrscheinlichkeit, mit der die Befriedigung der Renditeforderungen der Eigenkapitalgeber mit zunehmendem Verschuldungsgrad abnimmt. Infolgedessen können ß-Werte eines Vergleichsunternehmens nur dann auf das zu bewertende Unternehmen übertragen werden, wenn die beiden Unternehmen über einen ähnlichen „leverage", - also Verschuldungsgrad - verfügen. Ist dies nicht der Fall, so ist folgende Vorgangsweise empfehlenswert: Zunächst werden die ß-Werte der Vergleichsunternehmen im Sinne eines „unlevering" um das finanzielle Risiko bereinigt. In Folge werden dann diese „unlevered" ß-Werte um die vom bewerteten Unternehmen angestrebte Kapitalstruktur „relevered" (vgl. *Klien*, 1995, S. 131).

- Das „unlevered" ß berechnet sich demnach nach folgender Formel

---

unlevered ß =

levered ß / ((1 - $t_{Vergleichsunternehmen}$) FK / $EK_{Vergleichsunternehmen}$+1)

- Das „levered" ß des zu bewertenden Unternehmens berechnet sich nach folgender Formel:

---

levered ß =

unlevered $ß_{Vergleichsunternehmen}$ x ((1-$t_{Untersuchtes\ Unternehmen}$) $FK/EK_{Untersuchtes\ Unternehmen}$+1)

- Allerdings beruht diese Berechnung auf den Annahmen, daß Fremdkapital risikofrei sei und daß der Grenzsteuersatz eines Unternehmens auch bei sich ändernden Finanzierungsverhältnissen konstant bliebe. Daher ist diese Vorgehensweise methodisch gewissen Einschränkungen unterworfen.

- Eine andere Möglichkeit zur Schätzung des ß-Wertes eines Unternehmens ist die der multiplen Regression. Diese Vorgangsweise ist häufig unumgänglich, da Unternehmen zumeist über verschiedene Geschäftszweige verfügen, die jeweils unterschiedlich mit Vermögen ausgestattet sind. Diese Methode ruht auf der Überlegung, daß das „unlevered" ß eines Vergleichsunternehmens, also dessen Geschäftsrisiko ohne Berücksichtigung der Finanzierungsstruktur, sich als gewichteter Durchschnitt des Risikos seiner einzelnen Geschäftsbereiche ergibt.

- Ist nun bekannt, über welche Anteile des Gesamtvermögens die einzelnen Geschäftszweige verfügen und wie hoch das „unlevered" ß des gesamten Unternehmens ist, so kann, je nach Anzahl der verschiedenen Geschäftszweige, das ß für jeden einzelnen Geschäftszweig mit Hilfe von Regressionsverfahren ermittelt werden.

- Die letzte Möglichkeit zur Ermittlung des unternehmensspezifischen ß-Wertes, die *Copeland/Koller/Murrin* vorschlagen, ist die der Kovarianz des Ergebnisses vor Zinsen und Steuern („earnings before interest and taxes" oder „EBIT"). In diesem Fall gilt es zunächst, die vergangenen jährlichen oder vierteljährlichen EBITs der bewerteten Geschäftseinheit oder des bewerteten Unternehmens zu sammeln. Diese werden dann gegen den internen Zinsfuß („rate of return") eines Marktindex regressiert, der für vergleichbare Zeitintervalle erstellt wurde. Nach entsprechenden Umformungen kann der ß-Wert des betrachteten Unternehmens auch auf diese aufwendige Art berechnet werden.

Bei Anwendung der Netto-Methode ist mit der Ermittlung der Eigenkapitalkosten die Ermittlung der Kapitalkosten abgeschlossen. Bei der Brutto-Methode ist die Eigen-kapitalkosten-Ermittlung nur der erste Schritt. In einem zweiten Schritt sind die Fremdkapitalkosten zu ermitteln. Im dritten Schritt werden Fremd- und Eigenkapital ihrem wertmäßigen Anteil gemäß am Gesamtkapital gewichtet und ergeben schließlich die Gesamtkapitalkosten.

Fremdkapitalkosten können im Vergleich zu Eigenkapitalkosten relativ einfach ermittelt werden, da ihnen vertragliche Vereinbarungen zugrundeliegen. Die Kapitalkosten umfassen Zinsen, Disagio und Nebenentgelte wie Bankprovisionen und Notariatsgebühren (s. *Herter*, 1994, S. 90, *Günther*, 1997, S. 190). Zur pragmatischen Ermittlung der Fremdkapitalkosten wird vorgeschlagen, einen durchschnittlichen Kapitalkostensatz des Fremdkapitals anzusetzen (vgl. *Günther*, S. 1997, 190). Dieser kann auf Basis der unterschiedlichen Fremdfinanzierungsformen und ihres jeweiligen Gewichts an der gesamten Fremdfinanzierung bestimmt werden. Fundamentale Entwicklungen auf dem Kapitalmarkt sind zu antizipieren (vgl. *Herter*, S. 91).

Wie bereits gezeigt wurde, beeinflussen die Kapitalkosten die Höhe der vom Unternehmen zu zahlenden Steuern. Zinsen für aufgenommenes Fremdkapital mindern als abzugsfähiger Aufwand den zu versteuernden Gewinn und damit die Steuerbelastung (Steuerschild des Fremdkapitals). Der sogenannte Steuerschild des Fremdkapitals wird bei Verwendung der Brutto-Methode im Kapitalkostensatz berücksichtigt. Da der Steuerschild des Fremdkapitals eindeutig dem Finanzierungsbereich zuzurechnen ist, wird erreicht, daß die vom Shareholder Value geforderte Trennung von Leistungs- und Finanzierungsbereich an dieser Stelle nicht aufgegeben werden muß. Es wurde oben auch gezeigt, daß die Höhe des Steuerschilds vom jeweiligen Steuersystem abhängt, das der Shareholder-Bewertung zugrundeliegt. *Günther* hat sich intensiv mit der Berücksichtigung des Steuerschilds im Fremdkapitalkostensatz beschäftigt und für deutsche Steuerverhältnisse erstmals eine fundierte Lösung vorgeschlagen (vgl. *Günther*, 1997, S. 194f.). Bei deutschen Steuerverhältnissen ist wegen des Anrechnungsverfahrens, das nicht für alle Ertragssteuerarten, sondern nur für die Körperschaftsteuer gilt, die Berücksichtigung des Steuerschilds aufwendig. Bei Doppelbesteuerung ist dessen Berücksichtigung dagegen wegen der unkomplizierteren Steuerverhältnisse verhältnismäßig einfach. Im Unterschied zum Steuerschild bei Doppelbesteuerung, der nur von den Fremdkapitalzinsen abhängt, hängt der Steuerschild bei Anrechnungsverfahren sowohl von den Fremdkapitalzinsen als auch vom Fremdkapital selbst ab (zur Berechnung des Steuerschildes bei Doppelbesteuerung und im Anrechnungsverfahren und zur Berechnung der Kapitalkosten in diesen beiden Fällen vgl. *Günther*, 1997, S. 192ff.).

Auf die Kapitalkosten der Finanzierung aus Rückstellungen, insbesondere Pensions-rückstellungen, soll in dieser Arbeit nicht näher eingegangen werden. Für diese spe-zielle Form der Fremdfinanzierung ergeben sich keine Berührungspunkte zu betrieb-lichen Immobilien, so daß auf die umfangreiche - wenn auch nicht einhellige - Lite-ratur zu diesem Thema verwiesen werden kann (s. *Herter*, 1994, S. 93ff., *Günther*, 1997, S. 188ff.).

Der Gesamtkapitalkostensatz (WACC) errechnet sich nun nach folgender Formel:

> Gesamtkapitalkostensatz (WACC) =
>
> Fremdkapitalkostensatz * (Fremdkapital/Gesamtkapital) + Eigenkapitalkosten-satz * (Eigenkapital/Fremdkapital)

Zur Gewichtung der Kapitalkosten können beim Fremdkapital vereinfachend Buch-werte angesetzt werden (vgl. *Herter*, 1994, S. 90). Auch die Überführung der Buch-werte in Marktwerte ist denkbar, der zusätzliche Aufwand in den meisten Fällen je-doch nicht gerechtfertigt (vgl. *Günther*, S. 199). Es muß nur beachtet werden, daß das sogenannte Abzugskapital bei der Ermittlung des Gewichts des Fremdkapitals unberücksichtigt bleibt (vgl. *Herter*, 1994, S. 90, *Günther*, 1997, S. 191). Zum Ab-zugskapital sind kurzfristige nicht verzinsliche Verbindlichkeiten wie Verbindlichkeiten aus Lieferungen und Leistungen, kurzfristige Rückstellungen und Rechnungsab-grenzungsposten (vgl. *Herter*, 1994, S. 58) zu zählen.

Beim Eigenkapital ist die Differenz zwischen Buchwerten und Marktwerten von grö-ßerer Bedeutung. Da der Marktwert des Eigenkapitals aber erst nach Shareholder Value-Ermittlung gegeben ist, liegt an dieser Stelle bei der Shareholder Value-Ermittlung ein Zirkelproblem vor. Dies läßt sich entweder durch iterative Berechnung lösen oder es werden Näherungswerte (z.B. über die Kapitalisierung des Börsen-werts bei börsennotierten Unternehmen) verwendet.

4.5.4.2. *Kapitalkosteneffekte betrieblicher Immobilien*

Der Kapitalkostensatz muß den vom Bewertungsobjekt verursachten Kapitalkosten entsprechen. Diese wiederum entsprechen dem Geschäftsrisiko des Bewertungs-objekts. Da den betrieblichen Immobilien verschiedene Bewertungsobjekte zugrun-deliegen, müssen individuelle Lösungen je Bewertungsobjekt gefunden werden. Im Fall der dem Betriebszweck zuzuordnenden Immobilien ist Bewertungsobjekt das Geschäftsfeld, das die Immobilien nutzt. Im Fall der Liegenschaften ist das Bewer-tungsobjekt die Liegenschaft selbst oder das Geschäftsfeld Liegenschaften.

Ist das Bewertungsobjekt das Geschäftsfeld, das die Immobilien nutzt, so gibt es keine immobilienspezifischen Kapitalkosten. Das Risiko, das mit dem ß-Faktor bewertet wird, entspricht dem des Geschäftsfelds. Inwieweit betriebliche Immobilien auf die Kapitalkosten Einfluß haben, wird weiter unten noch diskutiert werden.

Sind das Bewertungsobjekt die Liegenschaften bzw. das Geschäftsfeld „Liegenschaften", entspricht das Risiko dem von Unternehmen, deren Betriebszweck in der Immobilienwirtschaft liegt.

Um den Einfluß betrieblicher Immobilien auf die Kapitalkosten abschätzen zu können, werden die Finanzierungsarten Eigen- und Fremdfinanzierung und ihre jeweilige Wechselwirkung mit Immobilien analysiert. Dabei wird zwischen dem Einfluß auf die Kapitalstruktur und auf den Finanzierungsumfang unterschieden.

- Beeinflussung des Kapitalkostensatzes der Eigenfinanzierung

  - Da der risikolose Zinssatz und die Marktprämie für das Risiko exogene, vom Unternehmen nicht beeinflußbare Größen sind, bleibt nur der ß-Faktor als endogene, vom Unternehmen beeinflußbare Größe. Somit beschränkt sich auch der Einfluß betrieblicher Immobilien auf den ß-Faktor. Dieser bemißt das systematische Risiko, das durch Investition in ein zusätzliches Wertpapier innerhalb eines Portfolios eingegangen wird. Es entspricht der Volatilität dieses Wertpapiers im Vergleich zum gesamten Wertpapiermarkt. Der ß-Faktor ist unternehmensspezifisch und kann empirisch oder auf andere Art und Weise (z.B. Verwendung von durchschnittlichen Branchen-ß-Werten) ermittelt werden.

  - Der historische ß-Wert, der die Risikohaftigkeit einer Aktie in der Vergangenheit mißt, wird durch lineare Regression zwischen den vergangenen Renditen dieser Aktie und den vergangenen Renditen eines Marktindex berechnet. Der künftige ß-Wert (fundamentales ß) kann etwa mit dem Modell von *Barr Rosenberg* berechnet werden. Dieses Multifaktoren-Modell bietet die Möglichkeit, das künftige ß ex ante zu berechnen. Als Basis für diese Berechnung dienen grundlegende Merkmale wie Branchenzugehörigkeit, Bilanzkennzahlen (etwa Verschuldungsgrad), und Ertragssituation.

  - Die Faktoren, die den ß-Wert eines Unternehmens beeinflussen, sind derzeit unzureichend bekannt. Es gibt lediglich den Ansatz der *The Dexter Corporation* und von *Stewart* (vgl. *Chakravarthy/Loomis/Vrabel*, 1986, S. 36f., *Stewart*, 1991, S. 454ff.), die in ihrem Modell zur Berechnung der Eigenkapitalkosten eines Unternehmens Faktoren angeben, mit denen dem unternehmensspezifischen Risiko Rechnung getragen werden soll. Zu den aufgeführten Faktoren muß allerdings einschränkend angemerkt werden, daß ihre Auswahl empirisch nicht abgesichert ist. Ebensowenig sind Wirkungszusammenhänge zwischen den folgenden Faktoren und dem ß-Faktor empirisch nachgewiesen.

- Operatives Risiko

- Risiko, Wachstum ohne Profit zu erreichen

- Qualität des Vermögens („Asset Quality")

- Management des Working Capital

- Anlagenintensität

- Anlagenneuheit („Plant Newness")

- Ökonomische Lebenserwartung der Anlagen („Useful Plant Life)

- Größe und Grad der Diversifizierung

- Größe

- Einkommen aus dem Ausland (Foreign Income)

- Im Detail werden darunter folgende Risikoarten verstanden:

   - **Operatives Risiko**: Schwankungen des Ergebnisses vor Steuern, Schwankungen des Ergebnisses nach Steuern, Schwankungen des gesamten Bruttoergebnisses, Schwankungen des operativen Cash Flow-Returns, Schwankungen der Kapitalwachstumsrate

   - **Strategisches Risiko**: Ergebnis vor Steuern, Ergebnis nach Steuern, Gesamtes Bruttoergebnis, Netto-Umsatzwachstumsrate, Interne Kapitalwachstumsrate

   - **Vermögensrisiko**: Tage der Verfügbarkeit von Forderungen (Accounts receivable days on hand), Tage der Vorratsverfügbarkeit (Inventory days on hand), Indexschwankungen des Net Working Capital, gewichtete durchschnittliche Lebensdauer des Vermögens, Neuheit der Anlagen, Lebensdauer der Anlagen

   - **Größe und Grad der Diversifizierung**: Umfang, Grad der internationalen Diversifizierung

- Darüber hinaus gibt es Ansätze, mit denen der ß-Faktor aus Daten des Rechnungswesens bestimmt werden kann (man spricht dann von Accounting ß-Werten, s. *Günther*, 1997, S. 182). Damit werden aber nur die Symptome und nicht die Ursachen erfaßt.

- Studien zur Erfassung und Operationalisierung der Ursachen bestimmter Ausprägungen des ß-Faktor sind daher derzeit nicht vorhanden. Insofern liegen auch **keine gesicherten empirischen Erkenntnisse vor, inwiefern Immobilienvermögen auf den ß-Faktor Einfluß nimmt**. Eine derartige wünschenswerte Abbildung zwischen Immobilienvermögen bzw. betrieblicher Immobilienpolitik und dem Shareholder Value über den ß-Faktor scheint daher zumindest derzeit nicht möglich zu sein.

- Da aber die Bestimmung des ß-Faktors auch die Berücksichtigung subjektiver Einschätzungen erlaubt, dürfen durchaus **Vermutungen bezüglich der Beziehung zwischen ß-Faktor und Immobilienvermögen** bzw. betrieblicher Immobilienpolitik angestellt werden. Aus Risikogesichtspunkten darf daher angenommen werden, daß ein Unternehmen mit relativ hohen Immobilieneigentum c.p., ähnlich einem Unternehmen mit relativ hoher Eigenkapitalausstattung, niedrigere ß-Werte hat als ein Unternehmen mit relativ geringem Immobilienvermögen. Der Grund hierfür ist in erster Linie in den **stillen Reserven** zu sehen, die helfen, Krisensituationen (z.B. durch Sale-and-leaseback) zu überstehen und **Schwankungen des wirtschaftlichen Erfolgs zu glätten**.

• Beeinflussung des Kapitalkostensatzes der Fremdfinanzierung

- Der Kapitalkostensatz der Fremdfinanzierung läßt sich positiv mit betrieblichen Immobilien beeinflussen, wenn sie als unbelastete Immobilien im Unternehmen vorhanden sind und als Sicherheit für aufzunehmende Kredite verwandt werden können. In diesen Fällen kann sich das Unternehmen evtl. mit günstigeren Hypothekendarlehen finanzieren als mit den durchschnittlichen Finanzierungskosten.

- Auf den Kapitalkostensatz hat auch die Eigentumsquote an betrieblichen Immobilien Einfluß. Dadurch, daß Immobilien wegen ihrer Sicherheit und relativen Wertstabilität eine günstige Finanzierung durch Hypothekendarlehen bieten, führen eigene Immobilien zu einem insgesamt höheren Finanzierungsbedarf bei gleichzeitig durchschnittlich niedrigeren Finanzierungskosten.

• Beeinflussung des Finanzierungsumfangs und der Kapitalstruktur

- Eigentum an betrieblichen Immobilien muß natürlich finanziert werden. Insofern ergibt sich allein aus der Entscheidung Miete oder Kauf betrieblicher Immobilien eine erhebliche Auswirkung auf den Finanzierungsumfang. Folgende Wirkungskette ist gegeben: Betriebliche Immobilien beeinflussen die Vermögensstruktur im Unternehmen, die Vermögensstruktur beeinflußt die Kapitalstruktur.

- Bei der Beurteilung des Zusammenhangs zwischen Finanzierungsumfang und betrieblichen Immobilien muß nicht zwischen Eigen- und Fremdfinanzierung unterschieden werden. Zur Finanzierung betrieblicher Immobilien bietet sich ein relativ hoher Fremdfinanzierungsanteil an, da das Risiko für die kreditgebende Bank gering ist, was sich schließlich auch auf die Finanzierungskonditionen auswirkt.

- Relevant ist vor allem die Frage, ob das Unternehmen die Finanzierung neuer betrieblicher Immobilien verkraften kann. Dabei ist auch zu berücksichtigen, daß mit Immobilieneigentum finanzielle Mittel gebunden sind, die für andere strategische Vorhaben nicht mehr zur Verfügung stehen. Die Vorteile aus dem Eigentum an betrieblichen Immobilien werden evtl. durch diesen Nachteil kompensiert.

- Schließlich ist die Art der Finanzierung betrieblicher Immobilien nur gemeinsam mit der übergreifenden Unternehmensfinanzierung zu diskutieren. Immobilienspezifische Finanzierungslösungen sind aber durchaus denkbar, insbesondere wenn man den hohen Finanzierungsbedarf bei neuen Immobilien berücksichtigt.

Leasing ist eine Finanzierungsform, die gerade bei betrieblichen Immobilien eine immer größere Bedeutung erlangt. Zahlreiche Leasingfirmen bieten heute als Systemanbieter die komplette Planung, Errichtung und den Betrieb in Kombination mit Leasing an. Für die Frage der Abbildung von Leasing im Shareholder Value gibt es allerdings keine eindeutigen Antworten. Teilweise wird vorgeschlagen, den Leasing-Aufwand zu kapitalisieren und als Fremdfinanzierungskapital im Shareholder Value zu behandeln. In dieser Arbeit wird dagegen der Auffassung von *Günther* gefolgt, die Leasingraten in den Cash Flow-Reihen abzubilden und die Leasingverbindlichkeiten nicht zu kapitalisieren. Der Shareholder Value ermöglicht ja gerade die Berücksichtigung auch langfristiger Zahlungsverbindlichkeiten in den Cash Flow-Reihen. Daher gibt es auch keinen Grund, Leasing nicht in den Cash Flow-Reihen abzubilden.

4.5.5. Festlegung des Planungshorizonts und des Endwerts

Der Planungshorizont umfaßt den Zeitraum, für den Cash Flows jährlich explizit geplant werden (vgl. *Herter*, 1994, S. 52f.). Dieser Zeitraum ist in der Regel nicht länger als mit 10 Jahren zu bemessen, da in dem Detaillierungsgrad wegen zunehmender Unsicherheit eine Planung über diesen Zeitraum hinaus nicht sinnvoll ist. Der Endwert enthält nun den Wert des Unternehmens nach dem Planungshorizont. Der Shareholder Value setzt sich aus den diskontierten Cash Flows innerhalb des Planungshorizonts und dem diskontierten Endwert zusammen. Dabei ist der Begriff Planungshorizont ein wenig irritierend, weil auch der Endwert auf einer Planung, nämlich der angenommenen Entwicklung des Unternehmens nach dem Planungshorizont, basiert. (Häufig wird für den Begriff Planungshorizont auch der Begriff Prognosezeitraum verwendet.)

Da die Bestimmung der Länge des Planungshorizonts eng mit der Entscheidung über das Verfahren zur Bestimmung des Endwerts zusammenhängt, darf über sie nicht getrennt, sondern nur zusammen entschieden werden. Planungshorizont und Endwert werden im folgenden trotzdem getrennt dargestellt, um sie einzeln definieren zu können.

Es gibt in der Literatur keine einheitliche Definition des Planungshorizonts. Der Shareholder Value-Bewerter ist daher aufgerufen, anhand der teilweise widersprüchlichen Definitionen die für seine Bewertung geeignetste Länge des Planungshorizonts zu bestimmen. Als Hilfestellung werden im folgenden einige Definitionen durchaus kritisch diskutiert.

- Der Planungshorizont soll den Zeitraum aller Einzahlungen umfassen, die durch eine Auszahlung ausgelöst wurden. Da es immer Investitionen (Auszahlungen) geben wird, die für einen extrem langen Zeitraum zu Einzahlungen führen werden, müßte der Planungshorizont unendlich betragen. Da dies nicht praktikabel ist, wurden Verfahren zur Bestimmung des Endwerts entwickelt, die auch mit Planungshorizonten, die kürzer als die Dauer der Wirkung sind, eine geeignete Bewertung vornehmen können (s. die nachfolgenden Ausführungen zur Bestimmung des Endwerts).

- Der Planungshorizont muß so lang bestimmt sein, wie die strategischen Entscheidungen zur Unternehmenswertsteigerung wirken. Auch in diesem Fall kann die Länge des Planungshorizonts kürzer sein, wenn entsprechende Verfahren zur Bestimmung des Endwerts verwendet werden.

- Der Planungshorizont endet zu dem Zeitpunkt, an dem konstante Wettbewerbsbedingungen bezüglich der gewählten und zu beurteilenden Strategie eingetreten sind (s. *Klien*, 1995, S. 151). Diese Definition entspringt einem der Anwendungsfelder des Shareholder Value, nämlich der Bewertung von Strategien.

- Der Planungshorizont wird so bemessen, daß der Unternehmenswert konstant ist und die Cash Flows sich auf einem konstanten Niveau befinden (vgl. *Klien*, 1995, S. 152). Dieses Verfahren wird der mit zunehmendem Zeithorizont zunehmenden Unsicherheit am ehesten gerecht. Dennoch kann natürlich im Endwert auch ein nach dem Planungshorizont steigender Unternehmenswert abgebildet werden, wenn dies in speziellen Fällen (z.B. bei über einen sehr langen Zeitraum konstant wachsende Märkte) sinnvoll ist.

Sind nun die genannten - mehr oder weniger hilfreichen - Definitionen zur Bestimmung der Länge des Planungshorizonts um Anforderungen aus der Abbildung betrieblicher Immobilien zu korrigieren? Dies läge zumindest nahe, da Immobilien sehr lange Nutzungsdauern haben und damit eine einmalige Auszahlung für Errichtung oder Anschaffung der Immobilie zu Einzahlungen über einen sehr langen Zeitraum führen. In einer der oben genannten Definitionen wurde darauf hingewiesen, daß sämtliche durch eine Auszahlung ausgelösten Einzahlungen innerhalb des Planungshorizonts abzubilden seien. Das hieße, bezogen auf betriebliche Immobilien, daß wegen deren langer Nutzungsdauer (Grundstücke haben eine unendliche Nutzungsdauer, Gebäude häufig > 30 Jahre), auch ein entsprechend langer Planungshorizont anzusetzen sei. Diese Schlußfolgerung kann so aber nicht gezogen werden. Immobilien weisen, wenn man nur die unmittelbar durch die Immobilien verursachten Ein-/Auszahlungen betrachtet und die aus Finanzierungsaktivitäten unbetrachtet läßt, bereits nach relativ kurzer Zeit (ca. 5 Jahre) stabile Ein-/Auszahlungsverhältnisse auf. Das liegt auf der Auszahlungsseite vor allem daran, daß schon kurze Zeit nach Errichtung neben der Gebäudebewirtschaftung laufende Instandhaltungsarbeiten durchgeführt werden, um das Gebäude in seinem Wert zu erhalten. Liegenschaften, mit denen Mieterträge erwirtschaftet werden, sind, abgesehen von Marktschwankungen, auch durch relativ konstante Einzahlungsströme gekennzeichnet. Daher muß wegen der Ein-/Auszahlungen betrieblicher Immobilien nicht der Planungshorizont im Shareholder Value angepaßt werden, sondern es können die mit Immobilien zusammenhängenden über mehrere Jahrzehnte hinweg konstanten Ein-/Auszahlungen unkompliziert im Endwert abgebildet werden.

Daher ist wegen betrieblicher Immobilien keine Anpassung des Planungshorizonts notwendig. Zu beachten ist lediglich, wenn innerhalb oder womöglich gegen Ende des Planungszeitraums umfangreiche Immobilieninvestitionen getätigt werden, daß deren verzögerte Auswirkungen auf der Einzahlungsseite berücksichtigt werden.

Die Bestimmung des Endwerts nimmt im Shareholder Value einen sehr wichtigen Platz ein, da der Endwert methodenimmanent einen hohen Anteil am Shareholder Value hat. Der Wertanteil des Endwerts am Shareholder Value steigt mit kürzerem Planungshorizont. Günther nennt für üblicherweise bei der Shareholder Value-Ermittlung verwendete Diskontierungssätze und Längen des Planungshorizonts einen Anteil am Gesamtunternehmenswert (inkl. Fremdkapital) zwischen ca. 40 und 80% (vgl. *Günther*, 1997, S. 158f.). Insofern wirkt sich eine unqualifizierte Bestimmung bzw. gar Nicht-Berücksichtigung des Endwerts massiv auf die Qualität des berechneten Shareholder Value aus (vgl. *Günther*, 1997, S. 159). Daher ist die Methode zur Bestimmung des Endwerts sehr sorgfältig auszuwählen. Die Literatur enthält zu diesem Thema umfangreiche Hinweise, die hier nur ansatzweise wiedergegeben werden können.

Folgende Methoden werden zur Bestimmung des Endwerts vorgeschlagen:

- Methode der ewigen Rente
- Methode der ewig wachsenden Rente

- Methode des Liquidationswertes und des Substanzwertes

- Price/Earnings-Ratio-Methode

- Market-to-book-Ratio-Methode

Methode der ewigen Rente

Die Methode der ewigen Rente als die verbreitetste Methode zur Abschätzung des Endwertes ist den finanzmathematischen Verfahren der Rentenrechung zuzuordnen. Bei Anwendung dieser Methode entspricht der Endwert dem Rentenbarwert, d.h. dem Gegenwartswert einer unendlichen Reihe von Rentenwerten. Diese Rentenraten entsprechen Free Cash Flows in konstanter Höhe, die ein Unternehmen nach dem Planungshorizont bis zu einem unendlichen Zeitpunkt erwirtschaftet (vgl. *Klien*, 1995, S. 155ff.).

Zur Berechnung des Endwerts werden folglich die Free Cash Flows im Zeitabschnitt nach dem Planungshorizont, die sogenannten **„Perpetuity Cash Flows"**, durch den WACC dividiert. Diese Berechnungsformel diskontiert die Perpetuity Cash Flows auf den Wert des Zeitpunkts am Ende des Planungshorizonts der Wertsteigerungsanalyse, somit muß der Endwert mit dem Diskontsatz des letzten Jahres des Planungshorizonts auf den Bewertungszeitpunkt diskontiert werden.

Eine weitere Variante dieser Berechnungsart des Endwertes ersetzt den Perpetuity Cash Flow durch den Betriebserfolg nach Abzug sämtlicher zahlungswirksamer Steuern und dividiert diesen durch den WACC.

Die Methode der ewigen Rente basiert auf folgender Annahme: Sie unterstellt, daß die Höhe des Free Cash Flows des ersten Jahres nach dem Planungshorizont der Bewertung sämtlicher weiterer betrieblicher Cash Flows zugrundegelegt werden kann und der Shareholder Value ab dem Prognosehorizont konstant bleibt. Dies ist dann der Fall, wenn die Rendite des investierten Kapitals dem WACC entspricht.

Zur Berechnung des Endwertes bei Verwendung der Methode der ewigen Rente wird demnach folgende Formel verwendet:

Endwert bei Methode der ewigen Rente =

Freie Cash Flows im Zeitabschnitt nach dem Prognosehorizont / WACC

Methode der ewig wachsenden Rente

Während die Methode der ewigen Rente von unendlich konstanten Cash Flows - Cash Flows mit Wachstumsrate Null - nach Ende des Planungshorizonts ausgeht, geht die Methode der ewig wachsenden Rente von Cash Flows aus, die innerhalb dieses Zeitraumes von Teilperiode zu Teilperiode mit einer konstanten Rate weiterwachsen bis sie schließlich gegen unendlich streben (vgl. *Klien*, 1995, S. 162ff.).

Der Endwert entspricht hier dem Gegenwartswert einer unendlichen Reihe von stetig steigenden Rentenraten. Die Berechnungsformel besteht wiederum in einer Division der Perpetuity Cash Flows mit dem WACC, der allerdings in diesem Fall zuvor um die Wachstumsrate des Perpetuity Cash Flows verringert wurde. Der derart errechnete Endwert muß nun wiederum um den Diskontsatz des letzten Jahres des Planungshorizonts auf den Gegenwartswert des Jahres der Wertsteigerungsanalyse diskontiert werden.

Wird in dieser Formel der Perpetuity Cash Flow durch das Betriebsergebnis ersetzt, so besteht die Gefahr, daß solcherart der Endwert überschätzt wird. Diese Art der Berechnung impliziert nämlich, daß das Betriebsergebnis ohne zusätzliche Investitionen wachsen könnte.

Auch diese Methode basiert wiederum auf einer Reihe von Annahmen:

- Das unterstellte konstante Wachstum der generierten Cash Flows von Periode zu Periode geht mit einem konstant steigenden Unternehmenswert einher.

- Die Wachstumsrate der Cash Flows ist als Durchschnittswert zu interpretieren, der zyklische Abweichungen von diesem Durchschnitt zuläßt. Diese Wachstumsrate ist als ein begründeter Erwartungswert von Investoren zu sehen.

Folgende Formel wird zur Berechnung des Endwertes herangezogen:

> Endwert bei Methode der ewig wachsenden Rente =
>
> Freie Cash Flows im Zeitabschnitt nach dem Prognosehorizont / (WACC – Wachstumsrate des Perpetuity Cash Flow)

Methode des Liquidationswertes und des Substanzwertes

Die Wahl einer Methode zur Schätzung des Endwertes darf nicht losgelöst von der erwarteten strategischen Lage des Bewertungsobjekts am Ende des Planungshorizontes erfolgen. Gingen die bisher vorgestellten Methoden von Entscheidungen der Führungskräfte zur Schaffung neuer Wettbewerbsvorteile aus, so ist auch denkbar, daß Entscheidungen zur Nutzung bestehender Wettbewerbsvorteile getroffen werden. Da diese nur einen geringen Restwert am Ende der Planungshorizonts hinterlassen, empfiehlt sich die Veräußerung der mit dem Bewertungsobjekt verbundenen Vermögensteile. Der anläßlich dieser Veräußerung erzielbare Preis entspricht dann dem Liquidationswert oder dem Substanzwert. Diese beiden Begriffe sind nicht identisch, jedoch artverwandt, da den beiden eine ähnliche Logik der Wertermittlung zugrundeliegt (vgl. *Klien*, 1995, S. 169ff.).

Der Liquidationswert unterstellt die Auflösung des Bewertungsobjektes und entspricht jenem Betrag, der bei Zerschlagung von Unternehmen und von Unternehmensteilen am Ende des Planungshorizonts bei Verkauf sämtlicher Vermögensteile nach Abzug aller Verbindlichkeiten sowie der Kosten der Auflösung erzielen läßt.

Der Substanzwert, dem die Annahme der Fortführung des Unternehmens zugrundeliegt, stellt die Summe der Reproduktionswerte der einzelbewertbaren Wirtschaftsgüter oder den Zeitwert aller materiellen Vermögensbestandteile ganzer Unternehmen abzüglich Verbindlichkeiten dar. Betriebsnotwendige Vermögensbestandteile werden zu Wiederbeschaffungskosten angesetzt, nicht betriebsnotwendige Vermögensbestandteile werden ausgesondert und zu Einzelveräußerungspreisen bewertet.

Der Substanzwert dient dem Investor insbesondere als Grundlage der Entscheidung zwischen der Neuerrichtung eines Unternehmens auf der grünen Wiese und dem Kauf des Bewertungsobjektes bei etwaiger Erweiterung dessen Kapazität. Wiederum gilt es, das Vorliegen der entsprechenden Voraussetzungen zur Anwendung des Verfahrens zu überprüfen (vgl. *Klien*, 1995, S. 173).

Price/Earnings-Ratio-Methode

Diese Methode berechnet den Endwert als Produkt des Betriebsgewinns mit dem erwarteten Kurs/Gewinn-Verhältnis am Ende des Planungshorizontes. Das bedeutet, daß das Unternehmen am Ende des Planungshorizonts ein Price/Earnings-Vielfaches seines Betriebsgewinns zu diesem Zeitpunkt wert sein wird (vgl. *Klien*, 1995, S. 169ff).

Damit wird unterstellt, daß zwischen steigenden Gewinnen und einem infolgedessen steigenden Kurswert ein Zusammenhang besteht, da die Investoren von höheren Gewinnen eine höhere Ausschüttung erwarten, was wiederum zu steigenden Kursen führt. Dies ist allerdings nur dann richtig, wenn die Gewinne in Projekte mit höherer Rendite als bei vergleichbarer Risikostruktur erzielbar investiert werden. Außerdem erscheint die Prognose des Price/Earnings-Verhältnisses für den Planungshorizont problematisch, da keine verläßlichen Prognosemethoden existieren.

Market-to-book-Ratio-Methode

Ähnlich wie die Verwendung des Price-/Earnings-Verhältnisses zur Bestimmung des Endwerts ist die Berechnung des Endwertes mittels der Market-to-book-Methode zu beurteilen, die den Endwert als Produkt aus dem Buchwert des Eigenkapitals am Ende des Planungshorizonts und dem erwarteten Marktwert/Buchwert-Verhältnis am Ende des Planungshorizonts ermittelt (vgl. *Klien*, 1995, S. 178).

Es ist darauf hinzuweisen, daß der Buchwert des Eigenkapitals indirekt über das jährliche Betriebsergebnis dem Einfluß durch Bilanzierungsvorschriften unterliegt, weshalb von dieser Methode zur Schätzung des Endwertes nur abgeraten werden kann.

Aus Sicht betrieblicher Immobilien kann keine der vorgestellten Methoden präferiert werden, so daß die Entscheidung für eine Methode im Rahmen der Festlegung der allgemeinen unternehmensweit geltenden Shareholder Value-Parameter getroffen werden muß. **Aus Sicht betrieblicher Immobilien kann die Verwendung der Methode der ewigen Rente empfohlen werden**, weil Immobilien relativ kurze Zeit nach Errichtung stabile Ein- und Auszahlungsverhältnisse aufweisen.

In der Fallstudie ist die Methode der ewigen Rente (Perpetuity Method) verwendet worden, weil für das untersuchte Geschäftsfeld des Fallstudienunternehmens kein nachhaltiges Wachstum zu erwarten ist.

4.6. Werteinflußgrößen betrieblicher Immobilien

Die bisherigen Ausführungen konzentrierten sich auf die Größen, mit denen der Shareholder Value unmittelbar ermittelt werden kann: Free Cash Flows, Steuerschild, Kapitalkosten und Endwert. Sie sollen im folgenden als Bestimmungsgrößen des Shareholder Value bezeichnet werden. Wird der Shareholder Value lediglich als ein (modernes) Instrument zur Unternehmensbewertung verstanden, ist eine Konzentration auf diese Größen vollkommen ausreichend.

Wird der Shareholder Value-Ansatz jedoch auch und gerade als Grundlage für Managementkonzepte verstanden, so müssen die Bestimmungsgrößen des Shareholder Value um steuerungsrelevante Größen ergänzt werden. Mit diesen könnte die Lücke zwischen Shareholder Value und vom Management verwendeten operativen bzw. strategischen, ggf. nicht-monetären, Kennzahlen geschlossen werden. Diese Größen sollen im folgenden Werteinflußgrößen genannt werden. Sie sollen das operative und strategische Management in die Lage versetzen, mit den von ihnen selbst verwendeten Steuerungsgrößen bzw. Kennzahlen Auswirkungen auf den Shareholder Value zu quantifizieren, ohne selbst Shareholder Value-Experte zu sein. An dieser Stelle ergeben sich auch Anknüpfungspunkte an die Steuerungsgrößen einer **Balanced Scorecard** (vgl. *Kaplan/Norton*, 1997).

Ein erster Ansatz im Sinne dieser Werteinflußgrößen ist das von *Rappaport* entworfene Konzept der **Wertgeneratoren**. Die urspüngliche Absicht, die *Rappaport* damit verfolgte, war, die Ermittlung des Shareholder Value auf die Prognose einiger weniger Größen zu reduzieren, um die detaillierte Planung und Ermittlung zukünftiger Cash Flows zu vermeiden. Gleichzeitig und durch Weiterentwicklung des Konzepts wurden die Wertgeneratoren unmittelbar hinsichtlich ihrer Wertsteigerungspotentiale abgeklopft. Daraus ist dann die **Valcor-Matrix** entstanden, in der den einzelnen Wertgeneratoren Aktivitäten zur Nutzung von Wertsteigerungspotentialen gegenübergestellt werden (vgl. *Herter*, 1994, S. 63). Da die Wertgeneratoren *Rappaport'schen* Zuschnitts wegen ihrer Allgemeingültigkeit unspezifisch sind, sollen sie an dieser Stelle nicht weiter vertieft werden. Es geht im folgenden darum, für die Steuerung betrieblicher Immobilien geeignete Werteinflußgrößen zu diskutieren und zu zeigen, wie diese mit den Bestimmungsgrößen des Shareholder Value verknüpft werden können (vgl. Abbildung 16). Durch Verwendung **immobilienspezifischer Werteinflußgrößen** lassen sich darüber hinaus wesentliche von unwesentlichen hinsichtlich ihrer Wirkung auf den Shareholder Value unterscheiden (vgl. die „Real Estate Scorecard" bei *Apgar*, 1995, S. 164). An anderer Stelle wird noch gezeigt werden, wie man diese Unterscheidung treffen kann.

Zunächst aber einige Merkmale der Werteinflußgrößen betrieblicher Immobilien:

- Werteinflußgrößen können Verhältniszahlen (z.B. qm Fläche pro Mitarbeiter) oder absolute Zahlen (z.B. qm Fläche) sein.

- Werteinflußgrößen können monetäre und nicht-monetäre Größen sein.

- Werteinflußgrößen können quantitative (z.B. Fläche) und qualitative Größen (z.B. Ausstattung), die über Indikatoren abgebildet werden, umfassen.

- Werteinflußgrößen können den Kennzahlen entsprechen, die heute oder zukünftig vom Immobilienmanagement zur Steuerung der betrieblichen Immobilien eingesetzt bzw. für Benchmarks verwendet werden.

- Werteinflußgrößen können aus mehreren hierarchischen Ebenen bestehen (ähnlich einem Kennzahlenschema).

- Im Sinne der Wirkung auf den Shareholder Value wesentliche Werteinflußgrößen werden über die Hierarchie detaillierter abgebildet als unwesentliche.

- Werteinflußgrößen sind nicht allgemeingültig. Sicherlich sind die genannten Werteinflußgrößen aber für eine Vielzahl von Unternehmen relevant bzw. Ausgangspunkt für unternehmensspezifische Anpassungen.

- Die Werteinflußgrößen werden von einer Datenbank, die die immobilienbezogenen Basisdaten enthält, mit Daten versorgt.

Es wird an anderer Stelle noch gezeigt werden, wie die Werteinflußgrößen genutzt werden können, um das Immobilienmanagement auf der Suche nach Wertsteigerungspotentialen zu unterstützen und wertsteigernde Maßnahmen hinsichtlich ihres Effekts auf den Shareholder Value zu quantifizieren.

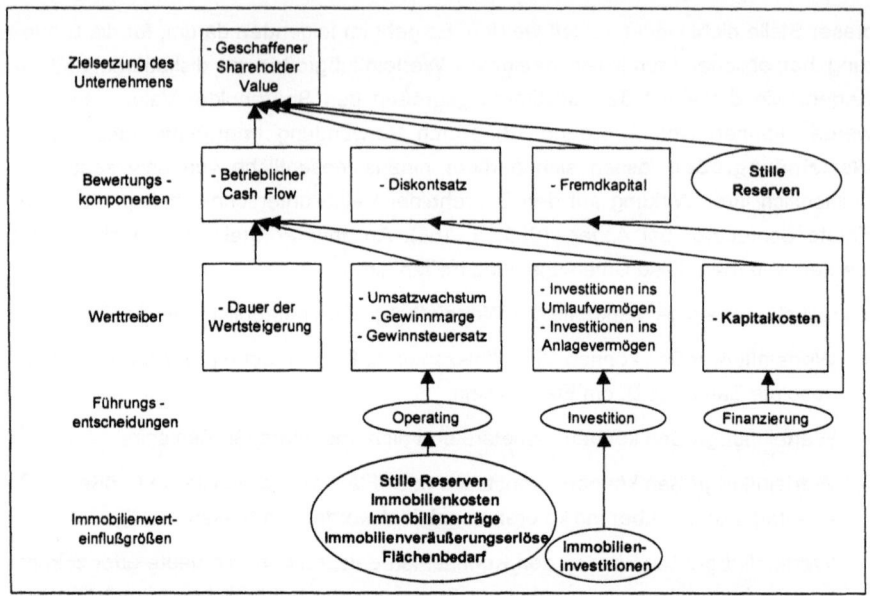

Abbildung 16: Verbindung von Immobilienwerteinflußgrößen, Stillen Reserven und Shareholder Value

Bei den Merkmalen der Werteinflußgrößen wurde darauf hingewiesen, daß auch **qualitative Werteinflußgrößen** in dem Modell berücksichtigt werden können. Sie können jedoch nicht abgebildet werden, da der Shareholder Value ein auf einer Wertgröße basierendes Bewertungssystem ist und alle auf **Nicht-Wertgrößen** basierenden Größen auf einer beliebigen Ebene der Hierarchie in Wertgrößen überführt werden müssen. Voraussetzung dafür wiederum ist, daß die Zusammenhänge zwischen Nicht-Wertgrößen und Wertgrößen bekannt sind. Und genau darin besteht derzeit noch das Problem. Das Problem ist nicht, daß qualitative Größen im Shareholder Value nicht abgebildet werden können, das Problem ist, daß es an Studien mangelt, die im Bereich (betrieblicher) Immobilien die Zusammenhänge zwischen qualitativen und quantitativen Größen empirisch nachweisen. So gibt es keine verwertbaren Untersuchungen zum Zusammenhang zwischen der Ausstattung von Gebäuden (Aufzug, Klimaanlage, Hochwertigkeit des innen und außen verwendeten Baumaterials...), die sich sicherlich in Form eines **Indikators** operationalisieren ließe und den Bewirtschaftungskosten pro Quadratmeter, um nur ein Beispiel zu nennen (vgl. auch den Versuch von *Baum*, einen Zusammenhang zwischen Immobilienqualität und Immobilienperformance zu konstruieren, *Baum*, 1994, S. 44). Hier ist die immobilienwirtschaftliche Forschung aufgerufen, entsprechende Untersuchungen anzustellen, die wissenschaftlichen Anforderungen genügen.

Es ist damit zu rechnen, daß sich dies in den nächsten Jahren ändern wird. Mit zunehmender Bedeutung des Immobilienmanagements wird auch die Nachfrage nach derartigen Studien zunehmen und ein entsprechendes Angebot entstehen. Erste positive Signale sind bereits zu erkennen, wie Qualitäts- und Preisindizes in der Bauwirtschaft beweisen. Es werden auch immer wieder im immobilienwirtschaftlichen Bereich entsprechende Zahlen in Fachpublikationen veröffentlicht. Hier ist das betriebliche Immobilienmanagement gefordert, sich die (spärlich) vorhandenen Informationen zugänglich zu machen (als ein Beispiel hierfür kann die Aufstellung der Bewirtschaftungskosten pro Quadratmeter in Abhängigkeit von Lage und Klimatisierung in der Frankfurter Allgemeinen Zeitung vom 26.6.1998 gelten). Sobald verwertbare Studien vorliegen, können deren Ergebnisse in das oben skizzierte Modell eingearbeitet werden. Die Nicht-Wertgrößen werden nach Operationalisierung den Wertgrößen entsprechend rechnerisch eingebunden.

4.7. Ermittlung des Shareholder Value

Mit den Ergebnissen der voranstehenden Kapitel kann nun der Shareholder Value berechnet werden (vgl. Abbildung 17). Bei der Berechnung sind die intensiv besprochenen Bestandteile des Shareholder Value um den **Wert des Fremdkapitals** zu ergänzen, der den Wert des Unternehmens für die Eigentümer (=Shareholder Value) mindert. Dabei können anstelle der theoretisch richtigen Marktwerte des Fremdkapitals ebenso gut die Buchwerte angesetzt werden. Der Fehler ist vernachlässigbar (vgl. *Herter*, 1994, S. 120). Allerdings können auch die Buchwerte des Fremdkapitals an Marktwerte angepaßt werden (s. hierzu die Hinweise bei *Günther*, 1997, S. 199).

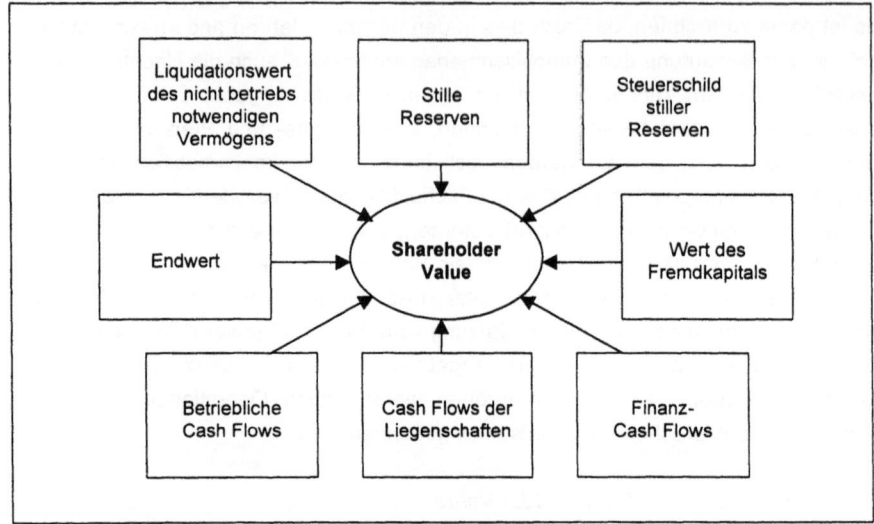

Abbildung 17: Elemente des Shareholder Value

Damit wären alle Bestandteile des Shareholder Value angesprochen. An einigen Stellen hat sich gezeigt, daß die Besonderheiten betrieblicher Immobilien keinen Einfluß auf die Shareholder Value-Ermittlung haben (z.B. bei der Ermittlung des Endwerts). An anderen Stellen jedoch führt eine Nicht-Berücksichtigung der Spezifika betrieblicher Immobilien zu falschen Ergebnissen. Fehlentscheidungen (z.B. ökonomisch unsinniger Verkauf von Immobilien) können nicht ausgeschlossen werden. Wie bereits eingangs vermutet, zählen zu den Shareholder Value-relevanten Spezifika vor allem die **stillen Reserven, für deren Abbildung eine Lösung gefunden werden konnte**.

Darüber hinaus wurde der **Shareholder Value-Ansatz immobilienspezifisch operationalisiert**. Dies konnte auch durch Definition immobilienspezifischer Werteinflußgrößen erreicht werden. Damit erfüllt der Shareholder Value neben der Aufgabe der Unternehmensbewertung die Funktion eines Steuerungsinstruments.

Als im Shareholder Value noch nicht befriedigend gelöst muß die Berücksichtigung persönlicher Steuern der Eigentümer gelten. Wenn das Management des Unternehmens (z.B. durch Ausschüttungspolitik) Einfluß auf die Gesamtsteuerbelastung der Eigentümer (bezogen auf ihren Eigentumsanteil am Unternehmen) nehmen kann, so sollte dies im Shareholder Value Berücksichtigung finden (vgl. zustimmend, allerdings mit anderer Begründung, *Ballwieser* 1995, S. 128). Die Abbildung unterschiedlicher Steuersysteme bei national unterschiedlichen Eigentümerstrukturen kann dem gleichen Problemkreis zugerechnet werden.

Unter Berücksichtigung aller Anforderungen betrieblicher Immobilien kann für die Shareholder Value-Ermittlung folgende Formel angegeben werden:

Shareholder Value =
Diskontierte Betriebliche Cash Flows innerhalb des Prognoszeitraums
+ Diskontierte Cash Flows aus Liegenschaften
+ Optionswert stiller Reserven
+ Steuerschild stiller Reserven
+ Diskontierte Finanz-Cash Flows
+ Diskontierte sonstige nicht-betriebliche Cash Flows
+ Endwert
+ Liquidationswert des sonstigen nicht betriebsnotwendigen Vermögens
– Wert des Fremdkapitals

5. Steigerung des Shareholder Value mit Integriertem Immobilienmanagement

Im letzten Kapitel ist die Shareholder Value-Analyse den Anforderungen betrieblicher Immobilien angepaßt worden, indem die Spezifika betrieblicher Immobilien berücksichtigt wurden. Darauf aufbauend soll in diesem Kapitel die Verwendung der Shareholder Value-Analyse durch das betriebliche Immobilienmanagement gezeigt werden. Die in die Gesamtunternehmenssteuerung eingebettete Kombination aus betrieblichem Immobilienmanagement und Shareholder Value-Analyse soll als Integriertes Immobilienmanagement (IIM) bezeichnet werden. Die Shareholder Value-Analyse wird dabei für folgende Zwecke eingesetzt:

- Identifizierung von Wertsteigerungspotentialen

- Bewertung von Wertsteigerungsmaßnahmen

- Früherkennung wertrelevanter Entwicklungen

Darüber hinaus wird in diesem Kapitel noch auf die Beschreibung von Wertsteigerungsmaßnahmen des Immobilienmanagements ausführlich eingegangen. Zum Abschluß des Kapitels wird noch einmal ein Gesamtüberblick des Integrierten Immobilienmanagements gegeben und die notwendige Arbeitsschritte in ihrer Reihenfolge vorgestellt.

5.1. Dem Betriebszweck zuzuordnende Immobilien und Shareholder Value

5.1.1. Verankerung in der Unternehmensstrategie

Die Strategie des betrieblichen Immobilienmanagements muß nicht nur zu der Unternehmensstrategie „passen", sondern sie ist auch von ihr abhängig. Die Immobilienstrategie ist unternehmensindividuell in **Abstimmung mit der Unternehmensstrategie** zu formulieren. Daher kann es an dieser Stelle auch keine Empfehlungen für generell zu verfolgende Immobilienstrategien in Unternehmen geben. Schließlich unterstützen die dem Betriebszweck zuzuordnenden Immobilien die Erfüllung des jeweiligen Unternehmenszwecks. An der Qualität dieser Unterstützungsleistung wird ihr Erfolg gemessen. So müssen Vertriebsimmobilien von Banken ganz andere Anforderungen erfüllen als z.B. Verwaltungsgebäude von Industrieunternehmen. Als weiteres Beispiel sei ein Unternehmen genannt, das eine Globalisierungsstrategie verfolgt, die sich natürlich stark auf das Immobilienmanagement auswirkt. Es gilt die für den Unternehmenszweck und die verfolgte Unternehmensstrategie geeignete Immobilienstrategie zu entwerfen. Dem Betriebszweck zuzuordnende betriebliche Immobilien müssen daher in das Zielsystem der Unternehmung eingebettet sein. Die mit ihnen verfolgten Ziele (z.B. daß das Unternehmen an bestimmten Standorten

112

vertreten ist) leiten sich aus den Unternehmenszielen ab (vgl. insbesondere *Schäfers* 1997, S. 143, 146, 148, 166, 193, 301, *Eversmann*, 1995, S. 50ff., *Heenan*, 1989, *Remus*, 1994).

Anders verhält es sich mit Liegenschaften. Für sie kann sehr wohl eine eigenständige Strategie formuliert werden, da sie nicht im Zusammenhang mit anderen Aktivitäten des Betriebszwecks stehen, sondern eine eigenständige Funktion haben. So können für Liegenschaften **Portfoliostrategien** formuliert werden, die die Verteilung und Schwerpunkte des Portfolios enthalten (regionale Schwerpunkte, Bevorzugung bestimmter Immobilientypen, Betonung von Sicherheits- oder Ertragsaspekten...). Ein Zusammenhang zur Unternehmensstrategie ist nur auf einer sehr aggregierten Ebene vorhanden. So wird in der Regel durch die Unternehmensstrategie der Rahmen gesetzt, in dem sich die Liegenschaften bewegen dürfen. Der Rahmen kann in der Definition des Umfangs an Immobilienaktivitäten sein (z.B. Höhe des in Immobilien gebundenen Vermögens) oder in der Formulierung der Aufgabe, die Liegenschaften im Unternehmen wahrnehmen. Wie bereits gesehen, haben Unternehmen sehr unterschiedliche Motive, Liegenschaften zu besitzen. Diese reichen von der Besicherung der Pensionsverpflichtungen durch Immobilien über die in Versicherungen teilweise gesetzlich vorgeschriebene Veranlagung von Lebensversicherungsprämien in Immobilien bis zur Gewinnerzielung mit Immobilien bei niedrigem Geschäftsrisiko. Wenn keine Strategie für die Liegenschaften ersichtlich ist, muß vom Immobilienmanagement dieses formuliert und mit der Unternehmensführung abgestimmt werden. Dies wird häufig in den Fällen notwendig sein, in denen Liegenschaften nicht als eigenes Geschäftsfeld gesehen, sondern nur als Last aus früheren Jahren empfunden werden, von der man nicht weiß, wie man mit ihr umgehen soll.

5.1.2. Sensitivitäts- und Potentialanalyse der Werteinflußgrößen

5.1.2.1. Sensitivitätsanalyse

In einem ersten Schritt wird für das Unternehmen analysiert, welche Werteinflußgrößen in welchem Umfang den Shareholder Value beeinflussen (Sensitivitätsanalyse). Mit diesen Informationen kann sich das Immobilienmanagement auf jene Werteinflußgrößen konzentrieren, mit denen die größten Effekte auf den Shareholder Value erreicht werden.

In dieser Arbeit wird zur Sensitivitätsanalyse die Verwendung der aus der Volkswirtschaftslehre bekannten **Elastizitäten** (η) vorgeschlagen (vgl. *Mansfield*, 1994, S. 24ff.). Der Vorteil von Elastizitäten ist darin zu sehen, daß sie keine absolute Größe darstellen, sondern die relative Veränderung der Inputgröße (in diesem Fall die Werteinflußgröße) in Beziehung setzen zur relativen Veränderung der Outputgröße (in diesem Fall der Shareholder Value). Genau das entspricht auch dem Verständnis einer Sensitivitätsanalyse. Insofern sind Elastizitäten ein ideales Maß für Sensitivitäten. Ein weiterer **Vorteil der Elastizitäten** besteht darin, daß sie **dimensionslos** sind. Größen verschiedener Dimensionen lassen sich so in Beziehung zueinander setzen (z.B. Flächen- und Wertgrößen). Auch mit der Verwendung von Elastizitäten lassen sich in einer Sensitivitätsanalyse keine allgemeingültigen und unternehmensübergreifenden Aussagen machen. Die Sensitivität einer einzelnen Werteinflußgröße ist abhängig von ihrer relativen Bedeutung am Shareholder Value.

Daß die Elastizitäten auch auf allgemeine Wertgeneratoren angewendet werden können, sei an der Beispiel AG demonstriert. In dem Beispiel sind die Elastizitäten für Kosten und Umsatz in Bezug auf den Shareholder Value dargestellt (vgl. Abbildungen 18 und 19).

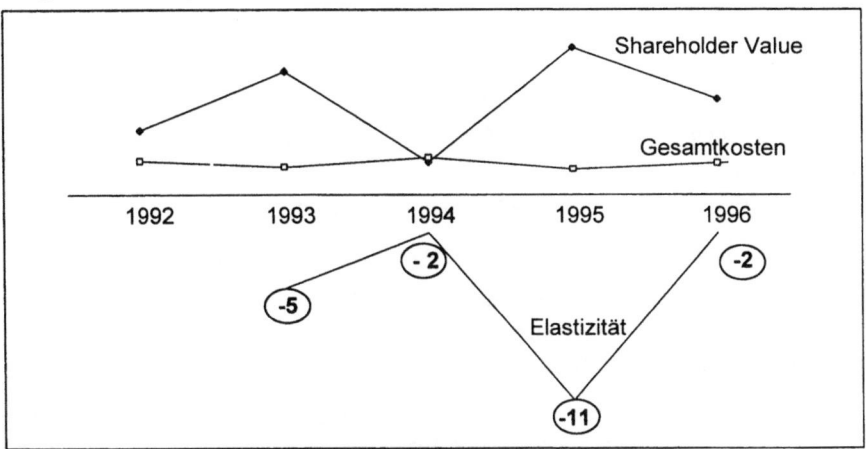

Abbildung 18: Gesamtkosten, Shareholder Value und Elastizität

114

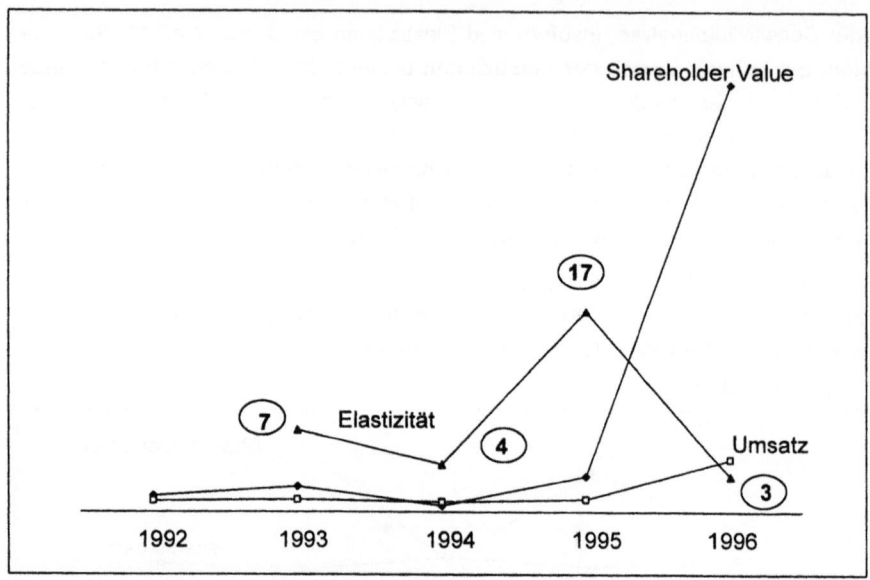

Abbildung 19: Umsatz, Shareholder Value und Elastizität

Der Wert, den die Elastizität annimmt, ist folgendermaßen zu interpretieren:

| Elastizität | > 1   Die relative Änderung der Inputgröße bewirkt eine größere relati-
ve Änderung der Ausgangsgröße. Beispiel: Eine Umsatzsteigerung um 10%
bewirkt eine Shareholder Value-Steigerung um 20%.

| Elastizität | < 1   Die relative Änderung der Inputgröße bewirkt eine kleinere re-
lative Änderung der Ausgangsgröße. Beispiel: Eine Kostensen-
kung um 10% bewirkt eine Shareholder Value-Steigerung um
2%.

Die Schwächen der vorgestellten Sensitivitätsanalyse sollen nicht unerwähnt bleiben.
Nur wenn alle anderen Faktoren konstant und unverändert bleiben, läßt sich die
Sensitivität eines Faktors auf den Shareholder Value bestimmen. Die damit unterstellte **Unabhängigkeit der Faktoren** ist in der Realität aber nicht haltbar. Es wird
bei der Beschreibung der Maßnahmen des Immobilienmanagements und deren
Auswirkungen auf den Shareholder Value noch gezeigt, wie das Immobilienmanagement durch einzelne Maßnahmen gleichzeitig Einfluß auf eine Vielzahl von Faktoren nimmt. Daher ergeben sich aus einer derartigen Analyse nur erste Anhaltspunkte
für eine Konzentration des Immobilienmanagements.

5.1.2.2. Potentialanalyse

Aufbauend auf den Ergebnissen der Sensitivitätsanalyse, die die Information liefert, welche Werteinflußgrößen besonders stark den Shareholder Value beeinflussen, wird in einem zweiten Schritt beurteilt, ob Voraussetzungen vorliegen, die Werteinflußgrößen im Sinne einer Shareholder Value-Erhöhung verändern zu können.

Dies kann auf Basis einer internen Bewertung erfolgen oder im Rahmen eines Vergleichs mit externen Daten. Bei der internen Bewertung ist das Immobilienmanagement aufgefordert abzuschätzen, welche Werteinflußgrößen sich am ehesten beeinflussen lassen: Läßt sich der Immobilienaufwand leichter um 10% senken als die Immobilienerträge um 10% erhöhen? Solche Fragen sind im Zuge der internen Bewertung zu beantworten. Die interne Bewertung kann sich aber auch auf Vergleichszahlen im Unternehmen stützen. Insbesondere bei gleichen Immobilien an verschiedenen Standorten ist ein derartiges internes Benchmarking oft aufschlußreich. Der Vorteil von als Kennzahlen definierten Werteinflußgrößen besteht darin, daß sie unmittelbar zum Benchmarking verwendet werden können.

Ein noch weitergehender Schritt bei der Potentialanalyse wäre der Rückgriff auf externe Vergleichszahlen im Rahmen des externen **Benchmarking** (vgl. *Kotch,* 1989). Es bietet die Möglichkeit, sich mit anderen Unternehmen zu vergleichen, die im Bereich des Immobilienmanagements evtl. effizienter sind. Diese Unternehmen müssen nicht aus der gleichen Branche stammen, solange ihre Immobilien mit den Immobilien des eigenen Unternehmens vergleichbar sind. Vor allem auch nicht-monetäre Daten lassen sich gut im Rahmen des Benchmarking überprüfen (z.B. Fläche pro Mitarbeiter in der Verwaltung). Beim Benchmarking sind vor allem zwei Probleme zu bewältigen: das Problem der Definition der Vergleichsdaten und das der Datenherkunft.

- **Definition der Vergleichsdaten:** Den Daten oder Kennzahlen, die miteinander zu vergleichen sind, muß inhaltlich die gleiche Definition zugrundeliegen. Das ist oftmals nur möglich, wenn gemeinsam an der Datendefinition gearbeitet und diese vor dem Benchmarking festgelegt wurde. Das hiermit zusammenhängende Problem wird bewußt, wenn man sich vor Augen führt, daß alleine für die Definition von Fläche unzählige unterschiedliche Varianten vorgeschlagen werden.

- **Datenherkunft:** Entsprechende Vergleichszahlen können auf verschiedenen Wegen beschafft werden, von denen die wichtigsten kurz dargestellt werden:

  - Der mit den besten Ergebnissen zum Ziel führende Weg ist der des mit anderen Unternehmen gemeinsam durchgeführten **Benchmarkprojekts**. Er ermöglicht sowohl eine einheitliche Datendefinition der Vergleichszahlen als auch die inhaltliche Abstimmung und Ursachenanalyse bei unterschiedlichen

Benchmarkergebnissen bzw. Effizienzunterschieden. Aus einem solchen Projekt heraus können unmittelbar Handlungsmöglichkeiten für das eigene Unternehmen abgeleitet werden. Als Ansprechpartner bieten sich z.B. Unternehmen an, mit denen man gemeinsam in einem Branchen- oder anderen Interessenverband vertreten ist.

- In der nächsten Zeit sind in Deutschland **Studien** im immobilienwirtschaftlichen Bereich zu erwarten, die auch Benchmark-Ergebnisse enthalten werden. Hierzu sind die Veröffentlichungen der entsprechenden wissenschaftlichen Institutionen und Berufsverbände zu verfolgen. Als wichtige Institutionen können die folgenden genannt werden:

    - GEFMA Deutscher Verband für Facility Management e.V.

    - IDRC International Development Research Council Europe (Internationaler Berufsverband für CRE-Manager), Amsterdam

    - IFMA International Facility Management Association, Brüssel

    - Nacore Europe (Zusammenschluß CRE-Manager), London

    - Gesellschaft für immobilienwirtschaftliche Forschung (gif)

    - ebs-Immobilienakademie

- Viele Unternehmen, die Produkte und Dienstleistungen in der Immobilienwirtschaft anbieten, verfügen auch über Datenmaterial, das sich zum Benchmarking eignet. Ein Beispiel ist die Analyse der Nebenkosten in Bürogebäuden, die von der Immobilienberatungsgesellschaft *Jones Lang Wootton* durchgeführt wurde (s. *o.V.*, 1998). Neben Immobilienberatungsunternehmen bieten sich auch Unternehmen an, die Facility Management-Leistungen (Energiemanagement, Gebäudemanagement) anbieten und vor allem eher technisch orientierte Gebäudedaten zur Verfügung stellen.

- Schließlich bleibt die Möglichkeit, in wissenschaftlichen und halbwissenschaftlichen **Fachzeitschriften** Informationen über Benchmarks zu entnehmen.

Beim externen Benchmarking ist darüber hinaus zu berücksichtigen, daß Flächenangebot und -qualität den Leistungs- und Nutzeranforderungen entsprechen müssen. Der reine Zahlenvergleich muß also relativiert werden um die unternehmensspezifische Zielsetzung, die mit den betrieblichen Immobilien verfolgt wird (Versicherungen haben andere Anforderungen an Immobilien als Industrieunternehmen).

Die Möglichkeiten des externen Benchmarking hängen auch vom Immobilientyp ab. Bei Verwaltungsgebäuden ist in der Regel eine sehr gute Vergleichbarkeit gegeben, da die Anforderungen an diese Immobilien sehr ähnlich sind. Auffallend sind aber die relativ großen Unterschiede in Qualität und Ausstattung von Verwaltungsgebäuden.

Es ist wohl doch so, daß sich ertragsstarke Unternehmen eher hochwertige Gebäude leisten und ertragsschwache Unternehmen bei den Immobilien sparen. Die Auswirkungen derartiger Immobilienpolitik auf Mitarbeitermotivation und Mitarbeiterproduktivität wird an anderer Stelle noch thematisiert.

Bei speziellen Produktionsgebäuden stößt das externe Benchmarking an seine Grenzen. Die Produktionsgebäude eines Automobilherstellers z.b. können nur begrenzt wegen unterschiedlicher Flächenrelationen und Nutzungskosten mit den Produktionsgebäuden eines Halbleiterherstellers verglichen werden. Hier bieten sich interne Standortvergleiche oder branchenbezogene Benchmarks an.

5.1.3. Wertsteigerungsmaßnahmen

In diesem Kapitel werden Maßnahmen beschrieben, mit denen das Immobilienmanagement den Shareholder Value steigern kann (vgl. Abbildung 20).

5.1.3.1. Organisation

Zu den Möglichkeiten der Shareholder Value-Steigerung durch Maßnahmen zur Veränderung der Organisation des betrieblichen Immobilienmanagements sollen folgenden Themen diskutiert werden:

- Aufbauorganistorische Gestaltung des betrieblichen Immobilienmanagements

- Möglichkeiten des Outsourcing von Leistungen des betrieblichen Immobilienmanagements

- Innerbetriebliche Leistungsverrechnung

Aufbauorganisatorische Gestaltung des betrieblichen Immobilienmanagements

Zur aufbauorganisatorischen Gestaltung werden vor allem zwei Dimensionen diskutiert: Zum einen der **Grad der Dezentralisierung**, zum anderen der **Grad der Erfolgsverantwortung** des Immobilienmanagements. Es können an dieser Stelle nicht alle Varianten angemessen diskutiert werden, so daß die folgende Darstellung sich auf die wesentlichen Lösungsvarianten und deren Vor- und Nachteile beschränkt (vertiefende immobilienspezifische Lösungen sind nachzulesen bei *Schäfers*, 1998a, S. 251ff.).

Extremvarianten bei der Wahl des Dezentralisierungsgrads sind die vollständige Zentralisierung der Immobilienfunktionen bzw. die vollständige Dezentralisierung. Die grundsätzlich sinnvolle Dezentralisierung und die durch sie gewünschte Steigerung der Verantwortung dezentraler Unternehmenseinheiten sollte durch das Immobilienmanagement nicht in Frage gestellt werden, der Grad der Dezentralisierung darf jedoch diskutiert werden. Defizite bestehen aber vor allem darin, daß wesentliche Funktionen des betrieblichen Immobilienmanagements zur Zeit im Unternehmen gar nicht wahrgenommen werden. Da dies vor allem strategische und alle Immobilien betreffende Aufgaben sind, sollten diese durch ein zentrales Immobilienmanagement erfüllt werden. Gleichzeitig kann die zentrale Verantwortung beibehalten werden, die insbesondere bei Immobilien notwendig ist, die sehr spezifisch auf den Betriebszweck zugeschnitten sind. Folgende **Funktionen** bieten sich **für eine zentrale Organisation** an:

- Schaffung von Systemen und Strukturen des betrieblichen Immobilienmanagements

- Datenerfassung und -bereitstellung des Immobilienbestands

- Portfoliomanagement der betrieblichen Immobilien (z.B. als Beratungsfunktion für dezentrale Einheiten)

- Fachexperte in Steuersachen und anderen rechtlichen Themen

Das zentrale Immobilienmanagement erhielte Richtlinienkompetenz für das Immobilienvermögen und hat damit die Möglichkeit eine Gesamtoptimierung zu verfolgen. Vor allem muß das zentrale Immobilienmanagement von den dezentralen Einheiten als kompetenter Ansprechpartner für betriebliche Immobilien eingeschätzt werden, der ihnen hilft, den Wert ihres Geschäftsfelds zu steigern. Die von *Eversmann* geforderte Einschränkung dezentraler Freiheitsgrade zur übergeordneten Optimierung ist kritisch zu beurteilen. Erfolgreicher ist die Anreicherung des zentralen Immobilienmanagements im oben beschriebenen Sinn (vgl. *Eversmann*, 1995, S. 50ff.). Mit dieser skizzierten Lösung wäre ein sinnvoller Kompromiß zwischen Synergien aus der Zentralisierung und Motivation und Effizienzsteigerung aus dezentraler Verantwortung gefunden. Dabei wird z.B. bewußt in Kauf genommen, daß sich nicht alle Möglichkeiten einer unternehmensweiten Flächenoptimierung erschließen lassen.

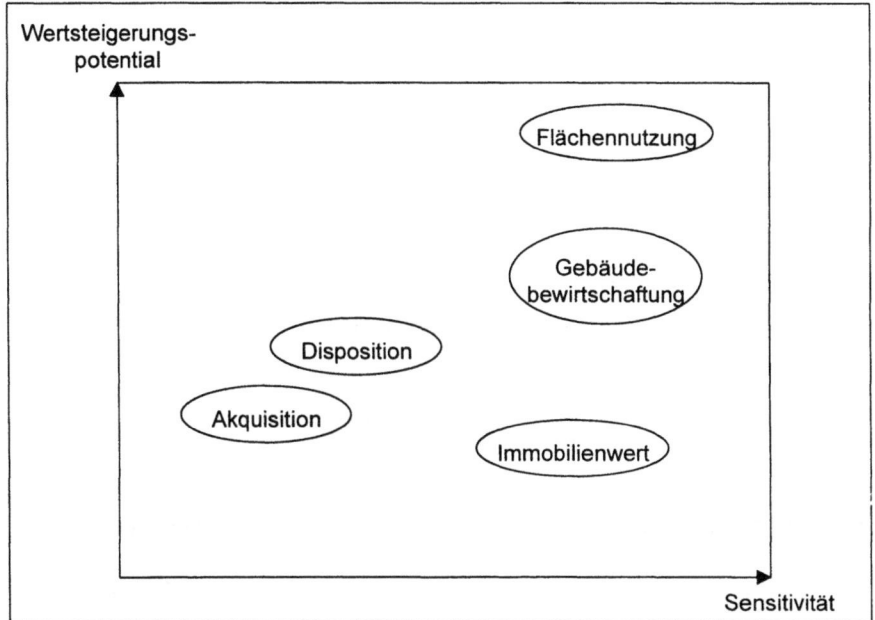

Abbildung 20: Beispiel für Angriffspunkte des Integrierten Immobilienmanagements

Gelegentlich wird die völlige Verselbständigung und **Ausgliederung** des betrieblichen Immobilienmanagements (Bildung rechtlich selbständiger Unternehmenseinheiten) vorgeschlagen und auch praktiziert. Sie sind zum Teil aber auch darin begründet, die Aufdeckung stiller Reserven (durch Einbringen von Immobilien in Personengesellschaften, z.B. OHG) zu vermeiden. Bei solchen Lösungen ist vor allem
zu beachten, daß die Nähe zu den operativen Tätigkeiten nicht verloren geht. Sie
bieten sich vor allem bei standardisierten Immobilien im Dienstleistungsbereich an,
die frei am Markt verfügbar sind. Die Vorteile dieser nahezu 100%igen Marktorientie-
rung des betrieblichen Immobilienmanagements müssen den erhöhten Koordinati-
onsaufwand mit den dezentralen Einheiten rechtfertigen. Über die Möglichkeit der
Bildung eines Value Centers für betriebliche Immobilien ist bereits geschrieben worden.

Die geführte Diskussion gleicht der um den Grad der Verantwortlichkeit des betrieblichen Immobilienmanagements. Dezentralisierungsgrad und Umfang der Verantwortung können nicht unabhängig voneinander entscheiden werden. Wird das betriebliche Immobilienmanagement straff zentralisiert und nimmt es nahezu allen Funktionen des Immobilienmanagements wahr, dann muß auch der Umfang der Verantwortung sehr hoch sein. Insofern korrespondieren einerseits organisatorische Ausgliederung des betrieblichen Immobilenmanagements und völlige Verantwortung für

120

das Ergebnis dieser rechtlich selbständigen Gesellschaft einerseits und völlige Dezentralisierung des Immobilienmanagements und damit die vollständige wirtschaftliche Verantwortung für die Immobilien durch die dezentralen Einheiten andererseits
Bei der organisatorischen Lösung für das betriebliche Immobilienmanagement müssen folgende **Kontextfaktoren** beachtet werden, da diese die Ausgestaltung beeinflussen (vgl. *Schäfers*, 1998, S. 262a):

- Unternehmensgröße

- Dezentralisierungsgrad

- Größe und wertmäßige Bedeutung des Immobilienbestands

- Immobilientypen

- Bedeutung der betrieblichen Immobilien für die operativen Aktivitäten (z.B. im
  Sinne von Austauschbarkeit, Spezialimmobilien).

Organisationsform	Vorteile	Einsatzbereich
Zentralisierung des Immobilien- managements	•Know-how-Poolung	Systembildung und - erhaltung Datenmanagement Portfoliomanagement
Dezentralisierung des Immobilien- managements	•Steigerung der Verantwortung dezentraler Einheiten	Operative Aufgaben des Immobilienmanagements
Outsourcing	•Kostenreduktion •Konzentration auf Kernkompetenzen	Immobilienstandard- leistungen
Innerbetriebliche Leistungs- verrechnung	•Schaffung von Kostenbewußtsein •Kostenreduktion	Innerbetriebliche Leistungsverrechnung

Abbildung 21: Organisationsformen des betrieblichen Immobilienmanagements

Abschließend sei die Vermutung geäußert, daß in vielen Unternehmen sowohl in
Richtung Dezentralisierung als auch in Richtung Zentralisierung Handlungsbedarf
gegeben ist. Die dezentrale Einheiten sind für die Potentiale der betrieblichen Immobilien verantwortlich zu machen und das Know-How zur Nutzung der Potentiale ist

zentral im Unternehmen verfügbar zu machen. Die von den meisten Autoren geforderte Zentralisierung des Immobilienmanagements und die Bildung von Profit Center oder rechtlich selbständigen Gesellschaften inkl. Übertragung der betrieblichen Immobilien sollte nicht als der Königsweg betrachtet werden (vgl. stellvertretend *Brown/Soens*, 1993, S. 36ff.). Ebenso kann die übermäßige Professionalisierung und Stärkung des betrieblichen Immobilienmanagements (z.B. durch Projektentwicklungs-Know How im Unternehmen) der falsche Weg sein, wenn das Unternehmen sich auf seine Kernkompetenzen besinnt und die Bedeutung betrieblicher Immobilien bewußt reduziert. In diesen Fällen muß sehr gut überlegt werden, welche Immobilienkompetenz das Unternehmen in Zukunft braucht. Vor allem sollte man aus den Erfahrungen amerikanischer Unternehmen lernen, die zunächst das Immobilienmanagement auch personell stark aufgewertet haben und dann, nicht zuletzt durch Ausnutzung der **Outsourcing- und Kooperationsmöglichkeiten**, das Immobilienmanagement wieder redimensionierten (s.a. den Überblick zu den einzelnen Organisationsformen mit ihren jeweiligen Vorteilen in Abbildung 21).

Möglichkeiten des Outsourcing von Leistungen des betrieblichen Immobilienmanagements

In der Literatur findet sich eine intensive Diskussion, ob Leistungen aus dem Spektrum des betrieblichen Immobilienmanagements nur vom Unternehmen selbst oder auch von externen Anbietern erbracht werden sollen (vgl. *Braun/Haller/Oesterle*, 1996, S. 36, *Eversmann*, 1995, S. 50ff.; *Eisinger*, 1995a, S. 36ff., *Schneider*, 1996, *Lorant*, 1993, *Hahn/Hungenberg/Kaufmann*, 1994). Offen bleibt die Frage, welche Leistungen dies sein sollen. Theoretisch denkbar ist, sich im Zuge der Konzentration auf die Kernkompetenzen des Unternehmens von allen Immobilienaktivitäten des Unternehmens zu lösen. Diese Unternehmen würden dann über keine eigenen Immobilien mehr verfügen. Da dann sämtliche Leistungen, inklusive der Zurverfügungstellung der Immobilie selbst, fremdbezogen würden, bräuchten diese Unternehmen auch fast kein Immobilien-Know How. Viele Unternehmen haben aber nicht die Möglichkeit (weil z.B. für den Betriebszweck entsprechende Immobilien am Markt nicht angeboten werden) oder nicht die Absicht, auf eigene Immobilien zu verzichten. In diesen Unternehmen ist zumindest ein Minimum an Immobilien-Know How notwendig. Hat das Unternehmen mit Liegenschaften ein eigenes Geschäftsfeld, ist ohnehin Immobilien-Know How, das auch für die dem Betriebszweck zuzuordnenden Immobilien genutzt werden kann, im Unternehmen vorhanden.

Besonders für Outsourcing eignen sich standardisiert angebotene, nicht unternehmensspezifische Leistungen (vgl. *Schäfers*, 1998c, S. 241). Bei diesen haben externe Anbieter in der Regel einen Know How- und Kostenvorteil, der vom Unternehmen genutzt werden sollte (vgl. *Pierschke*, 1998, S. 304). Zu diesen **Immobilienstan-**

dardleistungen zählen z.B. Portier- und Bewachung, Reinigung, Instandhaltung und Reparaturen. Das Portfolio-Management der betrieblichen Immobilien, bei dem es auch um die laufende Verfolgung des Zusammenspiels von Nutzeranforderungen bzw. -nachfrage mit dem Immobilienangebot geht, sollte im Unternehmen belassen werden. Als Spezialfall kann die Errichtung betrieblicher Immobilien angesehen werden, zu der in hohem Ausmaß externe Leistungen nachgefragt werden müssen. Zu den unternehmensspezifischen Immobilienleistungen können Immobilienberater unterstützend eingebunden werden. Schließlich muß im Unternehmen auch das Know How vorhanden sein, die extern bezogenen Leistungen steuern, beurteilen und verhandeln zu können (vgl. *Braun/Haller/Oesterle*, 1996, S. 129ff.).

Innerbetriebliche Leistungsverrechnung

Innerbetriebliche Leistungsverrechnung ist dort sinnvoll, wo organisatorische Lösungen zur Dezentralisierung der Verantwortung nicht möglich oder nicht gewünscht sind. Die Philosophie der innerbetrieblichen Leistungsverrechnung lautet vereinfacht: Die Aufgabe soll nicht dezentralisiert werden, die dezentralen Einheiten sollen aber als Nutznießer der Aufgabe dafür bezahlen. Allein diese Sicht der innerbetrieblichen Leistungsverrechnung vermittelt, daß diese nur ein Hilfsmittel sein kann. Sie ist aber in diesen Fällen sinnvoll, weil sie die dezentralen Einheiten zu wirtschaftlicherem Verhalten zwingt. **Verrechnungspreise** sollten, - sofern möglich - auf **Marktpreisen** basieren (vgl. *Braun/Haller/Oesterle*, 1996, S. 36, *Homann/Schäfers*, 1998, S. 206). Diese lassen sich nur bestimmen, wenn am Markt vergleichbare Leistungen angeboten werden. Als Alternative bieten sich **Preise auf Kostenbasis** an, die allerdings häufig zu fruchtlosen Diskussionen führen. Daher erfordert die Akzeptanz des Verrechnungspreissystems in den Fällen besondere Aufmerksamkeit, in denen keine Marktpreise zur Verfügung stehen.

5.1.3.2. *Akquisition*

In den Bereich der Akquisition fallen alle Maßnahmen, die im Vorfeld der Nutzung einer Immobilie getroffen werden.

Miete, Leasing oder Eigentum

Die Entscheidung für Miete, Leasing oder Eigentum einer Immobilie gehört zu den wichtigsten Entscheidungen des Immobilienmanagements. Sie wird gleichzeitig mit der Frage der Finanzierung der Immobilie beantwortet (vgl. *Spitzkopf*, 1994, *Redman/Tanner*, 1991). Zur wirtschaftlichen Beurteilung der Entscheidungsalternativen ist der Shareholder Value das geeignete Bewertungsinstrument. Den über mehrere Jahre anfallenden Mietzahlungen bzw. Leasingraten kann die einmalige Investition ergänzt um periodischen Zahlungen für Instandhaltung und Reparaturen gegenübergestellt werden. Die Barwertbetrachtung des Shareholder Value ermöglicht einen

Wirtschaftlichkeitsvergleich. Inwiefern die Wertsteigerung der Immobilie berücksichtigt werden muß, ist bereits ausführlich beschrieben worden. Häufig sprechen schon Gründe, die außerhalb einer ökonomischen Betrachtung liegen, für oder gegen eine Alternative. Wird z.B. die benötigte Immobilie nicht am Markt angeboten, bleibt nur die Möglichkeit zu leasen oder selbst zu errichten. Sind die **Finanzierungsvoraussetzungen** für den Kauf oder Errichtung einer Immobilien nicht gegeben, so bleibt nur die Miete übrig. Schließlich ist ein wesentlicher Entscheidungsfaktor die **Flexibilität**, die bei gemieteten Immobilien höher ist als bei eigenen Immobilien. Insbesondere für dynamische Unternehmen, die gefordert sind, laufend ihre Standorte zu wechseln, sind gemietete Immobilien vorteilhafter. Tendenziell eignen sich Standardimmobilien wie Verwaltungsgebäude im Dienstleistungsbereich mehr für Miete und spezielle (Produktions-)Immobilien mehr für Eigentum. Die Erfahrung zeigt, daß bei langfristiger Betrachtung Eigentum wirtschaftlicher ist als Miete. Ob dies auch für die Zukunft gilt, wird noch diskutiert werden. Bei der Beantwortung der Frage Miete oder Kauf sind auch die beim Kauf wesentlich höheren **Transaktionskosten** zu berücksichtigen (z.B. Notarkosten). Aus Shareholder Value-Sicht kann keine der Alternativen bevorzugt werden. Ökonomische Kriterien und Restriktionen sind in die Entscheidung einzubeziehen (s. die zusammenfassende Darstellung der Vor- und Nachteile der einzelnen Akquisitionsformen in Abbildung 22).

	Vorteile	**Nachteile**
Miete	kein Kapital gebunden erhöht die Flexibilität kurzfristig günstiger	keine Partizipation an Wertsteigerung Auszahlungen ohne Vermögensbildung
Leasing	vermeidet Dauerschulden marktangebotsunabhängig kein Kapital gebunden Forfaitierung möglich	freie Verfügbarkeit des Leasingnehmers nicht gegeben
Eigentum	marktangebotsunabhängig langfristig günstiger zur Übertragung stiller Reserven geeignet	Kapitalbindung höhere Transaktionskosten

Abbildung 22: Miete, Leasing und Eigentum – Vorteile und Nachteile

- Wird ein vorhandenes Objekt ersetzt, so spielen bei der Beurteilung der Alternativen die **steuerrechtlichen Gegebenheiten** eine große Rolle. Werden nämlich im Zuge der Neuerrichtung (z.B. an einem anderen Standort) stille Reserven bei der alten Immobilie aufgedeckt, so lassen sich diese nur auf die neue Immobilie übertragen, wenn diese sich auch wieder im Eigentum befindet. Der Steuervorteil (durch Vermeidung von Steuerzahlungen auf die stille Reserve) kann dabei so groß sein, daß Miete als Alternative nicht mehr zur Diskussion steht.

In der Vergangenheit hat das **Leasing** von Immobilien stark zugenommen (zum Immobilienleasing s. *Schäfers*, 1998c, S. 230ff., *Ropeter/Vaaßen*, 1998, S. 164). Folgende Gründe sind dafür maßgeblich:

- Beim Leasing ist durch die Immobilie kein Kapital gebunden, das für die Entwicklung des operativen Geschäfts benötigt wird.

- Leasing bietet steuerliche Vorteile, da der in den Leasingraten enthaltene Zinsaufwand im Gegensatz zur Kreditfinanzierung voll abzugsfähig ist.

- Der Leasinggeber kann eine **Forfaitierung** der zukünftigen Leasingraten wählen. Da damit Dauerschulden beim Leasinggeber vermieden werden, ergeben sich steuerschonende Effekte auf die Gewerbesteuerbelastung (sowohl bei der Gewerbeertragsteuer wegen der nur hälftigen Berücksichtigung des Zinsaufwands als auch bei der Gewerbekapitalsteuer wegen des nur hälftigen Abzugs der Dauerschulden, s. § 9 Nr. 1 S. 2 GewStG, vgl. *Haarmann/Busch,* 1998, S. 411). Diese Vorteile werden zumindest teilweise mit den Leasingraten an den Leasingnehmer weitergegeben.

- Leasing vermeidet beim Leasingnehmer Dauerschulden mit den bereits angeführten gewerbesteuerlichen Vorteilen.

- Die Immobilien kann nach den individuellen Wünschen und Anforderungen des Leasingnehmers errichtet werden. Der Leasinggeber setzt in der Regel keine Grenzen.

- Der Leasinggeber verfügt in der Regel über umfangreiche Erfahrungen in der Immobilienplanung und -errichtung.

- Die günstigen Refinanzierungskonditionen des Leasinggebers werden zumindest zum Teil an den Leasingnehmer weitergegeben.

- Normalerweise wird die Immobilie vom Leasingnehmer am Ende des Leasingzeitraums übernommen. Der Leasingnehmer profitiert damit von der während des Leasingzeitraums erzielten Wertsteigerung.

Ein Nachteil des Leasing besteht darin, daß der Leasingnehmer über die Immobilie nicht frei verfügen (z.B. veräußern) kann. Der Nutzen für das Unternehmen entspricht dem einer Eigentumsimmobilie, die „Finanzierung" der einer gemieteten Immobilie.

Hat sich ein Unternehmen für Eigentum entschieden, stehen ihm neben den traditionellen Hypothekendarlehen neue Finanzierungsformen offen. Ein modernes Finanzierungsinstrument sind z.B. die geschlossenen Immobilienfonds, mit deren Hilfe sich vor allem größere Finanzierungsvorhaben bewältigen lassen. Immobilienfonds sind für Anleger vor allem aus steuerlichen Gründen interessant.

Auswahl bzw. Errichtung der Immobilie

Die Phase der Auswahl bzw. der Errichtung einer Immobilie bietet die besten Möglichkeiten, die Höhe der bei einer Immobilie über einen sehr langen Zeitraum nicht wesentlich beeinflußbaren Nutzungskosten festzulegen. Diese an und für sich triviale Tatsache wird leider in der Praxis immer noch nicht entsprechend gewürdigt. Die mit der Planung und Errichtung gewählte Ausstattung und Qualität der Immobilie bestimmen zu mehr als 80 Prozent die späteren Nutzungskosten. Auch aus diesem Grund sollten die Anforderungen des Unternehmens und der Nutzer schon in der Planungsphase bekannt sein. Die späteren Nutzungskosten sind auch ein wesentlicher Faktor für den Wert einer Immobilie. Zahlreiche Immobilien haben Wertverluste oder können nicht vermietet werden, weil ihre Nutzungskosten (die „2. Miete") zu hoch sind.

Ebenso bleibt häufig die Möglichkeit ungenutzt, die für Planung und Errichtung benötigten Daten in diesen Phasen für die spätere Nutzung aufzubereiten und zu speichern. Für das Immobilienmanagement benötigte Daten müssen dann mit einem vielfach höheren Aufwand in der Nutzungsphase recherchiert werden. Dies ist vermeidbar, wenn das Immobilienmanagement bereits in die Planung eingebunden ist (vgl. *Braun/Haller/Oesterle*, 1996, S. 39ff.).

5.1.3.3. Disposition

Die Disposition betrieblicher Immobilien verdient vom Immobilienmanagement zukünftig mehr Beachtung, weil

- Unternehmen sich auf ihre Kernkompetenzen konzentrieren,

- Unternehmen gezwungen sind, ihre stillen Reserven zu aktivieren bzw. die in den Immobilien verborgenen Potentiale zu verwerten,

- die zunehmende Internationalisierung und Globalisierung die Unternehmen veranlaßt, Standorte aufzugeben,

- Immobilien nicht ihren Verkehrswerten entsprechend genutzt werden,

- Immobilien nicht die Renditeforderungen des Unternehmens erfüllen.

Insgesamt verlagert sich die Betrachtung der betrieblichen Immobilien von einer ko-
stenorientierten zu einer ertragsorientierten Sicht (vgl. *Eversmann*, 1995, S. 50ff.).
Die wichtigsten Maßnahmen im Rahmen der Disposition sind daher (vgl. *Eisinger*,
1995a, S. 36ff.):

- Verwertung von nicht (wirtschaftlich) genutzten Immobilien durch **Projektentwicklung**

    - Es ist bereits beschrieben worden, in welchen Fällen die stillen Reserven be-
trieblicher Immobilien als eigener Wert in den Shareholder Value eingehen.
Zu den Aufgaben des Immobilienmanagements zählt, diese stillen Reserven
bezüglich ihres Verwertungspotentials zu untersuchen. Häufig ist eine augen-
blickliche Verwertung durch Projektentwicklung (z.B. eines brachliegenden
Grundstücks) auch aus Shareholder Value-Sicht die ökonomisch sinnvollere
Lösung als auf eine ungewisse Wertsteigerung zu hoffen.

    - Verwertung kann auch die Umwidmung von Flächen bedeuten, deren heutige
Nutzungsform nicht mehr dem Wert der Fläche adäquat ist (z.B. industrielle
Lagerflächen in Innenstadtlagen, vgl. *Eversmann*, 1995, S. 50ff.).

    - Die Verfolgung dieser Verwertungsstrategien erfordert für den Fall der Ver-
kaufs betrieblicher Immobilien eine begleitende Informationspolitik, da der
Verkauf von betrieblichen Immobilien häufig als Warnsignal für wirtschaftliche
Schwierigkeiten verstanden wird („Verscherbeln des Tafelsilbers").

    - In amerikanischen Unternehmen ist die Tendenz unübersehbar, den betriebli-
chen Immobilienbestand als strategisches Kapital zu betrachten, das dem
Unternehmen maximalen Ertrag bringen soll. Überschüssiger oder brachlie-
gender Immobilienbestand wird dort nicht als Zeichen wirtschaftlicher Stärke,
sondern als Indiz für ineffizientes Management gedeutet (vgl. *Brown/Soens*,
1993, S. 411ff.).

- **Verkauf nicht betriebsnotwendiger Immobilien**

    - Die Berechtigung des Vorhaltens nicht betriebsnotwendiger Immobilien ist in
Frage zu stellen. Dieser Typ betrieblicher Immobilien muß ebenso seinen
Beitrag zum Shareholder Value leisten wie die operativen Tätigkeiten des
Unternehmens. Innovative Lösungen können zur Lösung des Problems bei-
tragen (z.B. Umwandlung von Mitarbeiterwohnungen in Eigentumswohnun-
gen). Jedenfalls sind steuerliche Belastungen zu bedenken.

    - Beim Verkauf nicht betriebsnotwendigen Vermögens ist häufig das psycholo-
gische Problem zu überwinden, Immobilien mit niedrigen Verkehrswerten zu
verkaufen. Oftmals stellt sich in dem Moment heraus, daß die stillen Reserven

stiller als vermutet sind. Dieser Schritt sollte dennoch gewagt werden, weil Immobilien in irgendeiner Form betreut werden müssen und Kosten verursachen.

- **Standortoptimierung**

  - Möglichkeit der Verlagerung von Betriebsstätten an aus Immobiliensicht kostengünstigere und evtl. verkehrsgünstigere Standorte (z.B. in Stadtrandlagen, ländliche Gebiete, Ausland) prüfen.

  - Bei Hauptverwaltungen oder Konzernzentralen, die an prestigeträchtigen und kostspieligen Standorten ihren Sitz haben, kann die Größe der Standorte oftmals reduziert werden. Wegen fortschreitender Verbesserung von Managementinformationssystemen und zunehmender EDV-Vernetzung können unterstützende Einheiten an günstigere Standorte verlagert werden (vgl. *Borger*, 1996, S. 32ff.).

  - Bei der Entscheidung müssen neben den immobilienspezifischen Vorteilen weitere Vor- und Nachteile berücksichtigt werden, da eine Standortentscheidung nicht ausschließlich auf Basis der Immobiliensituation gefällt wird.

- Nutzungsoptimierung und Ertragssteigerung der vermieteten Flächen (z.B. durch Aus- und Umbau, zahlungskräftige Mieter)

- **Sale-and-lease-back** (vgl. *Haarmann/Busch*, 1998, S. 413, 416)

  - Sale-and-lease-back unterscheidet sich von den anderen Verwertungsmöglichkeiten dadurch, daß die Immobilie vom Unternehmen in der gleichen Form weitergenutzt wird. Es ist damit eine spezielle Form der Unternehmensfinanzierung.

  - Die Immobilie wird hierzu vom Unternehmen an die Leasinggesellschaft veräußert und anschließend zurückgeleast.

  - Der Veräußerungserlös kann vom Unternehmen für Investitionen in das operative Geschäft, zur Beseitigung von Liquiditätsengpässen und zur Bewältigung von Krisensituationen verwendet werden (s. das Beispiel der AEG).

  - Weitere Ziele, die mit dem Sale-and-lease-back-Verfahren verfolgt werden können, sind Verringerung der Kapitalbindung und Verkürzung der Bilanz.

Im Rahmen von Dispositionsentscheidungen sollte die Möglichkeit einer steuerschonenden Ausgestaltung nicht unbeachtet bleiben. Der wichtigste steuerliche Möglichkeit ist die der **Übertragbarkeit stiller Reserven**. Die bei einer Veräußerung durch Offenlegung stiller Reserven anfallenden Veräußerungsgewinne können auf Ersatzwirtschaftsgüter übertragen werden, wenn folgende **Voraussetzungen** erfüllt sind (vgl. *Haarmann/Busch*, 1998, S. 407f.):

- Die zu veräußernde Immobilie muß mindestens 6 Jahre im Eigentum des Unternehmens gewesen sein.

- Die Immobilie befindet sich im Inland.

- Das Ersatzwirtschaftsgut muß im Jahr der Veräußerung oder dem der Veräußerung vorangegangenen Jahr angeschafft oder hergestellt worden sein.

- Wird im genannten Zeitraum kein Ersatzwirtschaftsgut beschafft, kann eine Rücklage gebildet werden, die spätestens nach vier Jahren aufgelöst werden muß.

- Ist das Ersatzwirtschaftsgut ein Grundstück, kann die stille Reserve nur übertragen werden, wenn sie von einem Grundstück stammt.

- Ist das Ersatzwirtschaftsgut ein Gebäude, kann die stille Reserve auch von anderen Wirtschaftgütern stammen (z.B. einer Beteiligung).

Durch die Übertragung der stillen Reserve können erhebliche Steuerbelastungen kurzfristig vermieden und in die Zukunft verschoben werden. Bei der Beurteilung des Steuervorteils (der ja kein Steuervorteil, sondern ein Zinsvorteil ist) sollte berücksichtigt werden, ob mit steigenden, gleichbleibenden oder sinkenden Steuern zu rechnen ist. Die antizipierte Entwicklung relativiert den Zinsvorteil.

5.1.3.4. Flächennutzung

In den letzten Jahren haben vor allem technische Weiterentwicklungen dazu beigetragen, über die Effizienz der Flächennutzung in Unternehmen nachzudenken. Die wichtigsten Entwicklungen sind im folgenden aufgezählt:

- Durch die zur Zeit forciert betriebene **Standortverlagerung** (z.B. nach Osteuropa) werden an einzelnen Standorten Flächen frei.

- In vielen Unternehmen sind Bestrebungen vorhanden, sich auf die **Kernkompetenzen** zu konzentrieren und den Umfang der Geschäftsaktivitäten zu reduzieren.

- Die **Produktivitätssteigerungen** der letzten Jahre, die nicht auf die Produktion beschränkt blieben, haben sowohl im Produktions- als auch im Verwaltungsbereich zu freien Flächen geführt.

- **Moderne Informations- und Kommunikationstechnik** bieten die Möglichkeit, den Arbeitsplatz vom Büro unabhängig zu machen (Heimarbeitsplätze mit Anschluß an die Unternehmens-EDV, Außendienstmitarbeiter mit tragbaren PC´s und Anschluß an die Unternehmens-EDV). Dadurch können bisher benötigte Flächen obsolet werden (vgl. *Eisinger*, 1995a, S. 36ff., *Borger*, 1996, S. 32ff., *Göppert*, 1995).

▪ Getrieben wird diese Auslagerung des Arbeitsplatzes (oder besser: der Arbeitstätigkeit) durch die mangelhafte Auslastung der Büroflächen. Berechnungen zufolge wird das durchschnittliche Bürogebäude nur zu 5% genutzt. Diese Zahl errechnet sich, indem Wochenenden, Urlaube und Feiertage, die durchschnittliche Wochenarbeitszeit von 40 Stunden, Pausen und Krankheiten sowie soziale Aktivitäten in den Nutzungsgrad einbezogen werden (vgl. *Ottomann*, 1994, S. 29f.).

● Die technischen Innovationen werden begleitet von organisatorischen Innovationen. **Moderne Bürokonzepte** wie z.B. die Teilung des Arbeitsplatzes mit Kollegen („Desk Sharing") werden in Zukunft stärker die Bürolandschaft bestimmen und für eine höhere Flächenproduktivität sorgen (vgl. *Schneider/Gentz*, 1998, S. 794f.).

● Schließlich sind EDV-Programme entwickelt worden, mit denen das Flächenmanagement in der Umzugs- und Belegungsplanung unterstützt wird. Wie bereits oben betont, sollten die notwendigen Basisdaten bereits während der Planungs- und Errichtungsphase der Immobilie erfaßt werden.

▪ **CAD-unterstütztes Flächenmanagement** erlaubt heute, weitgehend automatisch Flächenaufmaße zu generieren, Flächen entsprechend ihrer Nutzung zu klassifizieren und Kostenstellen zuzuordnen. So können Kostenstellen z.B. weitgehend systemgesteuert mit kalkulatorischen oder tatsächlich angefallenen Mietkosten belastet werden.

▪ Eine weitere Möglichkeit besteht darin, mit Hilfe von CAD Belegungsplanung, graphische Umzugsplanung, Revisionsplanung oder Planverwaltung einfach zu betreiben. CAD unterstützt darüber hinaus die Inventarverwaltung, die Führung des Raumbuches oder die Parkplatzverwaltung (vgl. *Braun/Haller/Oesterle*, 1996, S. 56ff.).

Da mehrere dieser Entwicklungen gleichzeitig wirken können, können freiwerdende Flächen insbesondere in kaum wachsenden Unternehmen zu einem Problem werden, das im Rahmen der Disposition gelöst werden muß (vgl. auch die Entwicklung im Bankenbereich, wo vor allem wegen Electronic Banking erhebliche Filialflächen obsolet werden). Für das betriebliche Immobilienmanagement bedeutet das, sich laufend DV-gestützt Überblick über die Flächensituation im Unternehmen zu verschaffen und entsprechende Maßnahmen zur Verbesserung der Flächeneffizienz einzuleiten.

5.1.3.5. Gebäudebewirtschaftung

Wesentliche Ansätze der Wertsteigerung im Rahmen der Gebäudebewirtschaftung sind:

- **Nutzungsorientiertes Bauen**

  - Wie bereits ausgeführt, bestehen in der Planungs- und Errichtungsphase der Immobilie die größten Möglichkeiten, für das fertige Gebäude niedrige Nutzungskosten zu erzielen. Die **Ausstattung** (z.B. Klimatisierung) und **Bauqualität** haben wesentlichen Einfluß auf die späteren Nutzungskosten. Vollklimatisierung z.B. führt zu 1,3 bis 1,5fach höheren Nutzungskosten (vgl. *o.V.*, 1998). Im Rahmen von Wirtschaftlichkeitsrechnungen kann die optimale Kombination aus Errichtungs- und Nutzungskosten ermittelt werden (vgl. *Braun/Haller/Oesterle*, 1996, S. 64ff.).

  - Die betrieblichen Immobilien, die der Erfüllung des Betriebszwecks dienen, müssen genau dessen Anforderungen erfüllen. Sie orientieren sich an Zielen, Selbstverständnis und Aufgaben der operativen Einheiten. Unternehmenszweck und Immobilie müssen zueinander „passen". Für eine Werbeagentur wird daher eine andere Art von Immobilie „angemessen" sein als für ein Arbeitsamt.

  - Immobilien werden häufig an den Anforderungen der späteren Nutzer vorbei entwickelt. Das kann bei Übererfüllung der Anforderungen zu unnötigen Kosten und bei Nicht-Erfüllung der Anforderungen aus Motivationsgründen zu schlechter Arbeitsproduktivität führen. Daher sind bei der Planung und Errichtung Ausstattung und Innengestaltung der Immobilie mit den Anforderungen der Nutzer abzugleichen. Hierzu kann man sich an der Vorgehensweise des **Target Costing** orientieren (vgl. *Seidenschwarz*, 1993). Mit diesem Verfahren werden auch die Präferenzen der Nutzer ermittelt (z.B. große Räume oder gute Ausstattung).

- **Energiemanagement**

  - Mit Energiemanagement werden auch bei bereits errichteten Gebäuden durch neue Brenner- und Steuerungstechnik nicht unerhebliche Einsparungen erzielt (vgl. *Braun/Haller/Oesterle*, 1996, S. 83ff., 100ff.). Darauf spezialisierte Unternehmen bieten häufig sogenannte **Contracting**-Modelle an, mit denen sie die notwendigen Investitionen finanzieren, die dann aus den laufenden Einsparungen bezahlt werden (vgl. *Bertelmann*, 1997).

- **Instandhaltungsmanagement** (vgl. *Braun/Haller/Oesterle*, 1996, S. 15ff., *Eisinger*, 1995a, S.36ff)

  - Instandhaltungsmanagement entscheidet, ob Anlagenteile immer nur nach ihrem Ausfall ersetzt werden, ob einem Ausfall oder der Unterschreitung der geforderten Minimalleistung durch geeignete Maßnahmen vorgebeugt oder ob eine Mischform dieser Varianten gewählt wird.

  - Systematische Analyse und Beseitigung von Schwachstellen der Anlage ist ebenso Voraussetzung für ein kostenoptimales Instandhaltungsmanagement wie die gezielte Erfassung und Auswertung der Daten von Störfällen im Anlagenbetrieb.

- Wahl der **Nutzungsdauer**

  - Aufgrund der Unzerstörbarkeit von Grund und Boden hat dieser eine ewige Nutzungsdauer. Zu beachten ist, inwieweit die Kosten für die Sanierung möglicher Altlasten den Grundstückswert übersteigen. Ein solcher Fall kann die zukünftige Nutzung wirtschaftlich unmöglich machen, wobei fraglich ist, ob die Sanierung überhaupt vermieden werden kann oder aus umweltrechtlichen Gründen zwingend ist.

  - Im Hinblick auf die Gebäude ist zwischen einer technischen und einer wirtschaftlichen Nutzungsdauer zu unterscheiden. Die **technische Nutzungsdauer** - auch technische Lebensdauer – umfaßt die gesamte Lebensdauer von der Gebäudeerstellung bis zum Abriß der Immobilie. Die Einflußfaktoren auf die technische Nutzungsdauer sind die Eigenschaften des Gebäudes, die Umwelteinflüsse, Art und Grad der Nutzung, Alterserscheinungen sowie der Aufwand für Instandhaltung. Die Länge der **wirtschaftlichen Nutzungsdauer**, die kürzer ist als die technische, ist durch die Bedarfsveränderungen und Umgebungsveränderungen bestimmt (vgl. *Schäfers*, 1998b, S. 281f.).

  - Wegen ihrer in der Regel massiven Bauweise weisen viele Immobilien eine sehr lange technische Nutzungsdauer auf. Im Falle kontinuierlicher Instandhaltungs- und Modernisierungsmaßnahmen können diese teils über mehrere Generationen hinweg genutzt werden.

  - Demgegenüber kann die wirtschaftliche von der technischen Nutzungsdauer wegen der sich immer stärker wandelnden und differenzierenden Nutzeranforderungen teils erheblich abweichen. So sind z.B. Großraumbüros heute weniger nachgefragt als Einzelbüros, obwohl sie vor 20 Jahren die große Innovation im Bürobau waren.

- Gleichermaßen führen die gestiegene Automatisierung und Technisierung von Arbeitsplätzen und das gestiegen Kostenbewußtsein der Nutzer dazu, daß die wirtschaftliche Nutzungsdauer von Büroimmobilien nur noch 30 bis 40 Jahre beträgt. So weisen Bürogebäude aus den 50er und 60er Jahren selbst in guten Stadtlagen hohe Leerstandsraten aus, weil sie die Ansprüche an Flexibilität, Ausstattungsstandard und Raumkonfiguration nicht mehr erfüllen.

- Verallgemeinert ist die Nutzungsdauer von der Hochwertigkeit des Standorts sowie vom Gebäudetyp abhängig, oder: Je hochwertiger der Standort und je aufwendiger die Bebauung desto länger die Nutzungsdauer. Entsprechende Instandhaltungs- und Modernisierungsmaßnahmen können die wirtschaftliche Nutzungsdauer erheblich verlängern. Abzuwägen ist jedoch stets, ob die dabei anfallenden Kosten den gestifteten Nutzen nicht übersteigen.

- Bei der Planung und Errichtung betrieblicher Immobilien ist dieser **tendenziell sinkenden wirtschaftlichen Nutzungsdauer** betrieblicher Immobilien Rechnung zu tragen.

- **Prozeßmanagement**

  - Mit Prozeßmanagement lassen sich die Leistungen des Immobilienmanagements erfassen, strukturieren und kostenmäßige bewerten. Dies bietet zum einen die Möglichkeit der internen Leistungsverrechnung (vgl. *Felix/Renner*, 1998, S. 441ff.), zum anderen der optimalen Gestaltung durch Definition und Bewertung des Dezentralsierungsgrads der Leistungen.

  - Die Praxis zeigt, daß ein hoher Anteil an den Kosten der Gebäudebewirtschaftung auf Personalkosten entfällt (vgl. *Hermes*, 1994, S. B2). Zu deren Analyse und Bewertung kann das Instrument der Prozeßkostenrechnung eingesetzt werden, u.a. um Vorteile des Outsourcing von Leistungen bewerten zu können.

- **Gebäudeinformationssystem** (vgl. *Braun/Haller/Oesterle*, 1996, S. 15)

  - Der Aufbau eines Gebäudeinformationssystems dient der Verbesserung der Informationsbereitstellung, der vereinfachten Datenauswertung und deren Klassifizierung. Es hilft, im Gebäudemanagement verborgene Potentiale aufzuzeigen und zu bewerten und ist Voraussetzung für **Benchmarking**. Eine Kosteneinsparung ergibt sich mittelbar aus der Umsetzung der verfügbaren Informationen in Maßnahmen.

  - Die **Datenerfassung vorhandener Gebäude** in ein Gebäudeinformationssystem verursacht ein Vielfaches des Aufwandes der späteren Datenpflege (vgl. *Braun/Haller/Oesterle*, 1996, S.47). Zur erstmaligen Datenerfassung sollten daher externe Mitarbeiter hinzugezogen werden.

- Senkung des Mietaufwands

  ▪ Bei gemieteten Immobilien sind alle Möglichkeiten auszuschöpfen, um den Mietaufwand zu reduzieren. Im Extremfall ist bei günstiger Immobilienmarktlage der Umzug in eine andere Immobilie vorzusehen.

5.1.3.6. *Immobilienwert*

Die Bedeutung und die Abbildung des Wertes betrieblicher Immobilien im Shareholder Value ist bereits eingehend behandelt worden. Bereits an dieser Stelle ist angedeutet worden, daß die Wertentwicklung der betrieblichen Immobilien als eine eigenständige Aufgabe des betrieblichen Immobilienmanagements aufgefaßt werden muß. Um die Möglichkeiten, die dem betrieblichen Immobilienmanagement zur Beeinflussung der Wertentwicklung der Immobilien offenstehen, beurteilen zu können, sind zunächst die Faktoren identifiziert worden, die zur Wertentwicklung beitragen (zu den folgenden Ausführungen s. *Schulte/Allendorf/Ropeter*, 1998, S. 518f., vgl Abbildung 23).

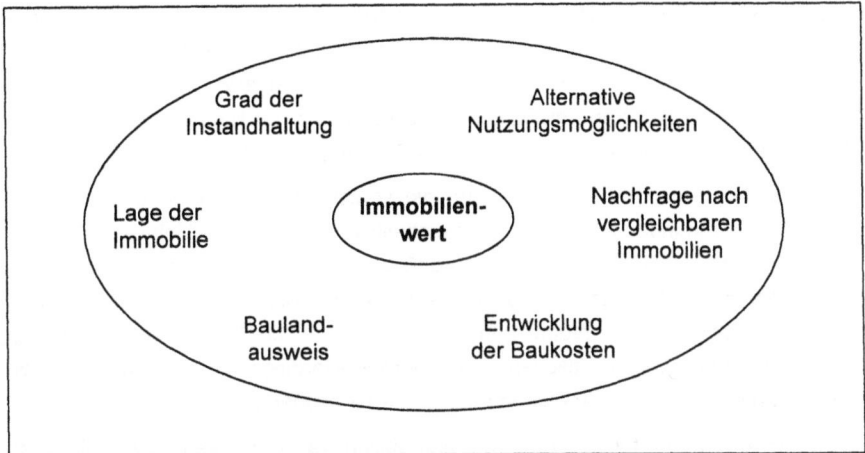

Abbildung 23: Werteinflußgrößen auf betriebliche Immobilien

Eine Analyse der Vergangenheit zeigt, daß die Grundstücks- und Baulandpreise in Deutschland in den letzten Jahrzehnten durchschnittlich stärker gestiegen sind als der Preisindex der Lebenshaltungskosten. Dafür gibt es den entscheidenden Grund der Baulandknappheit. Dies impliziert allerdings auch, daß die positive Wertentwicklung auf den Wertzuwachs von Grund und Boden zurückzuführen ist. Ein weiterer Einflußfaktor der Wertentwicklung von Immobilien ist die Entwicklung der Baukosten. Stetig steigende Baukosten haben dazu geführt, daß bestehende Immobilien, die sachgemäß instand gehalten wurden, - insbesondere wegen der gestiegenen Wiederbeschaffungskosten - eine positive Wertentwicklung erfahren haben. *Schäfers*, der auf Daten des *Münchener Instituts für Markt-, Regional- und Wirtschaftforschung* zurückgreift, hat die Wertentwicklung von Gewerbeimmobilien in Deutschland für den Zeitraum zwischen 1980 und 1990 und 1990 und 1993 verfolgt. Er führt folgende Wertzuwachsraten an (vgl. *Schäfers*, 1998b, S. 70):

- Büroimmobilien

  - 1980-1990: 4,7% p.a.

  - 1990-1993: 10,6% p.a.

- Produktionsimmobilien

  - 1980-1990: 5,0% p.a.

  - 1990-1993: 14,4% p.a.

Unter der Annahme, daß die derzeitige Kommunalpolitik fortgesetzt wird, wird der Trend der Baulandverknappung anhalten. Da sich aber in Deutschland die Tendenz verstärkt, Bauland durch die Kommunen auszuweisen (mit der Absicht ihre Finanznöte durch teilweise Abschöpfung der Wertsteigerung zu lindern, s. *Eekhoff*, 1998), ist langfristig mit - allerdings nicht quantifizierbaren – geringeren Wertzuwächsen zu rechnen. Ebensowenig kann die zukünftige Entwicklung der Nachfrage, die wesentlich von der wirtschaftlichen Entwicklung abhängt, abgeschätzt werden.

Die Wertentwicklung von Immobilien für die verschiedenen Standorte und Marktsegmente verläuft indes alles andere als einheitlich. So zeigt eine Untersuchung des Münchner Instituts *Bulwien und Partner*, daß die durchschnittliche Wertentwicklung in guten bis sehr guten Lagen in 40 westdeutschen Großstädten zwischen 1975 und 1996 bei +4,04% p.a. für Wohn- und bei +4,13% p.a. für Gewerbeimmobilien lag. Werteinbußen in durchschnittlichen Lagen werden allerdings von überproportionalen Zuwächsen in sehr guten Lagen kompensiert (vgl. *Fassbender*, 1994).

Eines der Argumente für den Kauf von Immobilien war in der Vergangenheit deren positive Wertentwicklung. Im folgenden werden die **wesentlichen Faktoren** noch einmal zusammengefaßt (vgl. *Pachowsky*, 1997, S. 119):

- Lage der Immobilie

- Entwicklung der Baukosten

- Nachfrage nach Immobilien dieser Art

- Grad der Instandhaltung

- (Alternative) Nutzungsmöglichkeiten

Wesentliche Faktoren, die die zukünftige Wertentwicklung beeinflussen können, sind:

- Niedrigere Baukosten

  - Bauunternehmen aus dem europäischen Raum mit günstigeren Kostenstrukturen im Bau- und Immobilienbereich ermöglichen niedrigere Baukosten. Damit entfällt der Grund „Baukostenerhöhungen" für die damit verbundene automatische Wertsteigerung.

- Baulandausweis

  - Bezüglich des Baulandausweises, mit dem das Angebot an Grund und Boden bestimmt wird, ist vor allem das Verhalten der Kommunen zu beobachten. Hierdurch könnten sich erhebliche Veränderungen auf die Wertentwicklung von Immobilien ergeben.

- Immobiliennachfrage

  - Auch die Entwicklung der Nachfrage nach Immobilien wird wesentlichen Einfluß auf die Wertentwicklung haben. Die wirtschaftliche Entwicklung der letzten Jahrzehnte sollte nicht in die Zukunft fortgeschrieben werden.

Die folgende Analyse der Entwicklung auf dem deutschen Immobilienmarkt gibt ebenso Aufschluß über die Wertentwicklung von Immobilien (vgl. *Pachowsky*, 1997, S. 23ff.):

Die Bauwirtschaft in Deutschland steht unter großem Druck. Folgende Gründe können für diese Entwicklung angeführt werden:

- Überangebot am Markt wegen vorangegangener überhitzter Baukonjunktur

- Rückgang der Investitonsbereitschaft sowie der Nachfrage nach Immobilien wegen ungewisser Konjunkturentwicklung

- Erschüttertes Vertrauen in Immobilienanlagen wegen enttäuschter Rendite- und Wertzuwachsentwicklung

Allgemein ist in Zusammenhang mit der Wertentwicklung von Immobilien häufig von einer sogenannten „Immobilienkonjunktur" die Rede. Dazu sind folgende Punkte anzumerken:

- Der Verlauf der Immobilienmarktkonjunktur ist mit dem Verlauf der allgemeinen Wirtschaftskonjunktur nicht identisch.

- Ihr Verlauf ähnelt keineswegs einer Sinuskurve, sondern steigt in der Regel steil an und bricht in der Folge wiederum jäh ab.

136

- Es kann nicht von einer globalen Entwicklung am Immobilienmarkt gesprochen werden, da Immobilienmärkte heterogene regionale Märkte mit völlig unabhängiger Wertentwicklung sind.

Zusammenfassend bleibt festzustellen, daß die Wertsteigerung von Immobilien allgemein durch die Entwicklung der Baukosten sowie objektspezifisch primär durch das Ausmaß an Instandhaltung, das dem Objekt zuteil wurde und wird, bestimmt wird. Davon unabhängig ist die Wertsteigerung von Grund und Boden zu sehen, die gerade im innerstädtischen und stadtnahen Bereich eine Folge der zunehmenden Baulandknappheit ist. Folglich kann die Wertminderung von Immobilien aus technischen oder ökonomischen Gründen durch die Wertsteigerung des zugrundeliegenden Grund und Bodens überkompensiert werden. Insgesamt muß aber die bislang als selbstverständlich geltende positive Wertentwicklung von Immobilien für die Zukunft vorsichtiger beurteilt werden. Vor allem durch Standortwahl und Instandhaltungspolitik kann das betriebliche Immobilienmanagement die Wertentwicklung der Immobilien beeinflussen.

5.1.4. Immobilienwertmatrix

Mit der Bestimmung von Werteinflußgrößen betrieblicher Immobilien und der Beschreibung von Maßnahmen des Immobilienmanagements sind die Voraussetzungen geschaffen, die Immobilienwertmatrix zu bilden. In ihr werden die **Maßnahmen des Immobilienmanagements den von ihnen jeweils beeinflußten Werteinflußgrößen zugeordnet.** Dies ermöglicht dem Immobilienmanagement auf der einen Seite, bei Potentialen, die z.B. im Rahmen des Benchmarking bei einzelnen Werteinflußgrößen identifiziert wurden, die entsprechenden Maßnahmen wählen zu können, und auf der anderen Seite bei der Entscheidung über die Umsetzung von Maßnahmen deren Einfluß auf die Werteinflußgrößen zu kennen. Die Immobilienwertmatrix (vgl. Abbildung 24) orientiert sich an der Idee der **Valcor-Matrix** (vgl. Darstellung von *Klien*, S. 189f., der strategische Maßnahmen einzelnen Wertgeneratoren zuordnet, *Herter*, 1994, S. 63).

Ein Nachteil der Immobilienwertmatrix (wie auch der Valcor-Matrix) entsteht durch den Eindruck, zwischen Maßnahmen und Werteinflußgrößen bestünde ein monokausaler Zusammenhang. Wie bei der Shareholder Value-Bewertung der Maßnahmen noch zu zeigen sein wird, wirken Maßnahmen in der Regel auf verschiedene Werteinflußgrößen.

Immobilienwerteinflußgrößen	Determinanten der Immobilienwerteinflußgrößen	Organisatorische Maßnahmen	Akquisitorische Maßnahmen	Dispositive Maßnahmen	Flächennutzungbezogene Maßnahmen	Gebäudebewirtschaftungbezogene Maßnahmen	Immobilienwertbe-zogene Maßnahmen
Immobilienerträge	Ungenutzte Fläche, Vermietungsgrad der Freiflächen, Mietpreis	Zentrales Immobilienmanagement		Standortoptimierung; Projektentwicklung	Standortverlagerung, IuK-Technologien, Moderne Bürokonzepte, CAD-Flächenmanagement		
Immobilien-Veräußerungserlöse	Verwertungsfläche, Verkehrswerte/QM	Zentrales Immobilienmanagement		Verkauf nicht betriebsnotwendiger Immobilien, Projektentwicklung	Standortverlagerung, IuK-Technologien, Moderne Bürokonzepte, CAD-Flächenmanagement		Standortwahl, Instandhaltungspolitik
Immobilienkosten	Netto-Gebäudefläche, Anzahl Mitarbeiter, Nutzungsgrad, Raumfläche / Mitarbeiter, Bewirtschaftungskostenquote, Mietfläche, Mietpreis	Zentrales Immobilienmanagement; Innerbetriebliche Leistungsverrechnung; Outsourcing	Ausstattung, Immobilienqualität, Standortwahl		Standortverlagerung, IuK-Technologien, Moderne Bürokonzepte, CAD-Flächenmanagement	Nutzungsorientiertes Bauen, Energiemanagement; Instandhaltungsmanagement; Gebäudeinformationssystem	
Immobilieninvestitionen	Modernisierungsfläche, Modernisierungsinvestitionsquote, Erweiterungsfläche, Erweiterungsinvestitionsquote	Zentrales Immobilienmanagement Innerbetriebliche Leistungsverrechnung	Immobilienqualität, Leasing		Standortverlagerung, IuK-Technologien, Moderne Bürokonzepte, CAD-Flächenmanagement		Standortwahl
Kapitalkosten	Steuerschild stiller Reserven	Zentrales Immobilienmanagement	Miete, Leasing	Sale-and-lease-back			
Stille Reserven		Zentrales Immobilienmanagement		Übertragbarkeit stiller Reserven			

Abbildung 24: Immobilienwertmatrix

5.1.5. Shareholder Value-Bewertung

Die Shareholder Value-Bewertung der Maßnahmen des Immobilienmanagements erfolgt über die Werteinflußgrößen, die mathematisch mit den Shareholder Value-Bestimmungsgrößen verknüpft sind. Daher sind die Maßnahmen ausschließlich auf Ebene der immobilienspezifischen Werteinflußgrößen zu bewerten. Wurden als Werteinflußgrößen Kennzahlen verwendet, sind diese auf der nächsten darunter gelegenen Hierarchieebene wieder in Form von absoluten Zahlen dargestellt. Auch dies vereinfacht die Shareholder Value-Bewertung. Auf die Bewertung der Maßnahmen in der Beispiel AG wird im nächsten Kapitel eingegangen. In diesem Kapitel werden noch die Einsparungspotentiale des betrieblichen Immobilienmanagements aufgeführt, soweit entsprechende Praxisbeispiele veröffentlicht wurden und daher der Literatur entnommen werden konnten (vgl. *Eversmann*, 1995, S. 53, *Wahlen*, 1996, S. 31f.).

- Das Outsourcen von Teilen des technischen und kaufmännischen Immobilienmanagements ermöglicht ein Einsparungspotential von 10-20% der Betriebskosten.

- Durch EDV-gestütztes Energiemanagement lassen sich die Energiekosten um 15-30% senken.

- Die Reduktion der Bürofläche je Mitarbeiter bringt eine Verringerung der Gesamtbürofläche um bis zu 20%.

- Die Realisierung von Heimarbeitsplätzen läßt bis zu 40% der bisher genutzten Bürofläche entfallen.

Die genannten Zahlen können nur der ungefähren Einschätzung der Potentiale des Immobilienmanagements dienen. Im nächsten Kapitel kann gezeigt werden, welche Einsparungspotentiale im Rahmen der Fallstudie angenommen und zu welcher Wertsteigerung diese führen können.

5.2. Liegenschaften und Shareholder Value

Die Erhöhung des Shareholder Value durch Liegenschaften entspricht grundsätzlich der Aufgabe, vor die Unternehmen der Immobilienwirtschaft („**Property**"-Unternehmen) gestellt sind. Da diese Arbeit sich auf die wertorientierte Steuerung betrieblicher Immobilien konzentriert, kann sie kein umfassendes Konzept zur wertorientierten Steuerung von Unternehmen der Immobilienwirtschaft enthalten. Daher wird zunächst gezeigt, wie der Beitrag der Liegenschaften zum Shareholder Value zu beurteilen ist und welche Möglichkeiten der Shareholder Value-Steigerung existieren.

Mit folgenden Schritten kann das Immobilienmanagement den Beitrag der Liegenschaften zum Shareholder Value beurteilen:

- Im ersten Schritt werden die für eine Shareholder Value-Bewertung benötigten Liegenschaftsdaten erfaßt. Damit ist die **definitorische Abgrenzung** zwischen Liegenschaften und dem Betriebszweck zuzuordnenden Immobilien ebenso verbunden wie die Aufnahme und Erhebung aller nicht dem Betriebszweck zuzuordnenden Immobilien. Es müssen die Voraussetzungen geschaffen werden, daß den Liegenschaften die von ihnen verursachten Zahlungsströme zugeordnet werden können. Unternehmensbeispiele wie die Deutsche Bahn zeigen, daß insbesondere in größeren Unternehmen dieser Schritt vom Aufwand her nicht unterschätzt werden darf.

- Mit der Erhebung der Daten liegen die Voraussetzungen vor, eine Shareholder Value-Bewertung des Geschäftsfelds „Liegenschaften" vorzunehmen. Gibt es wegen der wertmäßig relativ geringen Bedeutung der Liegenschaften und der verfolgten Geschäftspolitik kein eigenes Geschäftsfeld „Liegenschaften", so muß zumindest für die Shareholder Bewertung ein solches theoretisch angenommen werden, damit die Liegenschaften mit den Kapitalkosten bewertet werden können, die ihrem Geschäftsrisikos entsprechen. Dann kann das Unternehmen qualifiziert beurteilen, ob das Geschäftsfeld „Liegenschaften" zu den **wertvernichtenden oder wertschaffenden** im Unternehmen zählt.

- Darüber hinaus besteht bei Liegenschaften - im Gegensatz zu den dem Betriebszweck zuzuordnenden Immobilien - die Möglichkeit, für einzelne Immobilien einen Shareholder Value zu berechnen, der Voraussetzung für eine laufende wertorientierte Erfolgsbeurteilung und Steuerung der **einzelnen Liegenschaften** ist. Für jede einzelne Immobilie kann festgestellt werden, ob sie einen positiven Beitrag zum Shareholder Value leistet oder Wert vernichtet.

Im nächsten Kapitel werden die letzten beiden Schritte am Beispiel der *Beispiel AG* exemplarisch vorgeführt.

Da im Rahmen dieser Arbeit keine empirische Untersuchung angestellt werden konnte, ob und unter welchen **Kontextbedingungen** Liegenschaften zu einer Erhöhung bzw. zur Senkung des Shareholder Value führen, können im folgenden nur allgemeine Bemerkungen zum Shareholder Value-Beitrag von Liegenschaften gemacht werden.

Der wichtigste Schritt zur Steigerung des Liegenschafts-Shareholder Values ist die Beherrschung des **Portfoliomanagements** mit der Zielsetzung, über ein optimales Portfolio an Immobilien zu verfügen, mit dem **Ertrag und Risiko** im Gleichgewicht gehalten werden:

- Risikomanagement durch **Diversifizierungsstrategien**

- Aktives Asset-Management durch **Antizipation von Marktentwicklungen**

- Wahrnehmung von **Leverage-Effekten**

- Laufende Anpassung des Immobilien-Portfolios

Für einen positiven Shareholder Value durch Liegenschaften sind noch weitere Faktoren verantwortlich. Neben einem professionellen Immobilienmanagement müssen die finanziellen Mittel vorhanden sein, um in entsprechender Größenordnung in Liegenschaften investieren zu können. Risikomanagement durch Diversifizierung

140

läßt sich erst ab einer gewissen **Anzahl von Liegenschaften** effektiv und effizient betreiben.

Der Besitz von Liegenschaften läßt sich in den allermeisten Unternehmen auf den einen oder anderen von zwei Gründen zurückführen. Entweder sie verfügen über Liegenschaften, weil sie in der Vergangenheit eine Diversifizierungsstrategie verfolgt haben und das Unternehmen im Sinne des Risikomanagements auf eine breitere Basis stellen wollten, oder sie haben überschüssige finanzielle Mittel besessen, die wegen fehlender Wachstumsmöglichkeiten und Marktpotentiale im Kerngeschäft nicht sinnvoll investiert werden konnten. Zur Stärkung der Eigenkapitalbasis sind diese überschüssigen Finanzmittel nicht ausgeschüttet worden, sondern in relativ risikolose Liegenschaften investiert worden.

Die zunehmende Berücksichtigung des Shareholder Value im Management wird dazu führen, daß die genannten Gründe an Bedeutung verlieren. Risikomanagement betreiben die professionellen **Investoren** nämlich selbst, indem sie eine breite Streuung ihrer Finanzanlagen vornehmen (Regionen, Branchen, Unternehmen). Unter anderem auch aus diesem Grund sind Unternehmen gezwungen, sich auf ihre **Kernkompetenzen** und Kerngeschäftsfelder zu konzentrieren. Andererseits haben häufig Geschäftsfelder außerhalb des Kerngeschäfts nicht die geforderten Renditen erfüllt. Der Druck der Shareholder zwingt daher das Management dazu, sich von diesen Aktivitäten zu trennen.

Sieht das Management trotzdem in Liegenschaften eine wichtige Säule für das Unternehmen, so sind von ihm die Voraussetzungen zu schaffen, daß Liegenschaften den Shareholder Value mehren und nicht mindern. Diese bestehen zum einen in einem **professionellen Immobilienmanagement** und zum anderen in einer gewissen Mindestgröße und Mindestanzahl an Liegenschaften. Kleinere Unternehmen, die wegen ihrer Größenordnung diese Voraussetzungen nicht erfüllen können, bietet sich als Alternative die Investition freier Mittel in **Immobilien-Finanzanlagen** an, die durch Bündelung der finanziellen Mittel mehrerer Investoren Performance und Sicherheit gewährleisten können.

5.3. Permanenter Einsatz des Shareholder Value

Die bisherigen Ausführungen beschränkten sich auf die Möglichkeiten einer projektorientierten Vorgehensweise zur Steigerung des Shareholder Value durch Immobilienmanagement. In diesem Abschnitt werden sie ergänzt um Möglichkeiten eines permanenten Einsatzes des Shareholder Value zur wertorientierten Steuerung betrieblicher Immobilien, mit dem vor allem drei Zielsetzungen erfüllt werden:

• Controlling des Umsetzungserfolgs

- Controlling des laufenden wirtschaftlichen Einsatzes der betrieblichen Immobilien

- Antizipation zukünftiger Entwicklungen mit einem Frühwarnsystem

Controlling des Umsetzungserfolgs

Mit der Verabschiedung von Maßnahmen und deren Bewertung mit dem Shareholder Value hat das Unternehmen zunächst nur auf einer planerischen Ebene den Shareholder Value gesteigert. Die Maßnahmen müssen umgesetzt werden, damit der Erfolg auch im Ist realisiert werden kann und sich in höheren Cash Flows oder niedrigeren Kapitalkosten widerspiegelt. Zur Unterstützung dieser Umsetzungsphase muß der Umsetzungserfolg auf Basis des Shareholder Value gemessen werden.

Ausgangspunkt des Umsetzungscontrolling ist der Shareholder Value nach Quantifizierung der Maßnahmen des Immobilienmanagements. Die Entwicklung des Shareholder Value im Ist wird über einen Forecast/Plan-Vergleich verfolgt. Die Steigerung des Shareholder Value zwischen dem Beginn und dem Ende einer Periode bestimmt sich aus dem Ist-Cash Flow, der in der Periode erwirtschaftet wurde, und den prognostizierten Cash Flows der auf die Bewertungsperiode folgenden Perioden. Dabei wird im Sinne einer rollierenden Planung die Planung jeweils für eine zusätzliche Periode durchgeführt.

Ergänzend bietet sich die Abbildung der Ziele und Maßnahmen in der Balanced Scorecard an, mit der die Umsetzung von Maßnahmen verfolgt werden kann. Bei hoher Bedeutung der Maßnahmen des Immobilienmanagements für das Unternehmen sollte die Abbildung in der Balanced Scorecard für das gesamte Unternehmen erfolgen. Ebenso kann die Entwicklung einer bereichsbezogenen Balanced Scorecard für das Immobilienmanagement in Erwägung gezogen werden (zur Vertiefung in die Thematik der Balanced Scorecard s. *Kaplan/Norton*, 1997). Die Balanced Scorecard hat als Steuerungsinstrument insbesondere den Vorteil, daß sich die Aufmerksamkeit des Managements auf die in der Balanced Scorecard definierten Ziele konzentriert und diese mit konkreten Maßzahlen und Aktionsprogrammen hinterlegt sind.

Controlling des wirtschaftlichen Einsatzes betrieblicher Immobilien

Der Shareholder Value nach *Rappaport* und *Copeland/Koller/Murrin* beurteilt nicht die Wirtschaftlichkeit der laufenden Geschäftstätigkeit, sondern nur die von geplanten Aktivitäten. Es wird nicht der wirtschaftliche Einsatz des bereits investierten Kapitals beurteilt, sondern nur, inwiefern die zukünftigen Cash Flows die Kapitalkosten durch Fremd- und Eigenkapital decken. So kann die Wirtschaftlichkeit des Einsatzes betrieblicher Immobilien nur in Form von alternativen Shareholder Value-Berechnungen beurteilt werden, um zu ermitteln, welche Konstellationen betrieblicher Immobilien zu dem höchsten Shareholder Value führen. Der Shareholder Value nach *Rappaport* und *Copeland/Koller/Murrin* ist eine absolute Größe und kein Renditemaß.

Den Anforderungen von Teilen der Praxis nachkommend, die dies als Nachteil empfunden haben, wurden Shareholder Value-orientierte Renditemaße entwickelt. Die beiden wichtigsten Verfahren sind das EVA-Verfahren nach *Stern/Stewart* und der CFROI-Ansatz der *Boston Consulting Group*. Im Vergleich mit den Shareholder Value-Ansätzen von *Rappaport* und *Copeland/Koller/Murrin* haben sie den Nachteil, wegen Ansatzes von Buchwerten theoretisch nicht exakt zu sein. Dafür haben sie den Vorteil, die geplanten Cash Flows dem investierten Kapital in Form des Vermögens gegenüberzustellen und damit zu relativieren. Beim CFROI geschieht dies, indem bei der Shareholder Value-Bewertung eine fiktive Anfangsauszahlung für das gebundene Kapital im Unternehmen angenommen wird.

Insbesondere für die laufende Wirtschaftlichkeitsbeurteilung der betrieblichen Immobilien ist daher der **CFROI** gut geeignet, da - vorausgesetzt das Immobilienvermögen wird mit Verkehrswerten angesetzt - die prognostizierten Cash Flows mit dem Immobilienvermögen relativiert werden. Somit weist ein Unternehmen, das über ein hohes Immobilienvermögen mit hohen stillen Reserven verfügt und die gleichen Cash Flows erwirtschaftet wie ein Unternehmen mit geringem Immobilienvermögen und kaum stillen Reserven, zu Recht eine geringere Rendite als jenes auf. Dieser Unterschied ist aus dem Shareholder Value nach *Rappaport* und *Copeland/Koller/Murrin* nicht ersichtlich. Er kann dort nur abgebildet werden, indem die Verwertung der stillen Reserven angenommen wird und damit zu höheren Cash Flows führt. Der Nachteil des CFROI liegt in seiner einperiodischen Betrachtung. Es besteht die Gefahr, daß wegen des Heranziehens lediglich eines Jahresabschlusses atypische Entwicklungen in dieser Periode das Ergebnis verzerren.

Shareholder Value als Frühwarnsystem

Wegen seiner Fähigkeit, strategische Zusammenhänge zu quantifizieren, ist der Shareholder Value prädestiniert, als Frühwarnsystem eingesetzt zu werden. So können z.B. Entwicklungen auf den Immobilienmärkten, bei den Immobilienkosten, auf den Kapitalmärkten im Shareholder Value nachvollzogen werden (z.B. in der Abbildung der stillen Reserven, den Cash Flow-Reihen oder den Kapitalkosten). Der Shareholder Value zeigt die Abhängigkeit des Unternehmenswerts von Veränderungen im internen und externen Umfeld, so daß daraus wieder Handlungsnotwendigkeiten abgeleitet werden können.

5.4. Integriertes Immobilienmanagement (IIM)

In den bisherigen Kapiteln sind die Bestandteile des Integrierten Immobilienmanagements ausführlich beschrieben worden. Im folgenden werden noch einmal dessen wichtigsten Merkmale zusammengefaßt:

- Es ist in das **Steuerungssystem des gesamten Unternehmens** integriert und damit kein isoliertes Steuerungssystem für betriebliche Immobilien.

- Es basiert auf dem **Shareholder Value-Ansatz**, ist aber offen für die verschiedenen Methoden der Shareholder Value-Ermittlung.

- Es berücksichtigt die **spezifischen Anforderungen betrieblicher Immobilien** und enthält Lösungen für deren Abbildung im Shareholder Value.

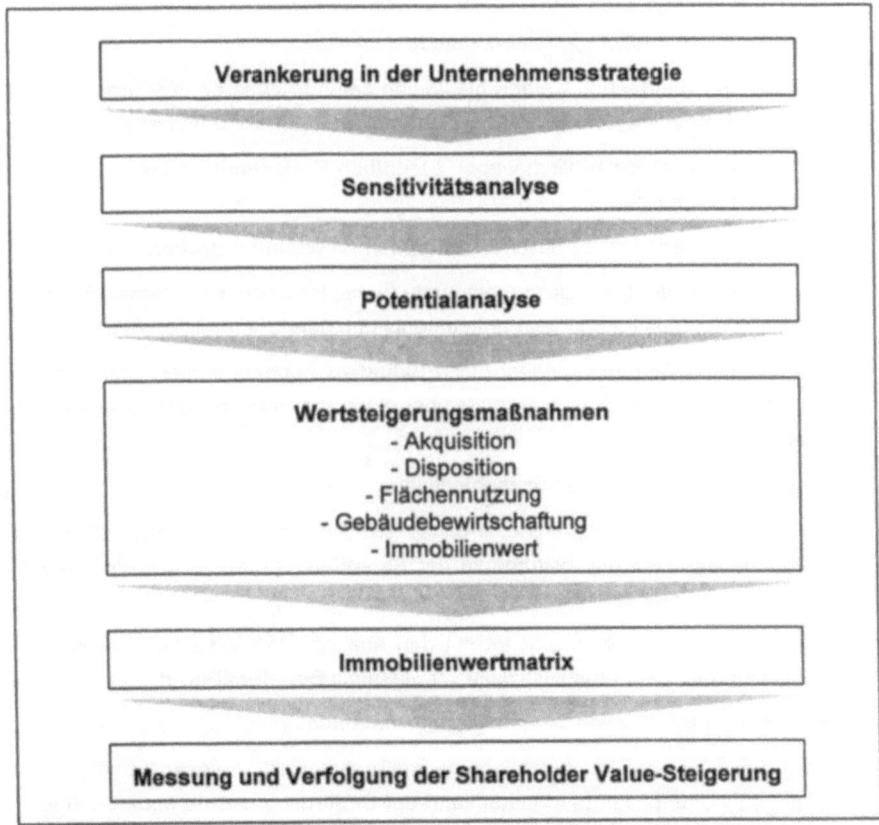

Abbildung 25: Vorgehensweise des Integrierten Immobilienmanagements

Mit folgender Vorgehensweise kann das Integrierte Immobilienmanagement aufgebaut werden (vgl. Abbildung 25):

144

- Auswahl der **Shareholder Value-Bewertungsmethode**

  - Die Auswahl der Shareholder Value-Methode erfolgt nicht isoliert für betriebliche Immobilien, sondern für das Gesamtunternehmen. Daher ist in dieser Arbeit keine Shareholder Value-Methode von vornherein ausgeschlossen worden. Die wegen der Abbildung betrieblicher Immobilien notwendigen Korrekturen am Shareholder Value sind bewußt methodenunabhängig und allgemein formuliert worden, um eine breite Anwendung zu ermöglichen.

  - Ist im Unternehmen der Shareholder Value implementiert, kann dieser Arbeitsschritt übersprungen werden. Jedenfalls sollte nicht wegen des Integrierten Immobilienmanagements die für das Gesamtunternehmen gewählte Shareholder Value-Methode in Frage gestellt werden.

- Konzeption der Shareholder Value-Methode

  - In diesem Arbeitsschritt werden die wegen der Abbildung betrieblicher Immobilien notwendigen Korrekturen am Shareholder Value vorgenommen.

  - Anpassungen sind vor allem wegen der **stillen Reserven** und deren **Steuereffekte** erforderlich.

- Definition unternehmensspezifischer **Immobilien-Werteinflußgrößen**

  - Werteinflußgrößen sind das verbindende Element zwischen operativen Steuerungsgrößen des Immobilienmanagements und dem Shareholder Value.

  - Mit Werteinflußgrößen können auch **qualitative Aspekte** betrieblicher Immobilien abgebildet werden, sofern sie über einen Indikator operationalisiert worden sind.

- Identifizierung der Wertsteigerungspotentiale

  - Zur Identifizierung der Wertsteigerungspotentiale sind im Integrierten Immobilienmanagement die Instrumente der **Sensitivitätsanalyse und Potentialanalyse** vorgesehen.

  - Die Sensitivitätsanalyse arbeitet mit den aus der Volkswirtschaft bekannten **Elastizitäten**, die Potentialanalyse vor allem mit **Benchmarking**.

- Suche und Umsetzung von Wertsteigerungsmaßnahmen

  - Auf einige potentielle Wertsteigerungsmaßnahmen ist in dieser Arbeit eingegangen worden. Darüber hinaus kann auf Erfahrungsberichte anderer Unternehmen und Veröffentlichungen zurückgegriffen werden.

  - Schließlich müssen die für das Unternehmen und seine spezifische Situation geeigneten Maßnahmen umgesetzt werden.

- Bewertung der Steigerung des Shareholder Value

  - Da die dem Integrierten Immobilienmanagement zugrundeliegende Bewertungsmethode der Shareholder Value ist, werden die Maßnahmen nach ihrem **Beitrag zur Erhöhung des Shareholder Value** bewertet.

  - Damit kann die Wirtschaftlichkeit der Maßnahmen beurteilt und **Prioritäten** können bestimmt werden, die die Wirtschaftlichkeit der vorgesehenen Maßnahmen berücksichtigen.

- Permanenter Einsatz des Shareholder Value als Steuerungsinstrument betrieblicher Immobilien

  - Zur Verfolgung der **Umsetzung der Maßnahmen** wird laufend geprüft, inwieweit die geplante Steigerung des Shareholder Value im Ist auch erreicht wurde.

  - Der Shareholder Value wird als **Frühwarnsystem** eingesetzt, mit dem strategisch relevante Entwicklungen im Unternehmen und außerhalb des Unternehmens (z.B. Entwicklung auf den Immobilienmärkten) und deren Auswirkungen auf die betrieblichen Immobilien antizipiert werden können.

5.5. Erforderliche Immobilien-Daten zur Shareholder Value-Bewertung

In diesem Kapitel wird einerseits beschrieben, welche Daten zur Shareholder Value-Bewertung benötigt werden und wie das Integrierte Immobilienmanagement zu diesen Daten kommt. Weil diese Daten in der Regel von den Unternehmen nicht systematisch und für alle Immobilien flächendeckend erhoben werden, scheint eine nähere Analyse gerechtfertigt, um **Schwerpunkte und Notwendigkeiten der Datenbeschaffung** zu klären.

In diesem Kapitel werden bezüglich der benötigten Daten folgende Punkte diskutiert:

- Wie sind die Daten im Detail definiert?
- Welche Daten sind für die wertorientierte Steuerung betrieblicher Immobilien besonders wichtig?
- Welcher Detaillierungsgrad sollte gewählt werden? Und wovon ist dieser abhängig?
- Wie können die Daten beschafft werden bzw. welche Datenquellen gibt es?

Die wesentlichen Daten des betrieblichen Immobilienmanagements lassen sich den Kategorien

- Flächendaten,
- Kostendaten,

- Immobilienwertdaten

zuordnen. Entsprechend ist auch dieses Kapitel strukturiert.

Flächendaten

Bezüglich der Flächendaten ergeben sich zwei grundsätzliche Schwierigkeiten: Zum einen sind die Definitionen, was eine Fläche ist, nicht einheitlich, zum anderen ist die vollständige und differenzierte Erhebung von Flächendaten sehr aufwendig. Eine einheitliche Definition der Flächendaten ist in erster Linie für ein qualifiziertes **Benchmarking** unverzichtbar.

Eine Untergliederung, die alle Flächen von Immobilien umfaßt, findet sich z.B. in der **DIN 277** des *Deutschen Instituts für Normung* (vgl. *Falk*, 1996, S. 225f.). Für eine differenzierte Definition der Flächen innerhalb von Gebäuden bietet sich die Definition der *Gesellschaft für immobilienwirtschaftliche Forschung (gif)* an:

- Grundrißfläche: Die Grundrißfläche wird gemessen von Innenwand zu Innenwand. Die Grundrißfläche kann weiter unterteilt werden in Hauptnutzfläche, Nebennutzfläche und Verkehrsfläche.

  - Hauptnutzfläche: Hauptnutzfläche ist die Fläche, die z.B. für Büroräume und Besprechungsräume genutzt werden kann.

  - Nebennutzfläche: Nebennutzfläche sind WC-Räume, Putzräume, Teeküchen und Garderoben.

  - Verkehrsfläche: Verkehrsfläche sind z.B. innenliegende Flure, interne Empfangsräume und Pkw-Abstellplätze.

  - Funktionsfläche: z.B. Heizungsräume

  - Konstruktionsfläche: z.B. Pfeiler

Kostendaten

Kostendaten werden vom Immobilienmanagement für folgende Zwecke benötigt:

- Laufende Beurteilung der Effizienz betrieblicher Immobilien durch **Kostenverfolgung und Kostensteuerung**

- Basis für **interne Leistungsverrechnung**

- Basis für **immobilienspezifische Shareholder Value-Berechnung**

Wesentliche immobilienspezifische Shareholder Value-Positionen lassen sich nur ermitteln, wenn entsprechende Kostendaten vorhanden sind. Insbesondere der Rückgriff auf Daten aus der **Kostenstellenrechnung** ist erforderlich, vor allem wenn Daten für einzelne Immobilien oder Standorte benötigt werden (z.B. beim Benchmarking). Das Immobilienmanagement muß auf Basis einer Kosten-/Nutzung-

Abschätzung entscheiden, welche Tiefe der Kostenstellengliederung zu wählen ist. Im Extremfall ist **eine** Immobilie mit ihren immobilienspezifischen Kosten als eine Kostenstelle definiert.

Wertdaten

Wertdaten der betrieblichen Immobilien werden benötigt, um die Höhe der stillen Reserven abschätzen und Fehlnutzungen beurteilen zu können. Bei der Ermittlung von Wertdaten ist das Aufwandsproblem noch gravierender als bei den Flächendaten (vgl. *Zani*, 1993, *Warren*, 1993). Zudem bieten sich verschiedene Verfahren der Wertermittlung von Immobilien an, die das Immobilienmanagement beurteilen können und situationsabhängig anwenden muß (vgl. *Berens/Hoffjan*, 1995). Daher werden im folgenden die wichtigsten Verfahren beschrieben und deren Vor- und Nachteile aufgeführt (vgl. Abbildung 26).

Die Bewertung von Immobilien ist in Deutschland gesetzlich durch das Baugesetzbuch vom 8. Dezember 1986 geregelt. Laut §194 BauGB ist die Aufgabe der Wertermittlungsverfahren, einen plausiblen und nachvollziehbaren **Verkehrswert** zu berechnen, der beim freihändigen Verkauf der Immobilie zum Wertermittlungs-Stichtag ohne Berücksichtigung der persönlichen Umstände erzielt werden kann. Die Ermittlung dieses Wertes erfolgt auf Grundlage der Wertermittlungsverordnung vom 6. Dezember 1988. Dieses Verordnung bildet die Grundlage für die Wertermittlungsverfahren, die im folgenden dargestellt werden (vgl. *Tollmien*, 1996, S. 478ff., *Falk*, 1996, S. 131ff., *Keunecke*, 1994, S. 37ff, *Siebert*, 1994):

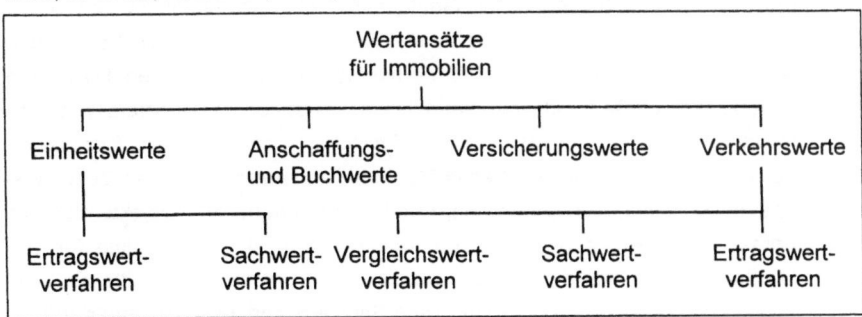

Abbildung 26: Wertansätze für Immobilien

• **Vergleichswertverfahren**

  ▪ In diesem Verfahren richtet sich der Wert, der einem Objekt beigemessen werden kann, nach den Preisen für vergleichbare Objekte. Dieses Verfahren findet insbesondere bei **unbebauten Grundstücken** Verwendung, da seine

148

Anwendung bei bebauten Grundstücken aufgrund der vielfältigen Einflüsse durch die unterschiedliche Bebauung deutlich schwieriger ist.

- Die Bewertung eines Grundstückes nach diesem Verfahren kann umso genauer erfolgen, je mehr Vergleichspreise dem Wertermittler vorliegen. Dennoch hängt auch in einem solchen Fall die Qualität des Ergebnisses wesentlich von der Erfahrung und dem Können des Wertermittlers ab.

- Eine Alternative stellt das Heranziehen der ermittelten **Bodenrichtwerte** dar, die von Gutachterausschüssen auf Basis der Kaufpreissammlungen der Gemeinden ermittelt werden. Diese veröffentlichten Bodenrichtwerte zeigen Durchschnittswerte auf, die grundsätzlich als arithmetisches Mittel berechnet werden. Sie stellen eine Orientierungshilfe dar, müssen aber vom Gutachter nach Berücksichtigung objektspezifischer Merkmale entsprechend angepaßt werden. Die Anwendung der Bodenrichtwerte ist allerdings im Zusammenhang mit bebauten Grundstücken sowie in Gebieten mit wenig vergleichbaren Transaktionen nur beschränkt einsetzbar.

- Bei vermieteten Wohnimmobilien und bei Gewerbeimmobilien kommt das Vergleichswertverfahren nur als Kontrollverfahren für andere Bewertungsmethoden in Frage.

- **Ertragswertverfahren**

- Das Ertragswertverfahren empfiehlt sich besonders für sogenannte **Rendite-Immobilien**. Das bedeutet, daß Grundstücke, die dazu bestimmt sind, nachhaltigen Ertrag abzuwerfen und deren typische Nutzungsart die Vermietung ist, grundsätzlich nach dem Ertragswertverfahren bewertet werden. Dies gilt in besonderem Maße für Gewerbeimmobilien, bei denen der Substanzwert häufig nur eine geringe Bedeutung hat. Typischerweise nach dem Ertragswert bewertete Objekte sind somit etwa Mehrfamilienhäuser, Büro- und Geschäftshäuser, Einzelhandels-Immobilien, Hotels oder Lagerhallen, Objekte also, die primär Anlagezwecken dienen, da Kapitalanleger sich vorwiegend für den künftigen Ertrag aus dem Objekt interessieren. Um den so ermittelten Wert kritisch zu überprüfen, verwenden viele Sachverständige ergänzend den Vergleichswert und den Sachwert.

- Basis des Ertragswertverfahrens ist der Jahresrohertrag des Objekts - zumeist die Mieterträge, soweit diese nachhaltig abgesichert erscheinen. Dieser wird um die Bewirtschaftungskosten (Bewirtschaftungskosten sind Verwaltungskosten, Betriebskosten, Instandhaltungskosten sowie das Mietausfallwagnis) verringert.

- In einem nächsten Schritt ist der ermittelte Jahresreinertrag um den Betrag der **Bodenwertverzinsung** zu vermindern. Die Bodenwertverzinsung entspricht dem Bodenwertanteil am Reinertrag. Da der Bodenwert aber ohnehin am Ende des Verfahrens zum Gebäudeertragswert addiert wird, ergäbe sich ohne Herausrechnung der Bodenwertverzinsung eine doppelte Erfassung des Beitrags von Grund und Boden zum Objektwert. Die Bodenwertverzinsung errechnet sich durch Multiplikation des - normalerweise im Vergleichswertverfahren ermittelten - Bodenwertes mit dem Liegenschaftszinssatz. Gerade bei Objekten in sehr guten Lagen ist in diesem Zusammenhang die richtige Taxierung des Bodenwertes von großer Bedeutung, da diese Lage für einen Großteil des Ertrages mitverantwortlich ist. Diese Herausrechnung erfolgt auf Basis der Wertverordnung 1988 und ergibt sich aus der Tatsache, daß Grund und Boden im Gegensatz zum Gebäudewert keiner Abnutzung unterliegt.

- Liegen wertbeeinflussende Umstände vor - etwa Nutzung des Grundstücks für Werbezwecke, wohnungs- und mietrechtliche Bindungen oder Abweichungen vom normalen baulichen Zustand -, so ist diesen durch Zu- oder Abschläge Rechnung zu tragen. Solche sind allerdings nur dann anzusetzen, wenn diese Umstände nicht bereits Eingang in den Ansatz des Ertrages oder der Restnutzungsdauer gefunden haben. Zu dem so ermittelten Ertragswert des Gebäudes wird der Bodenwert addiert, und man erhält den Ertragswert des Objekts.

- Das Ertragswertverfahren zur Wertermittlung von Immobilien entspricht dem Ertragswertverfahren zur Unternehmensbewertung. Es ist ein sehr modernes Verfahren und entspricht dem State-of-the-Art der Wertermittlung von Immobilien. Die Anwendung des Ertragswertverfahrens ist sinnvoll bei Objekten, die eine wirtschaftliche Nutzung aufweisen und etwa Pachten oder Mieten erwirtschaften.

- **Sachwertverfahren**

  - Der Sachwert eines Grundstücks hat drei Komponenten: Den Bodenwert, den Wert der baulichen Anlagen und den Wert der sonstigen Anlagen, wobei Bodenwert und Bauwerte getrennt voneinander ermittelt werden.

  - Zunächst wird in der Regel der Bodenwert nach dem Vergleichswertverfahren ermittelt. Anschließend wird der Bauwert ermittelt, der dann um die Wertminderungen infolge altersbedingten Verschleißes, wegen Baumängeln oder Bauschäden verringert wird. Auch andere werterhöhende oder wertmindernde Umstände, etwa unzeitgemäße Raumhöhe oder Raumaufteilung fließen an dieser Stelle ein. Die baulichen Anlagen sind Gebäude, Außenanlagen und besondere Betriebseinrichtungen.

- Der Bauwert wird durch Multiplikation der Normalherstellungskosten mit dem kubikmeterumbauten Raum nach DIN 277 bestimmt.
- Der Sachwert ist die Summe aus Bauwert und Bodenwert.

Speziell für betriebliche Immobilien können noch weitere Wertermittlungsverfahren genannt werden, die einer pragmatischen und mit geringem Aufwand durchführbaren Bewertung gerecht werden. Die Verwendung von **Versicherungswerten** z.B. hilft bei der Ermittlung von Gebäudewerten weiter, da Gebäude in der Regel versichert werden. Diese Wertdaten sind sehr leicht verfügbar, da sie in der Regel dem Anlagenspiegel der Buchhaltung entnommen werden können.

Folgende grundsätzliche Punkte, die eine eher vorsichtige Bewertung nahelegen, sollten bei der Wertermittlung von betrieblichen Immobilien beachtet werden:

- Unterschiedliche Nutzer von Immobilien haben unterschiedlichen Nutzen. Daher ist es durchaus fraglich, ob es nur einen einzigen Wert für Immobilien gibt. Bei der Bestimmung der Verkehrswerte von Immobilien sind jedenfalls **alternative Nutzungsmöglichkeiten** in die Betrachtung einzubeziehen.

- Immobilien sind individuelle Objekte und keine Massenobjekte, so daß bei der Wertermittlung dieser Individualität Rechnung zu tragen ist.

- Die Wertermittlung unabhängig vom konkreten Verkauf einer Immobilie kann immer nur eine Schätzung sein. Der wahre Wert bestimmt sich erst durch den Preis, den ein Käufer im Veräußerungsfall zu zahlen bereit ist.

- Verkehrswerte sind bei Produktionsgebäuden u.a. wegen fehlender alternativer Nutzung häufig sehr schwer zu ermitteln. In diesen Fällen sollte - für den Wert der Gebäude - dem Grundsatz einer vorsichtigen Bewertung folgend der Buchwert angenommen werden.

Die genannten Verfahren eignen sich unterschiedlich gut für die Ermittlung von Verkehrswerten für betriebliche Immobilien. Der einfachste Fall der Bewertung ist der von Liegenschaften. Ihr Verkehrswert würde sich nach dem Ertragswertverfahren bestimmen, da Liegenschaften direkt Erträge (z.B. Mieten) zugeordnet werden können. Allerdings ist die Bewertung von Liegenschaften nach dem Ertragswertverfahren im Shareholder Value nicht notwendig, da sie im Shareholder Value über die mit ihnen erzielten Cash Flow bewertet werden. Es gibt auch keine für den Shareholder Value relevanten stillen Reserven, da die Differenz zwischen Buchwert und Verkehrswert im Shareholder Value über die Cash Flows abgebildet ist.

Differenzierter ist die Wertermittlung von dem Betriebszweck zuzuordnenden Immobilien zu beurteilen. Für diese Immobilien ist das Ertragswertverfahren kein geeignetes Verfahren, weil die mit ihnen erwirtschafteten Erträge nicht ihnen allein oder anteilig zugerechnet werden können. Daher kommen nur Vergleichswert- oder Sachwertverfahren in Betracht, von denen keines präferiert werden kann. Einzelfall- bezogen muß entschieden werden, welches Verfahren sich besser eignet. Die Be- wertung von Grund und Boden erfolgt auf Basis des Vergleichswertverfahrens. Las- sen sich bewertete Vergleichsobjekte finden, ist das Vergleichswertverfahren auch für die Bewertung von Gebäuden das einfachere Verfahren. Ebenso können die auf- geführten pragmatischen Verfahren der Wertermittlung verwendet werden.

Überhaupt ist es wichtig, die Balance zwischen Aufwand und Nutzen der Werter- mittlung der betrieblichen Immobilien zu halten. Keinesfalls können für einen sehr großen Immobilienbestand teure Sachverständigengutachten eingeholt werden. Für die Zwecke der wertorientierten Steuerung ist es vollkommen ausreichend, wenn das betriebliche Immobilienmanagement mit etwas Expertise selbst eine vorsichtige Schätzung der Verkehrswerte der Immobilien vornimmt. Ist die Erfolgsbeurteilung an den Shareholder Value-Beitrag gekoppelt, sind entsprechende Kontrollmechanismen einzubauen, mit denen Manipulationen durch Überschätzung von Immobilienwerten verhindert werden können.

Grundsätzliche Hinweise

Für alle durch das Integrierte Immobilienmanagement ausgelösten Datenerhebun- gen gelten folgende Aussagen (vgl. *Seifert*, 1995):

- Für alle Immobilien müssen die geforderten Informationen - wenn auch nicht un- bedingt mit gleicher Genauigkeit – vorliegen. Ist dies nicht der Fall, gehört diese Aufgabe zu den ersten des betrieblichen Immobilienmanagements. Die Erfas- sung dieser sogenannten Basisdaten sollte in einer Datenbank erfolgen, auf die zur Shareholder Value-Berechnung zurückgegriffen werden kann.

- Die Qualität der Daten kann mit zunehmenden Erhebungsaufwand gesteigert werden. So kann z.B. die Genauigkeit eines zu ermittelnden Verkehrswertes ge- steigert werden, indem Sachverständige mit der Begutachtung beauftragt wer- den.

- Es sollte eine **ABC-orientierte** Vorgehensweise gewählt werden. D.h. bei den wert- und kostenmäßig bedeutenden Immobilien sollte eine detailliertere und ge- nauere Datenerhebung vorgenommen werden als bei denen von geringerer Be- deutung.

- Die Voraussetzungen für die Erhebung der für eine Shareholder Value- Bewertung benötigten Daten sind nicht in allen Unternehmen gegeben; in Dienstleistungsunternehmen jedoch sind die entsprechenden Daten in der Regel vorhanden, ist doch in diesen Unternehmen der Aufwand für betriebliche Immobi- lien besonders hoch.

6. Fallstudie "Steigerung des Shareholder Value mit Integriertem Immobilienmanagement" an Hand der *Beispiel AG*

Im folgenden wird die Umsetzung des Ansatzes „Integriertes Immobilienmanagement" an Hand einer Fallstudie illustriert. Es wird hierbei demonstriert, wie verschiedene Maßnahmen des Immobilienmanagements den Shareholder Value erhöhen können.

Da zu diesem Zweck auf unternehmensinterne Daten zurückgegriffen werden mußte, war es notwendig, die Fallstudie soweit zu verfremden, daß keine Rückschlüsse auf das Unternehmen selbst mehr möglich sind. Aus diesem Grund wird auch der Name „*Beispiel AG*" anstelle des tatsächlichen Namens des Unternehmens verwendet.

Dennoch ermöglicht die Fallstudie in der vorliegenden Form die Umsetzung des Ansatzes „Integriertes Immobilienmanagement" zu illustrieren und auch die mit der Umsetzung des Ansatzes verbundenen Auswirkungen auf den Shareholder Value darzustellen.

6.1. Das Fallstudienunternehmen

Die *Beispiel AG* ist ein international tätiger Konsumgüterproduzent und Handelskonzern. Die Industrieaktivitäten umfassen die Produktion und Vermarktung der Erzeugnisse der *Beispiel AG*. Als Großhändler ist die *Beispiel AG* im selben Bereich auf mehreren europäischen Märkten tätig. Zum Konzernergebnis tragen die Geschäftsbereiche Industrie und Großhandel in etwa je zur Hälfte bei.

Der industrielle Kern des Unternehmens liegt im Inland mit vier Produktionsstätten. Auf dem internationalen Markt tritt die *Beispiel AG* mit eigenen Produkten durch Exporte sowie durch Lizenzvergabe für die Produktion ihrer Erzeugnisse auf. Der Großhandel wird durch Tochtergesellschaften betrieben, die im Inland und teilweise im europäischen Ausland führende Marktpositionen einnehmen. Die Belieferung der inländischen Einzelhändler erfolgt durch eine Tochtergesellschaft.

Die Erzeugnisse der *Beispiel AG* wurden 1996 in fünf Werken gefertigt. Von diesen liegen vier im Inland. Das ausländische Werk wurde im Rahmen dieser Fallstudie nicht betrachtet.

Das Kernprodukt der *Beispiel AG* war 1996 für 97,1 Prozent des Umsatzes des Bereiches der Konsumgüterindustrie verantwortlich. Auf die zweite Produktgruppe entfielen die übrigen 2,9 Prozent des erzielten Umsatzes des industriellen Bereichs.

Wesentlicher Teil der betrieblichen Tätigkeit der *Beispiel AG* ist die Entwicklung und Markteinführung neuer Varianten bzw. Geschmacksrichtungen ihres Kernproduktes.

Diese werden primär am inländischen, in zweiter Linie auch auf internationalen Märkten plaziert.

Das zweite Produkt der *Beispiel AG*, das wie oben erwähnt zu etwa 2,9 Prozent des Umsatzes beiträgt, verlangt aufgrund der starken internationalen Konkurrenz und des hervorragenden Images der Konkurrenzprodukte besonders intensive Marketing-Anstrengungen. Neueinführungen in diesem Bereich werden daher zumeist von Public Relations-Events und internationalen Produktpräsentationen begleitet.

Der Großhandel der *Beispiel AG* - mit ihrem eigenen Kernprodukt, aber auch mit Lizenz- und Importmarken dieses Produktes - wurde in den vergangenen Jahren systematisch als eigener Geschäftsbereich aufgebaut. Tochtergesellschaften der *Beispiel AG* sind mittlerweile in drei europäischen Märkten als Großhändler mit starker Marktposition aktiv.

Das Immobilienvermögen der *Beispiel AG* dient eigenen Angaben zufolge primär als **Reservevermögen**. Traditionelle Zielsetzung war, durch eine **„aktive" Liegenschaftspolitik** das in Grundstücken und Gebäuden gebundene Kapital möglichst ertragswirksam einzusetzen.

Der Immobilienbereich betreut sowohl Liegenschaften als auch die von der *Beispiel AG* betrieblich genutzten Objekte.

6.2. Bedeutung der Immobilien für die Beispiel AG

Um die Bedeutung des Faktors Immobilien für die *Beispiel AG* zu belegen und damit auch zu unterstreichen, warum die *Beispiel AG* sich als Objekt der Fallstudie eignet, werden nachfolgend einige **immobilienspezifische Kennzahlen** aufgeführt. Sämtliche dieser Kennzahlen beziehen sich auf den Jahresabschluß des Geschäftsjahres 1996 der *Beispiel AG*. Die Kennzahlenbetrachtung greift auf die Daten dieses Jahres zurück, weil sie nur der Verdeutlichung von Proportionen dient, die in dieser Art während der letzten Jahre unverändert geblieben sind.

In Form von Buchwerten beträgt das Vermögen der betrieblichen Immobilien der *Beispiel AG* 15 Prozent des Anlagevermögens. Werden die Immobilien zu Marktpreisen bewertet (auf Basis von Verkehrswerten durch Sachverständigengutachten), so steigt dieser Wert auf 49 Prozent. Dies unterstreicht die Bedeutung **stiller Reserven** für die *Beispiel AG*, die später noch eingehender thematisiert werden (vgl. Abbildung 27).

Setzt man nun das Vermögen der dem Betriebszweck zuzuordnenden Immobilien in Verhältnis zum gesamten Immobilienvermögen der *Beispiel AG*, so ergibt sich folgendes Bild: Nimmt man einen Vergleich auf Basis der Buchwerte vor, so macht der Anteil der nicht betriebsnotwendigen Immobilien 71,5 Prozent aus. Wird die gleiche

Betrachtung auf Basis von Verkehrswerten angestellt, beträgt der Anteil der nicht betriebsnotwendigen Immobilien am Immobilienvermögen lediglich 46,2 Prozent.

Ein Vergleich dieser beiden Zahlen legt den Schluß nahe, daß die primär zu Anlagezwecken erworbenen Immobilien eine geringere **Wertentwicklung** erfahren haben als die betriebszweckgebundenen Immobilien. Das ist jedoch so nicht richtig. Tatsächlich ist es so, daß die nicht betriebsnotwendigen Immobilien zum größten Teil erst im Laufe der letzten zwanzig Jahre erworben wurden, während die meisten der betriebsnotwendigen Immobilien bereits seit der Firmengründung gegen Ende des letzten Jahrhunderts Eigentum der *Beispiel AG* sind.

Betrachtet man die immobilienbezogenen Aufwendungen und Erträge des Geschäftsjahres 1996, so stehen immobilienbezogenen Aufwendungen in Höhe von 7,5 Prozent der Gesamtaufwendungen ohne Materialkosten immobilienbezogene Erträge von 3,0 Prozent der Gesamterträge gegenüber. Diese Größenordnungen rechtfertigen, sich mit dem Bereich betrieblicher Immobilien näher zu befassen.

Das Management der *Beispiel AG* ist sich dieser Situation bewußt und erwägt nun Möglichkeiten zur Erhöhung des Beitrags der betrieblichen Immobilien zum Shareholder Value. Im folgenden werden die Maßnahmen, die das Management für diesen Bereich für sinnvoll erachtet, dargestellt und mit Hilfe der Shareholder Value-Analyse auf ihren Beitrag zur Unternehmenswertsteigerung hin bewertet. Dies gestattet einerseits die Prognose des Ergebnisses der geplanten Maßnahmen zum betrieblichen Immobilienmanagement, andererseits die Überprüfung der im Rahmen dieser Forschungsarbeit vorgeschlagenen Maßnahmen zur Erhöhung des Wertbeitrags betrieblicher Immobilien.

Nachfolgend sind die relevanten Wertdaten zu den Immobilien der *Beispiel AG* abgebildet. Eine differenziertere Betrachtung der nicht betriebsnotwendigen Immobilien war aufgrund fehlender Daten der *Beispiel AG* nicht möglich, ist allerdings für das Integrierte Immobilienmanagement bei der *Beispiel AG* auch nicht erforderlich.

Wertdaten - Betriebsnotwendige Immobilien		
Buchwert Grundstücke	DM	7.097.000
Marktwert Grundstücke	DM	254.726.000
Verhältnis Marktwert-Buchwert Grundstücke		**35,9:1**
Buchwert Gebäude	DM	268.976.000
Marktwert Gebäude	DM	1.397.200.000
Verhältnis Marktwert-Buchwert Gebäude		**5,2:1**
Buchwert Grundstücke/Gebäude	DM	276.073.000
Marktwert Grundstücke/Gebäude	DM	1.651.926.000
Verhältnis Marktwert-Buchwert Grundstücke/Gebäude		**6,0:1**
Wertdaten - Nicht betriebsnotwendige Immobilien		
Buchwert Grundstücke/Gebäude	DM	691.500.000
Marktwert Grundstücke/Gebäude	DM	1.416.700.000
Verhältnis Marktwert-Buchwert Grundstücke/Gebäude		**2,1:1**

Abbildung 27: Marktwert-Buchwert-Verhältnisse der Immobilien der Beispiel AG

6.3. Methodik zur Messung der Wertsteigerung

In der Fallstudie bei der *Beispiel AG* ist die Wertsteigerung durch Immobilienmanagement über die Differenz zweier Shareholder Value-Modelle quantifiziert worden. Das eine Modell enthält den **Wert der *Beispiel AG* vor Integriertem Immobilienmanagement** - im folgenden als **Basismodell** bezeichnet – und das andere Modell den **Wert der *Beispiel AG* nach Integriertem Immobilienmanagement** – im folgenden als **Immobilienwertsteigerungsmodell** bezeichnet.

Zur Erläuterung der angewandten **Methode zur Berechnung der Wertsteigerung** sind im folgenden die Eigenschaften des Basismodells beschrieben:

- Es entspricht dem Unternehmenswert, der bei Beibehaltung der derzeitigen Geschäftspolitik und ohne Realisierung neuer Strategien dem Unternehmen beizumessen ist.

- Bei der Quantifizierung der Wertsteigerung werden alle unternehmerischen Entscheidungen außerhalb des Immobilienmanagements "ausgeblendet".

- Das Basismodell ist daher ein theoretisches Modell, das nur aus methodischen Gründen erforderlich ist, um im Rahmen der Fallstudie eine Wertsteigerung durch Immobilienmanagement bestimmen zu können. Die Wertsteigerung bezieht sich auf das heutige Geschäftsverhalten der *Beispiel AG* (gleiche Produkte, gleiche Märkte, gleiche Renditen, konstante Cash Flows, keine sonstige Wertsteigerung durch andere Strategien).

- Daher wird folgende Aussage durch den Vergleich des Basismodells mit dem Immobilienwertsteigerungsmodell simuliert: Ermittlung des Wertes, den das Unternehmen in seiner heutigen Form hätte, wenn es Integriertes Immobilienmanagement betriebe (heutige Marktsituation, heutige Konkurrenzsituation, Ist-Personal, Ist-Kosten...).

- Das Basismodell enthält auch keine (sogenannten strategischen) Investitionen (die zu neuen Wettbewerbsvorteilen führen), die zukünftig zu zusätzlichen Cash Flows führen (gilt für Investitionen in das Anlagevermögen, Investitionen in das Umlaufvermögen und F&E-Aufwand).

- Das heißt aber auch, daß im Basismodell nicht vom Free Cash Flow gesprochen werden kann, weil die so ermittelten Cash Flows nicht vollständig den Eigentümern zur Verfügung stehen, sondern teilweise noch für (im Basismodell nicht berücksichtigte) strategische Investitionen benötigt werden.

- Dem Basismodell liegt daher eine konstante Cash Flow-Reihe zugrunde, die einen im Zeitablauf konstanten Unternehmenswert gewährleistet (entspricht der Methode der ewigen Rente zur Bestimmung des Residualwerts (vgl. *Klien*, 1995, S. 160, S. 193ff.).

Die Bewertung der Maßnahmen des Immobilienmanagements ist sehr **vorsichtig** vorgenommen worden. In der Quantifizierung ist jeweils der schlechteste angenommene Wert berücksichtigt worden („worst case"). Daher ist die errechnete Wertsteigerung die mindeste, die bei der *Beispiel AG* durch Immobilienmanagement erreicht werden kann.

Das Immobilienwertsteigerungsmodell entspricht dem Basismodell, es enthält zusätzlich jedoch die Wertsteigerung durch Veränderungen durch Integriertes Immobilienmanagement.

Aus methodischen Gründen konnte nur eine **ex-ante-Untersuchung** durchgeführt werden, eine ex-post-Untersuchung ist wegen der langen Zeiträume, die untersucht werden müßten, für diese Studie nicht möglich. Ein weiterer Grund für eine ex-ante-Untersuchung ist, daß mit ihr eine c.p.-Betrachtung vorgenommen werden kann, die das Immobilienmanagement vor Einflüssen von außen isoliert.

6.4. Shareholder Value der Beispiel AG ohne Integriertes Immobilienmanagement

Für das Basismodell ist die Shareholder Value-Bewertungsstruktur derart modifiziert worden, daß sie sich zur Abbildung der betrieblichen Immobilien der *Beispiel AG* eignet. Die Differenzierung des Immobilienbestandes wurde dabei folgendermaßen vorgenommen:

- Grundstücksfläche
- Gebäudefläche

Die Gebäudefläche wurde wiederum wie folgt untergliedert:

- Produktionsflächen
- Lagerflächen
- Flächen für Verwaltung bzw. Forschung & Entwicklung
- Allgemeinfläche
- Freifläche
- Vermietete Fläche

Die Ermittlung des Free Cash Flows der *Beispiel AG* erfolgte stufenweise. Zunächst wurde das Betriebsergebnis bestimmt. Dabei wurden bereits immobilienbezogene Aufwands- und Ertragspositionen separat ausgewiesen. Das war wegen der vorhandenen Kostenstellenrechnung, in der die betrieblichen Immobilien als eigenständige Kostenstellen abgebildet sind, problemlos möglich. Die Tiefe der Kostenstellengliederung endet auf Standortebene. Das heißt, daß in einer Kostenstelle die Grundstücke und Gebäude eines Standorts mit ihren Kosten und Erträgen abgebildet sind. An den Produktionsstandorten der *Beispiel AG* befinden sich nahezu ausschließlich Produktionsgebäude. Daher werden bei dieser Form der Abbildung Kosten- und Ertragsdaten von Verwaltungs- und Produktionsgebäuden nicht miteinander vermischt. Da das Betriebsergebnis bei der *Beispiel AG* nach dem Gesamtkostenverfahren ermittelt wird, konnten mit Hilfe der Kostenstellenrechnung die auf Immobilien entfallenden Kosten- und Ertragsdaten im Schema zur Ermittlung des Betriebsergebnisses separat ausgewiesen werden. Bei Ermittlung des Betriebsergebnisses nach dem Umsatzkostenverfahren, das eine funktionsorientierte Kostensicht verfolgt, ist das Separieren der Immobilienkosten grundsätzlich genauso möglich, wenn die entsprechenden Daten auf Kostenstellenebene vorliegen.

Ausgehend vom Betriebsergebnis ist dann der Betriebs-Cash Flow durch Korrektur der nicht auszahlungswirksamen Aufwendungen wie Abschreibungen und Rückstellungsveränderungen berechnet worden. Den zu diskontierenden Cash Flow erhält man schließlich, wenn vom Betriebs-Cash Flow noch die Investitionen in das Anlage- und Umlaufvermögen abgezogen werden, die nicht strategische Investitionen darstellen.

Die Cash Flows der Liegenschaften der *Beispiel AG* sind in der Fallstudie nicht bewertet worden, weil bei diesen auch keine Maßnahmen zur Shareholder Value-Steigerung entwickelt wurden. Damit die Eignung des vorgeschlagenen Modells auch für Liegenschaften gezeigt werden kann, wird im folgenden eine Shareholder Value-Bewertung einer einzelnen Liegenschaft vorgenommen, die problemlos auf alle Liegenschaften angewendet werden kann.

Die Cash Flows der *Beispiel AG* sind **Nominalwerte**.

Die Tiefe der Gliederung der Immobilienkosten und -erträge stellt für die *Beispiel AG* einen sinnvollen Kompromiß zwischen Übersichtlichkeit und Genauigkeit dar. Die Gliederung kann, da die Definition der Kostenarten der *Beispiel AG* eine feinere Gliederung zuläßt, bei Bedarf noch verfeinert werden.

Die angesetzten Kapitalkosten konnten einer vor kurzem durchgeführten Bewertung der *Beispiel AG* durch eine Investmentbank entnommen werden. Die Bewertung basierte auf den dargestellten Verfahren CAPM und WACC (zum Shareholder Value des Basismodells vgl. Abbildung 28).

160

Cash Flow-Schema für betriebsnotwendige Immobilien	Werte des Basismodells
Bruttoumsatz Kerngeschäft	3.517.349
Materialaufwand	-1.405.893
Bruttogewinn	**2.111.456**
Personalaufwand (ohne Immobilien)	-957.716
Sonstiger Betriebsaufwand (ohne Immobilien)	-640.444
Zwischensumme Betriebsaufwand (ohne Immobilien)	**-1.598.160**
Immobilienaufwand betriebsnotwendige Immobilien	-63.796
Zwischensumme Betriebsaufwand	**-1.661.956**
Erträge durch betriebsnotwendige Immobilien	16.600
Übriger betrieblicher Ertrag/Aufwand(-)	313.198
Gewinn vor Zinsen, Steuern und Abschreibungen	**779.298**
Abschreibungen betriebsnotwendige Immobilien	-23.115
Abschreibungen sonstige Sachanlagen	-138.866
Betriebsergebnis	**617.317**
Abschreibungen betriebsnotwendige Immobilien	23.115
Abschreibungen sonstige Sachanlagen	138.866
Betriebs-Cash Flow vor Steuern	**779.298**
Steuern auf Betriebsergebnis	-213.256
Betriebs-Cash Flow nach Steuern	**566.042**
Zusätzliches Nettoumlaufvermögen	-20.000
Netto-Investitionen betriebsnotwendige Immobilien	-8.119
Netto-Investitionen Sachanlagevermögen	-30.000
Veränderung übrige immaterielle Vermögenswerte	1.593
Free Cash Flow	**509.516**
Diskontierte Free Cash Flows inkl. Residualwert	5.556.331
Finanzanlagen und Beteiligungen	4.514.897
Rückstellungen	-2.359.182
Marktwert des Fremdkapitals	-906.384
Shareholder Value	**6.805.662**

Abbildung 28: Berechnung des Shareholder Value-Basismodells

6.5. Exkurs: Shareholder Value für einzelne Liegenschaften

Eine Shareholder Value-Bewertung ist auch für einzelne Liegenschaftsobjekte sinnvoll.

Die mit dem Shareholder Value bewertete Liegenschaft der *Beispiel AG* ist ein Wohnhaus in einer Großstadt. Die Shareholder Value-Bewertung erfolgte auf Basis der durchschnittlich mit der Liegenschaft zu erwartenden Cash Flows, die über den Barwert einer ewigen Rente diskontiert wurden.

Die Kapitalkosten sind geschäftsfeldspezifisch berechnet worden und berücksichtigen daher dessen spezifische Risikosituation und das für die Finanzierung von Immobilien typische Verhältnis von Fremd- zu Eigenkapital. Das geschäftsfeldspezifi-

sche Risiko ist über den ß-Faktor von Unternehmen der Immobilienwirtschaft abgebildet worden. Die Berechnung ergab, daß der Shareholder Value auf Basis der
Cash Flows und Kapitalkosten erheblich unter dem Kaufpreis des Objekts lag. Die
Beispiel AG hat also für die Immobilie einen zu hohen Preis gezahlt (zum Shareholder Value der Liegenschaft vgl. Abbildung 29).

Eine Shareholder Value-Bewertung aller Liegenschaften zur Beurteilung des gesamten Geschäftsfelds ist nach dem gleichen Schema möglich.

Cash Flow-Schema für Liegenschaften	Werte einer Liegenschaft
Mieteinnahmen	1.257
Bruttogewinn	**1.257**
Instandhaltungsaufwand	-51
Gewinn vor Zinsen, Steuern und Abschreibungen	**1.206**
Abschreibungen	-319
Betriebsergebnis	**887**
Abschreibungen	319
Liegenschafts-Cash Flow vor Steuern	**1.206**
Steuern auf Betriebsergebnis	-221
Betriebs-Cash Flow nach Steuern	**985**
Netto-Investitionen Liegenschaften	-12
Free Cash Flow	**973**
Diskontierte Free Cash Flows inkl. Residualwert	12.612
Shareholder Value	**12.612**
Stille Reserven Liegenschaften	3.551
Steuerschild stille Reserven	1.065
Shareholder Value nach stillen Reserven	**17.228**

Abbildung 29: Shareholder Value-Berechnung für eine Liegenschaft

6.6. Sensitivitäts- und Potentialanalyse

Die Sensitivitätsanalyse bei der *Beispiel AG* hat ergeben, daß der Shareholder Value
am stärksten auf Veränderungen bei der **Werteinflußgröße „Flächenbedarf"** rea-
giert (vgl. Abbildung 30). Daher sind bei der *Beispiel AG* in erster Linie Maßnahmen
überlegt worden, die helfen, den Flächenbedarf zu reduzieren. Werteinflußgrößen
mit geringerer Elastizität sind Immobilienkosten, Immobilienveräußerungserlöse, Immobilienerträge und Immobilieninvestitionen.

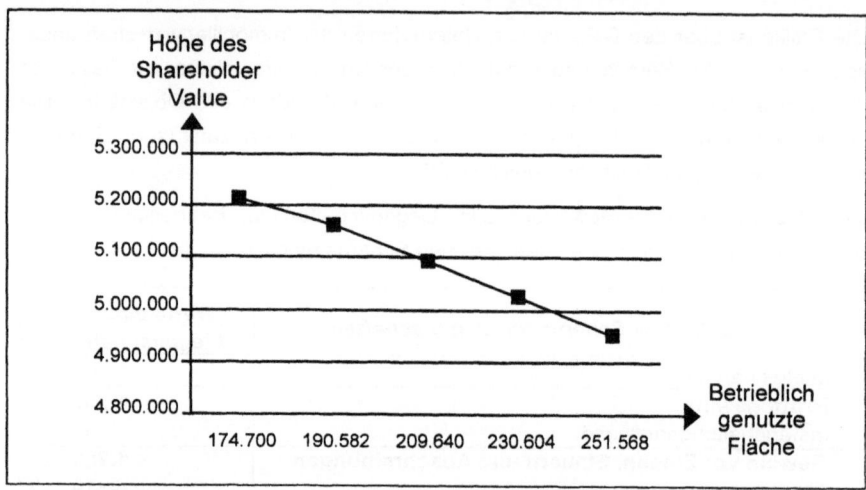

Abbildung 30: Höhe des Shareholder Value in Abhängigkeit von der betrieblich genutzten Fläche

Daß die Werteinflußgröße „Flächenbedarf" die höchste Elastizität gegenüber den anderen Werteinflußgrößen aufweist, hängt auch vom derzeitigen Umfang der von der *Beispiel AG* genutzten Fläche ab. Würde die *Beispiel AG* derzeit mehr oder weniger Flächen nutzen, könnte die selbe Berechnung zu dem Ergebnis kommen, daß eine andere Werteinflußgröße eine höhere Elastizität aufweist, somit in dieser Situation eine stärkere Auswirkung auf die Höhe des Shareholder Value hätte. Ein derartiges Ergebnis sollte das Unternehmen zu einer anderen Auswahl von Wertsteigerungsmaßnahmen des Immobilienmanagements veranlassen.

Die Potentialanalyse, die in Form von **internem und externem Benchmarking** durchgeführt wurde, hat bei der *Beispiel AG* für die betrieblichen Immobilien folgende Potentiale ergeben:

- In der Hauptverwaltung ist der Anteil der Allgemeinflächen (Abstellräume, Küchen, Toiletten, Gänge) an der gesamten Gebäudefläche viel zu hoch. Dies liegt vor allem an dem Alter des Gebäudes, das eine sehr unökonomische Raumaufteilung aufweist.

- Der durchschnittliche Flächenbedarf mit 42 Quadratmeter je Mitarbeiter liegt mit dem durchschnittlichen Flächenbedarf in Bürogebäuden (Ergebnis einer branchenweit durchgeführten Studie) um 12 Quadratmeter je Mitarbeiter zu hoch.

- Ein internes Benchmarking der Flächeneffizienz an den Produktionsstandorten hat ergeben, daß sie zwischen 4,6 und 7,1 Quadratmeter je 1000 Stück hergestellter Produkte beträgt. Diese Unterschiede sind zum einen ein Indiz für unterschiedliche Formen der Produktionsorganisation und deren Auswirkungen, zum

anderen erklärt durch die Produktionsrückgänge, die an einigen Standorten stärker ausgeprägt waren als an anderen.

- Eine Analyse der Bewirtschaftungskosten pro Quadratmeter hat ergeben, daß sie
  50% über dem Branchendurchschnitt liegen (Ergebnis einer branchenweit durchgeführten Studie). Auch dies hängt mit dem Alter des Gebäudes, vor allem aber
  mit den bislang nicht ausgeschöpften Outsourcingpotentialen zusammen.

Die bei der *Beispiel AG* vorliegende Konstellation, daß die Werteinflußgröße „Flächenbedarf" sowohl bei der Sensitivitätanalyse als auch bei der Potentialanlyse auf-
fälliger als die anderen Werteinflußgrößen ist, vereinfacht das weitere Vorgehen. Bei
der Suche nach geeigneten Maßnahmen kann sich die *Beispiel AG* zunächst auf
diese Werteinflußgröße konzentrieren. Es ist natürlich auch der Fall denkbar, daß
eine sehr sensitive Werteinflußgröße wenig Wertsteigerungspotential in sich birgt. Es
könnte z.b. sein, daß die Werteinflußgröße „Immobilienkosten" eine sehr hohe Sensitivität aufweist, daß sich aber aus der Potentialanalyse heraus ergeben hat, daß
deren Potential zur Wertsteigerung relativ gering ist. Liegen solche Konstellationen
nach der Sensitivitäts- und Potentialanalyse vor, gestaltet sich die Wertsteigerung
durch Integriertes Immobilienmanagement schwieriger.

Der dritte Baustein, der zur Wertsteigerung führt, wird im nächsten Kapitel diskutiert:
Die Entwicklung von Wertsteigerungsmaßnahmen. Bei der Entwicklung von Maßnahmen zur Wertsteigerung kann man sich zunächst auf die Veränderung der bei
der Sensitivitäts- und Potentialanalyse auffälligen Werteinflußgrößen konzentrieren.
Das heißt natürlich nicht, die anderen Werteinflußgrößen außer Acht zu lassen.
Schließlich sollte auch nach Maßnahmen gesucht werden, die mit geringem Aufwand helfen, Werteinflußgrößen, mit denen sich die größten Effekte auf den Shareholder Value erzielen lassen, positiv zu verändern.

6.7. Wertsteigerungsmaßnahmen und Messung der Effekte

Es folgt ein **Aufzählung der bewerteten Maßnahmen und deren Shareholder
Value-Effekte**:

- Der Vermietungsgrad der Freiflächen wird von 30 auf 60% gesteigert. Diese
  Maßnahme hat Einfluß auf die Werteinflußgröße „Immobilienerträge" und wegen
  notwendiger Investitionen auf die Werteinflußgröße „Immobilieninvestitionen".
  Gleichzeitig gehen die Immobilienkosten (Werteinflußgröße: „Immobilienkosten")
  zurück, da ein Teil der Bewirtschaftungskosten an die Mieter verrechnet werden
  kann. Die Maßnahme insgesamt bewirkt eine Shareholder Value-Steigerung um
  2,6%.

- Das sehr große Immobilienvermögen soll zukünftig intensiver durch Projektentwicklungen verwertet werden. Dies führt zu nachhaltigen Cash Flows aus Veräußerungserlösen. Berücksichtigt wurden daher Auswirkungen auf die Werteinflußgrößen „Immobilienerträge", „Immobilienveräußerungserlöse" und „Immobilieninvestitionen" Diese Maßnahme bewirkt eine Shareholder Value-Steigerung um 2,6%.

- Durch Halbierung des sehr hohen Allgemeinflächenanteils und Umwidmung der Allgemeinflächen in Nutzflächen kann der gesamte Flächenbedarf in der Hauptverwaltung reduziert werden, wodurch sich positive Effekte auf die Werteinflußgröße „Flächenbedarf" ergeben, die durch entsprechende Investitionen ermöglicht werden (Werteinflußgröße: „Immobilieninvestitionen"). Eine ökonomischere Raumaufteilung in der Hauptverwaltung der *Beispiel AG* kann vor allem durch moderne Innenausbauten erreicht werden, die die Grundstruktur des Gebäudes intakt lassen. Diese Maßnahme bewirkt eine Shareholder Value-Steigerung um 0,4%.

- In der Hauptverwaltung läßt sich der Flächenbedarf je Mitarbeiter um 20% verringern, ohne daß negative Auswirkungen auf die Arbeitsproduktivität zu befürchten wären. Damit ist man immer noch weit von Werten anderer Unternehmen der selben Branche entfernt. Es wurde bei den frei werdenden Flächen keine Verwertung angenommen, sondern es wurden lediglich die Auswirkungen auf die Werteinflußgröße „Bewirtschaftungskosten" quantifiziert. Diese Maßnahme bewirkt eine Shareholder Value-Steigerung um 0,4%.

- Die Flächenproduktivität an den Produktionsstandorten wird durch Änderungen der Produktionsorganisation, die sich am internen Benchmark orientiert, erhöht. Der Flächenbedarf wird an den Standorten, die über dem internen Benchmark liegen, auf 5 Quadratmeter pro 1000 produzierte Stück reduziert (internes Benchmark: 4,6). Diese Maßnahme bewirkt eine Shareholder Value-Steigerung um 1,3%, die auf die Veränderung der Werteinflußgröße „Flächenbedarf" zurückzuführen ist.

- Durch Nutzen der Outsourcing-Möglichkeiten und Modernisierungen im Bereich der Heizung lassen sich die Bewirtschaftungskosten nachhaltig um 30 % senken. Diese Maßnahme bewirkt eine Veränderung der Werteinflußgrößen „Immobilienkosten" und „Immobilieninvestitionen" und eine Shareholder Value-Steigerung um 0,9%.

Bei der *Beispiel AG* konnten also Maßnahmen entwickelt werden, mit denen die mit der Sensitivitäts- und Potentialanalyse identifizierten Potentiale zur Steigerung des Shareholder Value realisiert werden können.

Die Ergebnisse sind aus folgenden Gründen **von allgemeinem Interesse**:

- Aus der Quantifizierung ergibt sich ein Gesamteffekt auf den Shareholder Value in Höhe von 503 Mio. DM bzw. eine Steigerung des Shareholder Value um 7,9%. Da die Fallstudie in einem bezüglich seiner betrieblicher Immobilien typischen und repräsentativen Unternehmen der Konsumgüterindustrie durchgeführt wurde, zeigt dieses Beispiel auch, ohne an dieser Stelle eine allgemeingültige bzw. generalisierende Aussage treffen zu können, welche Potentiale zur Steigerung des Shareholder Value durch Integriertes Immobilienmanagement in Unternehmen vorhanden sind.

- Die Auswirkungen einzelner Maßnahmen auf verschiedene Werteinflußgrößen (z.B. die gleichzeitigen Auswirkungen von Maßnahmen auf Immobilienerträge, Immobilienkosten und Immobilieninvestitionen) können im Shareholder Value gesamthaft bewertet werden („Mehrfachwirkung", s.a. *Jürgensonn/Schäfers*, S. 842).

- Die nur im Ergebnis vorgestellte Quantifizierung ist wegen der - im Rahmen dieser Arbeit entwickelten - hinterlegten Immobiliendatenbank, die die Immobilienbasisdaten enthält, und deren rechnerischer Verknüpfung mit den Werteinflußgrößen und dem Shareholder Value sehr einfach vorzunehmen.

6.8. Behandlung der stillen Reserven

Wie in Kapitel 4 gezeigt, müssen stille Reserven im Shareholder Value auf zwei Arten abgebildet werden. Zum einen ist unter bestimmten Voraussetzungen die **absolute Höhe der stillen Reserve** zu berücksichtigen, zum anderen muß der **Steuerschild stiller Reserven** in die Shareholder Value-Bewertung einfließen.

Zunächst werden die dem Betriebszweck zuzuordnenden Immobilien der *Beispiel AG* dahingehend geprüft, ob sie die in Kapitel 4 beschriebenen Voraussetzungen für die Abbildung stiller Reserven im Shareholder Value erfüllen:

- Bei der Hauptverwaltung erfolgt eine Abbildung stiller Reserven aus folgenden Gründen:

  - Die in der Hauptverwaltung angesiedelten Funktionen können auch mit einer günstigeren Immobilie (bisheriger Standort Innenstadt) erbracht werden.

  - Der Verkehrswert der Immobilie der Hauptverwaltung ist deutlich höher als der Verkehrswert einer nutzungsadäquaten Immobilie.

  - Die Immobilie der Hauptverwaltung kann einer vom Betriebszweck der *Beispiel AG* unabhängigen anderen Nutzung zugeführt werden.

- Die stillen Reserven der Immobilie der Hauptverwaltung stellen somit eine Option im Sinne des Shareholder Value dar.

- Bei den Produktionsimmobilien werden aus folgenden Gründen keine stille Reserven im Shareholder Value abgebildet:

  - Günstigere Produktionsstandorte sind grundsätzlich nur im Ausland vorhanden.

  - Daher sind auch nur die Verkehrswerte nutzungsadäquater ausländischer Immobilien niedriger als der Verkehrswert der derzeit genutzten inländischen Produktionsstandorte.

  - Das Problem der inländischen Produktionsstandorte besteht darin, daß keine anderen Nutzer für diese Standorte gefunden werden können.

Die stillen Reserven der Hauptverwaltung gehen, wie in Kapitel 4 beschrieben, auf zwei Arten in den Shareholder Value ein.

- Zum einen geht die absolute Höhe der stillen Reserven in den Shareholder ein. Sie wird als Differenz zwischen dem Buchwert und dem Verkehrswert der Hauptverwaltung ermittelt und beträgt 255 Mio. DM. Diese stille Reserve beruht auf einer Wertsteigerung, was daraus ersichtlich ist, daß der Verkehrwert x Prozent des Anschaffungswerts beträgt. Die Verkehrswerte der betrieblichen Immobilien sind einerseits auf Basis von Sachverständigengutachten ermittelt worden, andererseits beruhen sie auf Schätzungen der Immobilienexperten der *Beispiel AG*.

- Der aus den stillen Reserven resultierende Steuerschild unter der Annahme ewiger Thesaurierung berechnet sich durch Multiplikation des Körperschaftsteuersatzes auf ausgeschüttete Gewinne (30%) mit den stillen Reserven. Der Steuerschild beträgt daher 76,5 Mio DM.

Die so bewerteten Effekte stiller Reserven sind zum Shareholder Value zu addieren.

Die oben genannten Voraussetzungen für die Abbildung stiller Reserven im Shareholder Value sind für Liegenschaften nicht anzuwenden. Unter der Annahme, daß eine stille Reserve bei professionellem Immobilienmanagement durch erhöhte Cash Flows (z.B. in Form höherer Mieterträge) abgegolten wird, darf nicht eine doppelte Abbildung dieser stillen Reserve im Shareholder Value erfolgen.

Unabhängig von der Berücksichtigung der stillen Reserven ist deren Steuerschild sehr wohl von Relevanz. Dies soll an folgendem Beispiel illustriert werden. Das Unternehmen besitzt eine Liegenschaft mit hohen stillen Reserven. Diese Liegenschaft erwirtschaftet ihrem Verkehrswert entsprechende Cash Flows. Um Cash Flows gleicher Größenordnung erwirtschaften zu können, müßte das Unternehmen eine Investition in Höhe des Verkehrswertes der Liegenschaft vornehmen. Zu diesem Zweck müßte allerdings die Liegenschaft veräußert werden, was mit einer Aufdeckung der stillen Reserven der Liegenschaft verbunden wäre und die Steuerbemessungsgrundlage um die Höhe der stillen Reserve erhöhen würde. Dies verringert nun die Investitionsbasis, die für ein neues Investment für Verfügung steht. Es ergibt sich nur solange ein Steuerschild, wie die Liegenschaft nicht veräußert wird, somit keine stillen Reserven aufgelöst werden, die zu Steuerzahlungen führen würden.

Der Steuerschild der Liegenschaften der *Beispiel AG* wird ebenfalls durch Multiplikation der stillen Reserve mit dem Körperschaftsteuersatz auf ausgeschüttete Gewinne berechnet.

Auch bei den Liegenschaften beruht die stille Reserve auf einer Wertsteigerung, da der Verkehrswert die Anschaffungskosten übersteigt (zum Shareholder Value des Wertsteigerungsmodells vgl. Abbildung 31).

6.9. *Shareholder Value der Beispiel AG mit Integriertem Immobilienmanagement*

Mit der Fallstudie kann gezeigt werden, daß die **Anwendung des Integrierten Immobilienmanagements praktikabel ist**. In dem Fallstudienunternehmen führt sie außerdem zu einer Steigerung des Shareholder Value.

Allerdings müssen abschließend zwei relativierende Hinweise erfolgen:

- In der Fallstudie konnten nur zukünftige Shareholder Value-Steigerungen quantifiziert werden. Das liegt aber in der Natur des Shareholder Value, nur zukünftige Cash Flows zu bewerten. Insoweit ist die Vorgehensweise konsequent im Sinn des Shareholder Value, der eine Planungsrechnung ist.

- Die zukünftige Wertsteigerung durch Integriertes Immobilienmanagement konnte nur für das Fallstudienunternehmen nachgewiesen werden. Das heißt nicht, daß dies so auch in anderen Unternehmen sein muß. Ob eine Wertsteigerung erzielbar ist und in welcher Höhe diese anfällt, hängt von der Unternehmenssituation sowie von Umfang und Art des Immobilienvermögens und seiner bisherigen Handhabung und Verwendung ab.

168

Cash Flow-Schema für betriebsnotwendige Immobilien	Werte des Immobilienwert-steigerungsmodells
Bruttoumsatz Kerngeschäft	3.517.349
Materialaufwand	-1.405.893
Bruttogewinn	**2.111.456**
Personalaufwand (ohne Immobilien)	-957.716
Sonstiger Betriebsaufwand (ohne Immobilien)	-640.444
Zwischensumme Betriebsaufwand (ohne Immobilien)	**-1.598.160**
Immobilienaufwand betriebsnotwendige Immobilien	-46.557
Zwischensumme Betriebsaufwand	**-1.644.717**
Erträge durch betriebsnotwendige Immobilien	49.694
Übriger betrieblicher Ertrag/Aufwand(-)	313.198
Gewinn vor Zinsen, Steuern und Abschreibungen	**829.631**
Abschreibungen betriebsnotwendige Immobilien	-23.115
Abschreibungen sonstige Sachanlagen	-138.866
Betriebsergebnis	**667.650**
Abschreibungen betriebsnotwendige Immobilien	23.115
Abschreibungen sonstige Sachanlagen	138.866
Betriebs-Cash Flow vor Steuern	**829.631**
Steuern auf Betriebsergebnis	-213.256
Betriebs-Cash Flow nach Steuern	**616.375**
Zusätzliches Nettoumlaufvermögen	-20.000
Netto-Investitionen betriebsnotwendige Immobilien	-8.119
Netto-Investitionen Sachanlagevermögen	-30.000
Veränderung übrige immaterielle Vermögenswerte	1.593
Free Cash Flow	**559.849**
Diskontierte Free Cash Flows inkl. Residualwert	6.105.221
Finanzanlagen und Beteiligungen	4.514.897
Rückstellungen	-2.359.182
Wert des Fremdkapitals	-906.384
Shareholder Value	**7.354.552**
Stille Reserven	254.986
Steuerschild stille Reserven	76.496
Shareholder Value nach stillen Reserven	**7.686.034**

Abbildung 31: Berechnung des Shareholder Value für das Wertsteigerungsmodell

7. Zusammenfassung

In dieser Arbeit ist ein Konzept des **Integrierten Immobilienmanagements** theoretisch entwickelt und in der Praxis erprobt worden. Das Integrierte Immobilienmanagement baut einerseits auf der Shareholder Value-Analyse und andererseits auf dem betrieblichem Immobilienmanagement auf. Von einer wertorientierten Steuerung betrieblicher Immobilien kann deshalb gesprochen werden, weil als **Erfolgsmaßstab der Shareholder Value** verwandt und der Wert betrieblicher Immobilien explizit berücksichtigt wurde.

Als Vorteile einer Integration von Shareholder Value-Analyse und betrieblichem Immobilienmanagement können die wirtschaftliche Beurteilung und Steuerung betrieblicher Immobilien bei gleichzeitiger Einbindung in die Unternehmenssteuerung des gesamten Unternehmens genannt werden und die Möglichkeit, die Wirkung des betrieblichen Immobilienmanagements auf den Shareholder Value zu bewerten.

Es folgt eine zusammenfassende Aufzählung der zentralen Ergebnisse der Arbeit:

- Es ist eine **Klassifizierung betrieblicher Immobilien** vorgenommen worden, da diese im Shareholder Value differenziert abgebildet werden müssen. Den Anforderungen des Shareholder Value nachkommend sind betriebliche Immobilien in dem Betriebszweck zuzuordnende Immobilien und Liegenschaften unterteilt worden. Da das Wirtschaften mit Liegenschaften von anderen Risikostrukturen gekennzeichnet ist als andere betriebliche Tätigkeiten, müssen auch andere Kapitalkosten angesetzt werden.

- Der Wertanteil, den die betrieblichen Immobilien am Shareholder Value haben („Immobilien-Shareholder Value"), kann für die dem betrieblichen Zweck zuzuordnenden betrieblichen Immobilien nicht bestimmt werden (nur für Liegenschaften). Der durch dem Betriebszweck zuzuordnende Immobilien geschaffene Wert ist in dem Shareholder Value für das gesamte Unternehmen enthalten.

- Die unterschiedlichen Ansätze des betrieblichen Immobilienmanagements lassen sich zu einem Ansatz integrieren, der technische und betriebswirtschaftliche Sichten vereint.

- Für die Abbildung spezieller Effekte betrieblicher Immobilien wie **stille Reserven und deren Steuerschild** sind Modifikation an der Shareholder Value-Analyse vorgeschlagen worden.

- Als **Werteinflußgrößen** betrieblicher Immobilien konnten Flächenbedarf, Immobilienerträge, Immobilienerlöse, Immobilienkosten und Immobilieninvestitionen bestimmt werden.

- Es liegt eine Beschreibung von Ansätzen zur Steigerung des Shareholder Value durch betriebliches Immobilienmanagement vor.

- Die in der Fallstudie bewerteten Maßnahmen des Immobilienmanagements haben zu einer Steigerung des Shareholder Value geführt.

Während der Entwicklung des Integrierten Immobilienmanagements hat sich vor allem die Behandlung **stiller Reserven** als bedeutender Diskussionspunkt erwiesen. Es konnte gezeigt werden, daß stille Reserven unter bestimmten Voraussetzungen auch **aus Shareholder Value-Sicht einen Wert haben** (der zum Shareholder Value zu addieren ist), der gleichzeitig zu einem **Steuerschild stiller Reserven** wird. Oftmals sind stille Reserven aber auch **ungenutztes Wertsteigerungspotential**, das durch **Entwicklung und Verwertung der stillen Reserven** zur Steigerung des Shareholder Value beitragen könnte. Damit erhöhen entsprechende Maßnahmen des betrieblichen Immobilienmanagements den Shareholder Value und verringern das Risiko des Unternehmens, von einer unerwünschten Übernahme bedroht zu werden (vgl. *Jinnett*, 1990).

Schließlich muß noch betont werden, daß das in dieser Arbeit entwickelte Integrierte Immobilienmanagement keine allgemeingültigen Empfehlungen für Handhabung und Verwendung betrieblicher Immobilien geben kann. Es sind vielmehr unternehmensindividuelle Lösungen zu suchen. Als Beispiel hierfür kann die Entscheidung Eigentum oder Miete betrieblicher Immobilien gelten, die nicht generell beantwortet werden kann. Die ökonomisch und damit auch aus Shareholder Value-Sicht günstigere Lösung ist immer im Einzelfall zu bestimmen.

Bei der wertorientierten Beurteilung betrieblicher Immobilien sollten allerdings folgende Faktoren, die sich nur schwer in ein Bewertungskonzept integrieren lassen, nicht außer acht bleiben.

- Betriebliche Immobilien, die finanziert sind, stellen Eigenkapital dar, das in **Krisensituationen** verwertet und mit dessen Hilfe ein Unternehmen vor einer lebensbedrohlichen Situation bewahrt werden kann. Typisches Beispiel ist der Fall der AEG Anfang der achtziger Jahre, die durch Sale-and-lease-back der betrieblichen Immobilien ihren Fortbestand (zunächst) sicherstellen konnte.

- Es konnte gezeigt werden, daß auch im Shareholder Value die **Wertentwicklung** der Immobilien (unter bestimmten Voraussetzungen) in die Bewertung einfließen. Gerade die ist aber vom betrieblichen Immobilienmanagement nur beschränkt beeinflußbar, da sie sehr stark von den Entwicklungen auf dem Immobilienmarkt abhängt. Bei der Entscheidung für oder gegen im Eigentum befindliche Immobilien sollte daher auch berücksichtigt werden, daß das Rechnen mit positiven

Wertentwicklungen von Immobilien mit einem großen Unsicherheitsfaktor verbunden ist.

Nach näherer Beschäftigung mit dem Thema können folgende zukünftige Entwicklungen prognostiziert werden:

- **Tendenziell sinkender Flächenbedarf** und die Verwertung stiller Reserven bzw. nicht betriebsnotwendiger Immobilien wird zu stagnierenden bis sinkenden Preisen am Markt für betriebliche Immobilien führen.

- Von den sich daraus ergebenden positiven Effekten auf den Immobilienmarkt in Form **niedrigerer Immobilienpreise und Immobilienkosten** werden am ehesten Unternehmen profitieren, die nicht über umfangreiches Immobilieneigentum verfügen.

- Die Einstellung der Unternehmen zu betrieblichen Immobilien wird sich insbesondere bei der Frage nach Eigentum oder Miete ändern.

Da auch Liegenschaften Bestandteil des Integrierten Immobilienmanagements sind, soll noch kurz auf diesen Typ betrieblicher Immobilien eingegangen werden. Die am Shareholder Value geübte Kritik hinsichtlich der aufwendigen Ermittlung und den Problemen bei der Kapitalkostenermittlung konnte bei der Bewertung der Liegenschaften von Unternehmen nicht bestätigt werden:

- Die für eine Shareholder Value-Bewertung von Liegenschaften benötigten Daten sind in der Regel im Unternehmen vorhanden.

- Die Daten sind relativ stabil und von der Prognose her zuverlässig, da ihnen häufig langfristig gültige Verträge zugrundeliegen.

- Besonders zur Bewertung von Liegenschaften bietet sich ein Instrument an, das eine langfristige Prognose ermöglicht.

Da **Liegenschaften** grundsätzlich den Immobilien von Unternehmen der Immobilienwirtschaft entsprechen, ist der Shareholder Value gerade auch ein geeigneter Erfolgsmaßstab zur Bewertung dieser Unternehmen.

Schließlich soll noch auf **weiteren Forschungsbedarf** hingewiesen werden. Da die immobilienwirtschaftliche Forschung in Deutschland noch wenig ausgeprägt ist, mußten auch in dieser Arbeit einige Unzulänglichkeiten und fehlende Forschungsergebnisse hingenommen werden. Gerade aus Controlling-Sicht ist noch mehr immobilienwirtschaftliche Forschung, insbesonderer empirischer Art, zu folgenden Themen notwendig:

- Zusammenhang zwischen qualitativen Größen und dem Shareholder Value.

172

- Zusammenhang zwischen dem Immobilienvermögen des Unternehmens und dessen Kapitalkosten, insbesondere auf den ß-Faktor.
- Analyse der Faktoren, die die Wertentwicklung von Immobilien beeinflussen.

Für die Praxis besteht der Nutzen der Arbeit darin, die betrieblichen Immobilien adäquat im Shareholder Value abbilden zu können und die Maßnahmen des Immobilienmanagements zu kennen, mit denen der Shareholder Value maximal gesteigert werden kann. Externe Analysten können auf die Ergebnisse der Arbeit zurückgreifen, um die stillen Reserven von Unternehmen bei einer Shareholder Value-Bewertung zu berücksichtigen. Unabhängig von der Behandlung betrieblicher Immobilien sind Anregungen enthalten, wie der Shareholder Value weiter operationalisiert werden kann und wie eine Vorgehensweise zur Steigerung des Shareholder Value aussieht. Insofern wurde auch ein Beitrag zur Weiterentwicklung der Shareholder Value-Analyse geleistet, die hoffentlich zu einer noch stärkeren Verbreitung auch in Deutschland führt. Der Erfolg der Arbeit wird letztlich daran zu messen sein, welchen Nutzen die Praxis daraus zu ziehen vermag.

Literaturverzeichnis

Aggteleky, B., 1981, Fabrikplanung: Grundlagen, 1. Band, München, Wien 1981

Allen, M. T./Nourse, Hugh O./Pittmann, R., 1994, The Negotiating Skills of Successful Corporate Managers, in: Real Estate Review, Winter 1994, S. 76-80

Apgar, M., 1995, Managing real estate to build value, in: Harvard Business Review, Vol. 73, 1995, No. 6, S. 162-179

Andersen Consulting, 1995, Wasted assets? A survey of corporate real estate in Europe, in: Industriezeitung v. 29.6.1995

Ballwieser, W., 1995, Aktuelle Aspekte der Unternehmensbewertung, in: Die Wirtschaftsprüfung, Jg. 48, 1995, H. 4-5, S. 119-129

Bamberg, G./Coenenberg, A. G., 1991, Betriebswirtschaftliche Entscheidungstheorie, 6. überarb. Aufl., München 1991

Baukmann, D./Mandler, U., 1997, International Accounting Standards - IAS und GAAP im Konzernabschluß, München 1997

Baum, A., 1994, Quality and Property Performance, in: Journal of Property Valuation & Investment, Vol. 12, 1994, No. 1, S. 31-46

Behrens, K., 1971, Allgemeine Standortbestimmungslehre, 2. Aufl., Köln, Opladen 1971

Bennett, R. E., 1991, Transfer Pricing for Corporate Real Estate, in: Industrial Development Section, Vol. 160, 1991, No. 6, S. 20-23

Berens, W./Hoffjan, A., 1995, Wertermittlung von Immobilien auf Basis vollständiger Finanzpläne, in: Zeitschrift für betriebswirtschaftliche Forschung, Jg. 47, 1995, H. 4, S. 373-395

Bertelmann, H., 1997, Contracting: Energiekosten und Investitionen sparen, in: Facility Management, 1997, H. 1, S. 48-53

Bingham, B. B. 1989, Managing Corporate Real Estate in a Takeover, in: Industrial Development Section, Vol. 158, 1989, No. 1, S. 6-9

Bleicher, K., 1996, Das Konzept integriertes Management, 4. rev. u. erw. Aufl., Frankfurt/Main 1996

Borger, D., 1996, Richtige Wahl, in: Immobilien Manager, 1996, H. 9, S. 32-34

Braun, H. P./Haller, P./Oesterle, E., 1996, Facility Management: Erfolg in der Immobilienbewirtschaftung, Berlin 1996

Brown, R. K./Soens, M., 1993, Managing Corporate Real Estate, New York 1993

Brune, J. W., 1995, Der Shareholder-Value-Ansatz als ganzheitliches Instrument strategischer Planung und Kontrolle, zgl. Diss. Univ. Köln, Köln 1995

Bühner, R. (Hrsg.), 1994, Der Shareholder-Value-Report: Erfahrungen, Ergebnisse, Entwicklungen, Landsberg/Lech 1994

Büschgen, H., 1991, Grundlagen betrieblicher Finanzwirtschaft: Unternehmensfinanzierung, 3. neu bearb. Aufl., Frankfurt/Main 1991

Chakravarthy, B./Loomis, W./Vrabel, J., 1988, Dexter Corporation´s Value Based Strategic Planning System, in: Planning Review, 1988, No. 1, S. 34-41

Coenenberg, A. G., 1997, Jahresabschluß und Jahresabschlußanalyse: Grundfragen der Bilanzierung nach betriebswirtschaftlichen, handelsrechtlichen, steuerrechtlichen und internationalen Grundsätzen, 16. überarb. u. erw. Aufl., Landsberg/Lech 1997

Copeland, T./Koller, T./Murrin, J., 1990, Valuation: Measuring and Managing the Value of Companies, New York 1990

Copeland, T./Koller, T./Murrin, J., 1998, Unternehmenswert - Methoden und Strategien für eine wertorientierte Unternehmensführung, 2. aktual. u. erw. Aufl., Frankfurt/Main 1998

Daft, R. L., 1991, Management, Orlando 1991

Dellmann, K., Pedell, K. L. (Hrsg.), 1994, Controlling von Produktivität, Wirtschaftlichkeit und Ergebnis, Stuttgart 1994

Dixit, A. K./Pindyck, R. S., 1994, Investment under Uncertainty, Princeton, New York 1994

Dokaupil, E., 1994, Aktiv verwalten, in: industrie v. 27.10.1994, S. 54-56

Drumm, H.J., 1972, Theorie und Praxis der Lenkung durch Preise, in: Zeitschrift für betriebswirtschaftliche Forschung, Jg. 24, 1972, S. 253-267

Duckworth, S. L., 1993, Total Quality Management: A Team-Based Approach to Monitoring Real Property Performance, in: Industrial Development Section, Vol. 163, 1993, No. 5, S. 20-25

Ebering, T., 1997, Finanzanalysen: Mit Corporate Real Estate den Shareholder Value steigern, Vortragsunterlagen zu der Seminarreihe: Corporate Real Estate Strategy, Frankfurt, 4./5.12.1997

Eekhoff, E., 1998, Planungswertausgleich, in: Frankfurter Allgemeine Zeitung v. 26.6.1998

Ehrlich, J., 1994, Immobilienanlagen der deutschen offenen Immobilienfonds, in: Falk, B. (Hrsg.), Gewerbe-Immobilien, Landsberg/Lech 1994, S. 373-384

Eisinger, B., 1995a, Erfolgssicherung: Ziel im Visier?, in: Immobilien Manager, 1995, H. 10, S. 36-41

Eisinger, B., 1995b, Projekt-Controlling: Erfolgsgarant oder Modewort?, in: Immobilien Manager, 1995, H. 7+8, S. 34-39

Engels, W., 1976, Leverage-Effekt, in: Büschgen, H., Handwörterbuch der Finanzwirtschaft, Stuttgart 1976, Sp. 1263-1269

Esser, W., 1998, Investmentfonds für Einsteiger - Alles, was Sie über Auswahl und Anlagestrategie wissen müssen, Frankfurt/Main 1998

Eversmann, M., 1995, Die Betriebs-Immobilie als Produktionsfaktor: Verborgene Potentiale, in: Gablers Magazin, Jg. 9, 1995, H. 6-7, S. 50-53

Falk, B., 1994a, Gewerbe-Immobilien-Management, in: Falk, B. (Hrsg.), Gewerbe-Immobilien, Landsberg/Lech 1994, S. 587-605

Falk, B., 1994b, Beurteilungskriterien für Gewerbe-Immobilien, in: Falk, B. (Hrsg.), Gewerbe-Immobilien, Landsberg/Lech 1994, S. 423-435

Falk, B. (Hrsg.), 1996, Fachlexikon Immobilienwirtschaft, Köln 1996

Fassbender, H./Werz, G. v., 1994, Der US-Immobilienmarkt, in: Falk, B. (Hrsg.), Gewerbe-Immobilien, Landsberg/Lech 1994, S. 279-303

Fehr, B., 1994, Amerika im Wettbewerbstraining, in: Frankfurter Allgemeine Zeitung v. 3.5.1994

Felix, B./Renner, A., 1998, Geschäftsprozeßoptimnierung und Centersteuerung bei der Duisburger Versorgungs- und Verkehrsgesellschaft, in: Horváth & Partner GmbH, Stuttgart (Hrsg.), Prozeßkostenmanagement: Methodik und Anwendungsfelder, 2. völlig neubearb. Aufl., München 1998, S. 431-447

Göppert, K., 1995, Die elektronische Mailbox wird die feste Firmenadresse ersetzen, in: Die Welt v. 5.2.1995

Gomez, P./Weber, B., 1989, Akquisitionsstrategie: Wertsteigerung durch Übernahme von Unternehmungen, Stuttgart 1989

Grünert, L., 1996, Wertorientierte Steuerung in der Nutzungsphase betrieblicher Immobilien, Forschungsbericht Nr. 48, Betriebswirtschaftliches Institut der Universität Stuttgart, Lehrstuhl für Allgemeine Betriebswirtschaftslehre und Controlling, Stuttgart 1996

Günther, T., 1997, Unternehmenswertorientiertes Controlling, München 1997

Gutenberg, E., 1979, Grundlagen der Betriebswirtschaftslehre: Die Produktion, 1. Band, 23. Auflage, Berlin, Heidelberg, New York 1979

Haarmann, W./Busch, B., 1998, Steuerliche Aspekte im Corporate Real Estate Management, in: Schulte, K.-W./Schäfers, W. (Hrsg.), Handbuch Corporate Real Estate Management, Köln 1998, S. 379-432

Hachmeister, D., 1995, Der Discounted Cash Flow als Maß der Unternehmenswertsteigerung, Frankfurt/Main 1995

Hahn, D./Hungenberg, H./Kaufmann, L., 1994, Optimale Make-or-buy-Entscheidung, in: Controlling, Jg. 6, 1994, H. 2, S. 74-83

Haverkampf, P./Salton, G., 1985, Real Estate as a Corporate Reservoir, in: Industrial Development Section, Vol. 154, 1985, No. 3, S. 17-22

Hayn, S., 1997, Internationale Rechnungslegung - Ursachen, Wirkungen und Lösungsansätze zur Überwindung internationaler Rechnungslegungsdivergenzen, zgl. Diss. Univ. Saarbrücken u. d. T.: Internationale Rechnungslegungsdivergenzen, Stuttgart 1997

Heenan, D. A./Sarvis, M. J./Lawrence, P., 1989, Strategies for Managing Corporate Real Estate, in: The Journal of Business Strategy, Jg. 10, 1989, H. 4, S. 4-14

Helbling, C., 1989, Unternehmenswertoptimieurng durch Restrukturierungsmaßnahmen und Minimierung des betrieblichen Substanzwertes, in: Die Unternehmung, Jg. 43., 1989, H. 3, S. 173-182

Helmer, W., 1994, Der Eintritt in völlig neue Geschäfte geht meistens schief, in: Frankfurter Allgemeine Zeitung v. 16.5.1994

Hermes, S., 1994, Bewirtschaftungskosten an den Kragen, in: Architektur und Planen v. 31.10.1994

Herter, R., 1993, Unternehmenswertsteigerung durch konsequentes Asset Management, in: controller magazin, Jg. 18, 1993, H. 6, S. 351-358

Herter, R., 1994, Unternehmenswertorientiertes Management, zgl. Diss. Univ. Stuttgart, München 1994

Homann, K./Schäfers, W., 1998, Immobiliencontrolling, in: Schulte, K.-W./Schäfers, W. (Hrsg.), Handbuch CRE Management, Köln 1998, S. 187-211

Horváth, P., 1996, Controlling, 6. vollst. überarb. Aufl., München 1996

Hutcheson, J. M., 1994, The life cycle economics of buildings, in: Property Management, Jg. 11, 1994, H. 4, S. 308-313

Isakson, H. R./Sircar, S., 1990, The Critical Success Factor Approach to Corporate Real Asset Management, in: Real Estate Issues, Vol. 15, Spring/Summer 1990, Iss. 1, S. 26-31

Isenhöfer, B./Väth, A., 1998, Lebenszyklus von Immobilien, in: Schulte, K.-W. (Hrsg.), Immobilienökonomie - Betriebswirtschaftliche Grundlagen, München 1998, S. 141-147

Jagdfeld, A./Schünemann, J., 1994, Geschlossene Immobilienfonds, in: Falk, B. (Hrsg.), Gewerbe-Immobilien, Landsberg/Lech 1994, S. 385-422

Jinnett, R. J., 1990, Strategic Use of Real Estate in Defending Against Hostile Takeovers, in: Industrial Development Section, Vol. 159, 1990, No. 1, S. 5-10

Jonas, H., 1954, Einige Bemerkungen zur Bestimmung des Verkehrswertes von Unternehmungen, in: Zeitschrift für Betriebswirtschaft, Jg. 24, 1954, S. 18-27

Joseph, H. J., 1991, The Role of Real Estate in Corporate Mergers, Acquisitions and LBOs, in: Industrial Development Section, Vol. 160, 1991, No. 1, S. 16-19

Jürgensonn, I. v./Schäfers, W., 1998, Ansätze zur Shareholder Value-Analyse im Corporate Real Estate Management, in: Schulte, K.-W./Schäfers, W. (Hrsg.), Handbuch Corporate Real Estate Management, Köln 1998, S. 815-856

Kaplan, R. S./Norton, D. P., 1997, Balanced Scorecard – Strategien erfolgreich umsetzen, Stuttgart 1997

Keunecke, K. P., 1994, Immobilienbewertung, Heidelberg 1994

Kirsch, H.-J./Krause, C., 1996, Kritische Überlegungen zur Discounted Cash Flow-Methode, in: Zeitschrift für Betriebswirtschaft, Jg. 66, 1996, H. 7, S. 793-812

Klien, W., 1995, Wertsteigerungsanalyse und Messung von Managementleistungen: Technik, Logik und Anwendung, zgl. Diss. Univ. Wien, Wiesbaden 1995

Kotch, R.A., 1989, Benchmarking Corporate Real Estate: Performance at AT&T, in: Industrial Development Section, Vol. 158, 1989, No. 5, S. 1311-1313

Krummacker, J., 1994, Immobilien-Bewirtschaftung: Optimale Verwaltung, Technik und Organisation von Immobilien, Wiesbaden 1994

Küting, K., *1997*, Der Wahrheitsgehalt deutscher Bilanzen, in: Küting, K. /Weber, C.-P. (Hrsg.), Das Rechnungswesen auf dem Prüfstand: Antworten auf die Konzernierung der deutschen Wirtschaft im Spannungsfeld der Globalisierung, Frankfurt/Main 1997, S. 103-126

Lewis, T. G./Lehmann, S., 1992, Überlegene Investitionsentscheidungen durch CFROI, in: Betriebswirtschaftliche Forschung und Praxis, Jg. 44, 1992, H. 1, S. 1-13

Liow, K. H., 1995, Property in Corporate Financial Statements, in: Journal of Property Research, Vol. 12, 1995, S. 13-28

Liu, C. H./Hartzell, D./Grissom, T. V./Grieg, W., 1992, Alternative rationales for superior real estate investment performance: an empirical re-interpretation of prior research, in: Journal of Property Research, Vol. 9, 1992, S. 93-113

Lopes, J. L. R., 1995, A meta-model for corporate real estate management, in: Property Management, Vol. 13, 1995, No. 4, S. 29-35

Lorant, R. J., 1993, Corporate Real Estate Service Needs Today, in: Real Estate Review, Vol. 23, 1993, No. 1, S. 29-31

Lyne, J., 1995, IDRC´s Real Estate Revolution - Occupancy Costs Plummet, Productivity Costs, in: Site Selection, Vol. 40, 1995, No. 2, S. 198-212

Manning, C. A., 1986, The economics of real estate decisions, in: Harvard Business Review, Vol. 64, 1986, No. 6, S. 12-22

Mansfield, E., 1994, Microeconomics: Theory and Applications, 8th Edition, New York, London 1994

Mellerowicz, K., 1952, Der Wert der Unternehmung als Ganzes, in: Hasenack, W. (Hrsg.), Betriebswirtschaftliche Bibliothek, Reihe A/III, Essen 1952

Michel, U., 1996, Wertorientiertes Management strategischer Allianzen, zgl. Diss. Univ. Stuttgart, München 1996

Morrell, G. D., 1991, Property performance analysis and performance indices: a review, in: Journal of Property Research, Vol. 8, 1991, S. 29-57

Morrell, G. D., 1993, Value-weighting and the variability of real estate returns: implications for portfolio construction and performance evaluation, in: Journal of Property Research, Jg. 10, 1993, S. 167-183

Moxter, A., 1983, Grundsätze ordnungsmäßiger Unternehmensbewertung, 2. vollst. umgearb. Aufl., Wiesbaden 1983

Nävy, J., 1998, Facility Management: Grundlagen, Computerunterstützung, Einführungsstrategie, Praxisbeispiel, Berlin, Heidelberg 1998

Ottomann, H., 1994, Es ist Zeit, in: Mensch&Büro, 1994, H. 2, S. 29-31

o.V., 1995a, AT&T kooperiert mit Richard Ellis, in: Industriezeitung v. 29.6.1995

o.V., 1995b, Gebäudeanteil kommt Unternehmen immer teuerer, in: VDI nachrichten v. 4.8.1995

o.V., 1995c, Auf Knopfdruck einen Überblick über die eingebaute Technik, in: Frankfurter Allgemeine Zeitung v. 2.12.1995

o.V., 1995d, Die Deutsche Bank besitzt Immobilien für 12 Milliarden DM, Frankfurter Allgemeine Zeitung v. 6.1.1995

o.V., 1998, Frankfurt führt bei den Büro-Nebenkosten, in: Frankfurter Allgemeine Zeitung v. 26.6.1998

Pachowsky, R., 1997, Immobilientrends für Profis: Neue Märkte, Konjunktur, Preisentwicklung, Regensburg, Bonn 1997

Picot, A./Reichwald, R./Wigand, R. T., 1996, Die grenzenlose Unternehmung: Information, Organisation und Management, Wiesbaden 1996

Pierschke, B., 1998, Facilities Management, in: Schulte, K.-W./ Schäfers, W. (Hrsg.), Handbuch Corporate Real Estate Management, Köln 1998, S. 271-308

Pilgrim, H., 1995, Die amerikanische Methode, in: Frankfurter Allgemeine Zeitung v. 8.12.1995

Platz, J., 1989, Immobilien-Management: Prüfkriterien zu Lage, Substanz, Rendite, Wiesbaden 1989

Pümpin, C., 1989, Das Dynamik-Prinzip: Zukunftsorientierung für Unternehmer und Manager, Düsseldorf 1989

Rappaport, A., 1986, Creating Shareholder Value: The New Standard for Business Performance, New York 1986

Rappaport, A., 1995, Shareholder Value: Wertsteigerung als Maßstab für die Unternehmensführung, Stuttgart 1995

Raster, M., 1995, Shareholder-Value-Management: Ermittlung und Steigerung des Unternehmenswertes, zgl. Diss. Univ. d. Bundeswehr Hamburg, Wiesbaden 1995

Redman, A. L./Tanner, J. R., 1991, The Financing of Corporate Real Estate: A survey, in: The Journal of Real Estate Research, Jg. 6, 1991, H. 2, S. 217-240

Remus, A. C., 1994, Facility Management ist Chefsache, in: VDI nachrichten v. 10.6.1994

Richter, R./Furubotn, E., 1996, Neue Institutionenökonomik: Eine Einführung und kritische Würdigung, Tübingen 1996

Rohrbach, W./Wundrack, J. 1991, Zur Rentabilität von Gewerbe-Immobilien, in: Falk, B. (Hrsg.): Gewerbe-Immobilien, Starnberg 1991, S. 513-528

Ropeter, S.-E./Vaaßen, N., 1998, Wirtschaftlichkeitsanalyse von Immobilienbereitstellungsalternativen, in: Schulte, K.-W./Schäfers, W. (Hrsg.), Handbuch CRE Management, Köln 1998, S. 155-186

Schäfers, W., 1997, Strategisches Management von Unternehmensimmobilien, zgl. Diss. European Business School, Köln 1997

Schäfers, W., 1998a, Organisatorische Ausrichtung im Immobilienmanagement, in: Schulte, K.-W./Schäfers, W. (Hrsg.), Handbuch CRE Management, Köln 1998, S. 251-268

Schäfers, W., 1998b, Corporate Real Estate Management, in: Schulte, K.-W. (Hrsg.), Immobilienökonomie - Betriebswirtschaftliche Grundlagen, München 1998, S. 813-868

Schäfers, W., 1998c, Strategische Ausrichtung im Immobilienmanagement, in: Schulte, K.-W./Schäfers, W. (Hrsg.), Handbuch Corporate Real Estate Management, Köln 1998, S. 215-249

Shim, J. K./Siegel, J. G./Hartman, S. W., 1996, Dictionary of Real Estate, New York 1996

Schiller, A., 1995, Mehr fürs Geld, in: Immobilien Manager, 1995, H. 12, S. 30-32

Schneider, H., 1996, Outsourcing von Gebäude- und Verwaltungsdiensten: Unternehmenspolitik-Projektmanagement-Vertragsarbeit, Stuttgart 1996

Schneider, R./Gentz, M., 1998, Das Intelligent Office als ganzheitlicher Lösungsansatz für das Corporate Real Estate Management, in: Schulte, K.-W./Schäfers, W. (Hrsg.), Handbuch CRE Management, Köln 1998, S. 773-814

Schulte, K.-W./Allendorf, G. J./Ropeter, S.-E., 1998, Immobilieninvestition, in: Schulte, K.-W. (Hrsg.), Immobilienökonomie - Betriebswirtschaftliche Grundlagen, München 1998, S. 507-580

Seidenschwarz, W., 1993, Target Costing - Marktorientiertes Zielkostenmanagement, zgl. Diss. Univ. Stuttgart, München 1993

Seifert, K., 1995, Daten im Rangierbahnhof, in: Immobilien Manager, 1995, H. 11, S. 30-32

Siebert, M. F., 1994, Bewertung von betriebsnotwendigen Grundstücken unter Berücksichtigung des Krankenhausfinanzierungsrechts, in: Die Wirtschaftsprüfung, Jg. 47, 1994, H. 14, S. 459-463

Spitzkopf, H.-A., 1994, Konventionelle Finanzierung von Gewerbe-Immobilien, in: Falk, B. (Hrsg.), Gewerbe-Immobilien, Landsberg/Lech 1994, S. 529-551

Staehle, W. H., 1973, Organisation und Führung sozio-technischer Systeme: Grundlagen einer Situationstheorie, Stuttgart 1973

Stewart, G. B., 1991, The Quest for Value - The EVA Management Guide, New York 1991

Tauber, M., 1994, Auf die Problematik der Nutzer und Eigentümer eingehen, in: Immo Real, Dezember 1994, S. 5

Tollmien, O., 1994, Bewertungsverfahren der Wertermittlungsverordnung, in: Falk, B. (Hrsg.), Gewerbe-Immobilien, Landsberg/Lech 1994, S. 473-496

Trauner, G., 1983, Ertragswert und Steuern, Wien 1983

Trigeorgis, L., 1996, Real Options: Managerial Flexibility and Strategy in Resource Allocation, Cambridge 1996

182

Unzeitig, E./Köthner, D., 1995, Shareholder Value Analyse, Stuttgart 1995

Valencia, J. I., 1992, Accessing the Hidden Value of Real Estate, in: Industrial Development Section, Vol. 161, 1992, No. 1, S. 1-5

Varcoe, B. J., 1994, Facilities performance: achieving value-for-money through performance measurement and benchmarking, in: Property Management, Jg. 11, 1994, H. 4, S. 301-307

Vigelius, C., 1997, HGB, US-GAAP, IAS - Vergleich deutscher und internationaler Rechnungslegungsstandards, Frankfurt/Main 1997

Warren, C. B., 1993, Real estate appraisal, in: Real Estate Review, Vol. 23, Summer 1993, Iss. 2, S. 14-16

Wahlen, R., 1996, Facility Management: Durch Strategien Kosten sparen, in: Immobilien Manager, 1996, H. 6, S. 29-31

Wöhe, G./Bilstein, J., 1994, Grundzüge der Unternehmensfinanzierung, 7. überarb. u. erw. Auflage, München 1994

Zahn, E., 1992, Konzentration auf Kompetenz – ein Paradigmenwechsel im Strategischen Management?, in: Zahn, E. (Hrsg.): Erfolg durch Kompetenz, Stuttgart 1992, S. 1-38

Zani, W. M., 1993, A current value measure for Corporate Real Estate, in: Real Estate Review, Vol. 23, Summer 1993, S. 44-49